Wie arbeiten Sie mit Aussichten?

Kursbuch

Die Einstiegsdoppelseite stellt Schauplätze und Themen der Lektion vor.

Jede Lektion besteht aus drei thematischen Einheiten, die in den Handlungsfeldern privat – beruflich – öffentlich spielen.

Zu jedem wichtigen sprachlichen Phänomen (Wortschatz, Grammatik, Phonetik) gibt es eine Infobox.

Die Ausklang-Doppelseite bietet Projekte, Spiele, Lieder und Gedichte an.

Im Strategietraining werden die Fertigkeiten noch einmal Schritt für Schritt trainiert. In den Strategie-Rezepten sind Redemittel und Tipps für die alltägliche Kommunikation übersichtlich zusammengestellt.

Im Anhang gibt es eine Grammatik zum Nachschlagen und eine komplette alphabetische Wortliste.

Arbeitsbuch

Jede Lektion beginnt mit einer Übersicht über den Basiswortschatz.

Viele Übungen, Fokus-Kästen mit wichtigen Informationen zu Grammatik, Landeskunde und Strategien sowie ein Überblick über das neue Sprachmaterial unterstützen beim Lernen.

In Lust auf mehr gibt es weiterführende Themen, Texte und Bilder zur Lektion.

Das kann ich schon! – Eine Wiederholung nach jeder zweiten Lektion und ein Wiederholungsspiel nach jeder fünften Lektion bringen Sicherheit.

DVD

Die DVD zeigt Filmporträts realer Personen in den deutschsprachigen Ländern. Zu jedem Porträt gibt es eine Doppelseite mit passenden Aufgaben im Arbeitsbuch.

Audio-CDs

Die CDs enthalten alle Texte zum Kurs- und Arbeitsbuch: Hörspiel, Übungsdialoge, Ausspracheübungen, Lieder und Gedichte.

Integration Spezial

Jedes Modul greift passend zu den Lektionen Themen des öffentlichen Lebens in Deutschland auf und vertieft diese.

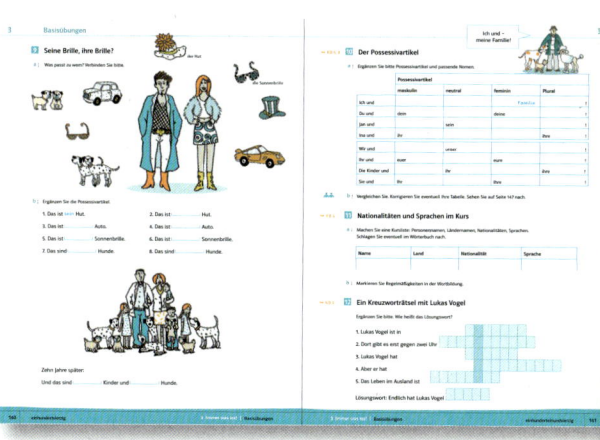

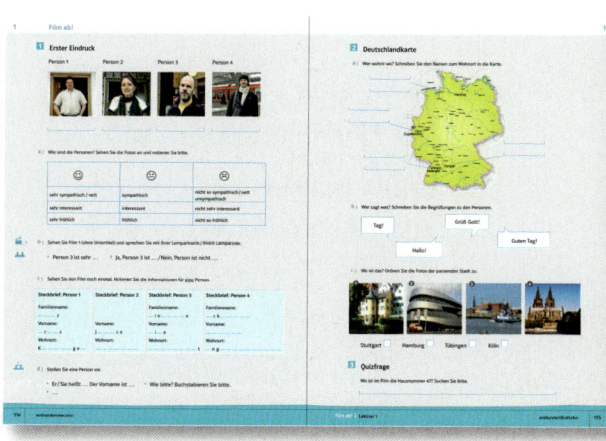

Inhaltsverzeichnis

8 | Willkommen in D-A-CH

	Handlungsfelder	Kommunikation
10 | 1 Alles neu A Ankommen | 12 B Erste Kontakte | 18 C Die neue Adresse | 21	• private Kontaktaufnahme • Auskünfte auf dem Amt	• sich begrüßen und verabschieden • sich und andere vorstellen • Personenangaben machen • *du* und *Sie* unterscheiden • ein Wort buchstabieren • bis 100 zählen
28 | 2 Von früh bis spät A Hallo, wie geht's? | 30 B Der erste Arbeitstag | 32 C Nachtarbeit – ein Problem? | 37	• private Kontaktaufnahme • Orientierung am Arbeitsplatz • Organisation des Alltags • Vorschriften im Haus	• über das Befinden sprechen • jemanden offiziell vorstellen • den Beruf angeben • über die Arbeit sprechen • einen Dienstplan verstehen • über den Tagesablauf sprechen • ein Problem benennen
44 | 3 Immer was los! A Das ist mein Leben! | 46 B Zeit für die Mittagspause | 51 C Endlich Wochenende! | 54	• soziale Kontakte • Pausenregelung am Arbeitsplatz • Wochenendplanung	• über die Familie sprechen • Beziehung ausdrücken • Nationalität und Sprache angeben • die Uhrzeit sagen • Aktivitäten am Wochenende planen • Wunsch ausdrücken • sich verabreden
60 | 4 Sonst noch etwas? A Was essen wir heute? | 62 B Der Markt ist mein Leben | 68 C Hier gibt es alles | 70	• Nachbarschaftshilfe • Organisation des Arbeitstages • Einkauf von Alltagsprodukten	• Lebensmittel benennen • etwas ausleihen • über Vorlieben sprechen • einen Arbeitstag beschreiben • eine Kurznachricht verstehen • sich im Supermarkt orientieren und einkaufen • Angebote und Preise verstehen • an der Kasse etwas reklamieren
76 | 5 Suchen und finden A Suche Gastfamilie – biete Kinderbetreuung | 78 B Der Deutschkurs | 84 C In der Stadt unterwegs | 86	• Arbeitssuche • Kommunikation im Unterricht • Orientierung im öffentlichen Raum	• Personen beschreiben • Fähigkeiten, Interessen und Möglichkeiten angeben • die Meinung sagen • im Kurs kommunizieren • öffentliche Gebäude benennen und ihre Lage angeben • Verkehrsmittel benennen • nach dem Weg fragen und eine Wegbeschreibung verstehen • Anweisungen geben

92 | Strategietraining 1–5

Wortschatz und Strukturen	Strategien	Phonetik

Wortschatz und Strukturen

- Namen von Personen, Ländern, Kontinenten
- Zahlen von 1-100
- Alphabet
- erste Nomen mit dem bestimmten Artikel
- erste Verben im Präsens
- W-Fragen und Aussagesatz

Strategien

- Geräusche helfen beim Hörverstehen
- nachfragen, wenn man etwas nicht versteht
- schwierige Wörter buchstabieren

Phonetik

- Wortakzent

Wortschatz und Strukturen

- Wochentage
- Berufe, Arbeitsorte, Tätigkeiten
- unbestimmter und bestimmter Artikel
- Temporalangaben: Tageszeiten und Wochentage
- das Verb *haben*
- Ja- / Nein-Frage
- Verben im Präsens

Strategien

- Vorinformationen nutzen
- Internationalismen helfen
- Schlüsselwörter im Text suchen

Phonetik

- Satzmelodie: Fragen
- Vokale: kurz und lang

Wortschatz und Strukturen

- Familienbezeichnungen
- Freizeitaktivitäten
- Genitiv-*s* bei Personennamen
- Nomen im Plural
- Possessivartikel: *mein(e), dein(e),* ...
- Temporalangaben: Uhrzeit
- Verneinung: *kein(e), nicht*
- *möchte* + Verb im Infinitiv

Strategien

- auf Emotionen achten
- Bildinformationen nutzen
- selektiv hören und auf bestimmte Informationen achten

Phonetik

- Aussprache Ö- und Ü-Laute

Wortschatz und Strukturen

- Lebensmittel und Alltagsprodukte
- Preise und Mengenangaben
- Negativartikel im Nom.: *kein, keine*
- unbestimmter und Negativartikel im Akk.: *(k)einen, (k)ein, (k)eine*
- Nullartikel bei Lebensmitteln
- *es gibt* + Akkusativ
- trennbare Verben
- das Verb *mögen*
- Lokalangaben: *rechts / links,* ...
- Personalpronomen im Text: *er, es, sie*

Strategien

- mit W-Fragen einen (Hör-)Text erschließen
- Textstruktur erkennen
- Weltwissen nutzen
- selektiv hören und auf bestimmte Informationen achten

Phonetik

- Aussprache E-Laute: [eː] [ɛː] [ɛ]

Wortschatz und Strukturen

- Farben und Eigenschaften
- Verkehrsmittel
- Modalverb *können*: Fähigkeiten und Möglichkeiten
- Lokalangaben: *in, an, auf, von, zum / zur*
- Imperativ (*Sie*- und *du*-Form)
- bestimmter Artikel im Akkusativ
- das Pronomen *man*

Strategien

- Schlüsselwörter im Text suchen
- Weltwissen nutzen und Vermutungen anstellen

Phonetik

- Aussprache E-Laute: schwaches ə

Inhaltsverzeichnis

	Handlungsfelder	Kommunikation
**98	6 Das ist die Lösung!** A Einmal Arbeit und zurück	100 B Auf Wohnungssuche	103 C Zusammen wohnen	108	▪ Arbeitsweg ▪ Wohnungssuche ▪ Organisation des Zusammen- wohnens	▪ die Wohnlage und den Arbeitsweg angeben ▪ über Möglichkeiten der Wohnungssuche sprechen ▪ Anzeigen verstehen ▪ eine Wohnung beschreiben ▪ etwas in der Vergangenheit erzählen ▪ Gefallen und Missfallen äußern ▪ über Aufgaben im Haushalt sprechen ▪ Anweisungen geben
**114	7 Was ist denn los?** A Montagmorgen	116 B Wichtige Nachrichten	120 C Gute Besserung!	124	▪ privates Befinden ▪ Organisation im Krankheitsfall ▪ in der Arztpraxis	▪ über das Befinden sprechen ▪ auf einen Anrufbeantworter sprechen ▪ sich krankmelden (per E-Mail und telefonisch) ▪ eine offizielle E-Mail schreiben ▪ die eigene Meinung formulieren ▪ Auskünfte beim Arzt geben und verstehen ▪ die wichtigsten Informationen auf Beipack- zetteln verstehen
**130	8 Von Termin zu Termin** A Wann haben Sie Zeit?	132 B Terminkonflikte	138 C Nach der Arbeit	140	▪ persönliche Termine ▪ Vertretung am Arbeitsplatz ▪ in öffentlichen Lokalen	▪ das Datum angeben ▪ Termine vereinbaren ▪ auf eine Einladung reagieren ▪ etwas begründen ▪ Schichttausch / Vertretung organisieren ▪ Smalltalk zu verschiedenen Themen ▪ eine Speisekarte lesen ▪ im Restaurant etwas bestellen und bezahlen ▪ jemandem das Du anbieten
**146	9 Wunschlos glücklich?** A Wenig Geld für viele Wünsche 	148 B Gutes Geld für gute Arbeit 	152 C Kann ich Ihnen helfen?	154	▪ materielle Wünsche und Aus- gaben ▪ Berufe und Gehälter ▪ im Kaufhaus	▪ Wünsche äußern ▪ über Kosten und Ausgaben sprechen ▪ Stellenanzeigen Informationen entnehmen ▪ Eingabeschritte verstehen (z. B. Geldautomat) ▪ Einkaufs- und Beratungsgespräche führen ▪ Produktinformationen erfragen ▪ sich höflich ausdrücken
**162	10 Viele Grüße!** A Vor dem Urlaub	164 B Haben Sie reserviert?	166 C Urlaubsziele	172	▪ Urlaubsplanung ▪ Organisation einer Reise ▪ Urlaubserlebnisse	▪ den Urlaub planen ▪ eine Abwesenheitsnotiz schreiben ▪ Fahrpläne lesen ▪ am Bahnhof wichtige Informationen verstehen ▪ etwas begründen ▪ die Notrufnummer anrufen ▪ eine Urlaubsgeschichte erzählen ▪ über das Wetter sprechen ▪ eine Postkarte schreiben
**178	Strategietraining 6 – 10**	**184	Strategierezepte**	**188	Grammatik zum** **Nachschlagen**

Wortschatz und Strukturen	Strategien	Phonetik
• Wohnlage, Wohnräume • Zahlen 100–1000 • erste Verben im Perfekt • Präteritum von *sein* und *haben* • Modalverb *müssen*: Aufgaben und Pflichten • Modalverb *wollen*: Wünsche und Absichten • Personalpronomen im Text: Akkusativ • Imperativ (*ihr*-Form) • Indefinitpronomen: *keiner, alle, jeder*	• Hypothesen aufstellen und diese beim Lesen / Hören überprüfen • einen Text ganz genau lesen • vor dem Hören Aussagen lesen und dann auf Schlüsselwörter achten	• Aussprache Ich- und Ach-Laute
• Adjektive zum Befinden • Körperteile und Krankheiten • Modalverb *dürfen/nicht dürfen*: Erlaubnis und Verbot ausdrücken • Temporalangaben: *vor, nach, zwischen* • Adverbien der zeitlichen Abfolge: *zuerst, dann, danach, …*	• auf Sprechweise achten • einen Anruf planen und Notizen machen • Schlüsselinformationen markieren • vor dem Schreiben Stichpunkte notieren • eigene Texte selbst korrigieren	• Aussprache [ts]
• Ordinalzahlen: *der erste …, der zweite …, …* • Temporalangaben: Monate, Jahreszahlen • Personalpronomen im Akkusativ • *nämlich* • Speisen und Getränke • Graduierung: *sehr, ziemlich, extrem, …* • Indefinitpronomen: *alles, nichts, viel*	• wichtige Redemittel für ein Telefonat systematisieren • beim Sprechen Emotionen einsetzen • Smalltalk-Themen und -Redemittel verwenden • Zeitangaben zur Orientierung im Text nutzen	• Wortbildung und Wortakzent: Komposita • Aussprache R-Laute
• Kaufhausprodukte • trennbare und nicht trennbare Verben • Verben mit Dativ: *helfen, gefallen* • Verben mit Dativ und Akkusativ: *zeigen, empfehlen, geben, schenken* • Personalpronomen im Dativ • Fragewort *welcher, welches, welche* • Demonstrativpronomen: *der, das, die*	• beim Sprechen Emotionen variieren / Gestik und Mimik einsetzen • selektiv lesen und bestimmte Informationen suchen • sich austauschen und gegenseitig kontrollieren • höfliche Redefloskeln und Satzmelodie bewusst einsetzen	• höfliches Sprechen und Satzmelodie • englische Wörter im Deutschen
• Aktivitäten im Urlaub • Temporalangaben im Akkusativ • Präpositionen mit Dativ oder Akkusativ: *in, an, auf* • geografische Namen • *weil*-Satz • Modalverben im Präteritum • unpersönliche Ausdrücke mit *es*	• auf spezifische Merkmale einer Textsorte achten • vor einer Äußerung Argumente sammeln • vor dem Sprechen Notizen zu den W-Fragen machen • vor dem Schreiben Ideen zu Stichpunkten sammeln	• Pausen in Sätzen • Aussprache H-Laute

204 | Alphabetische Wortliste

214 | Quellenangaben

215 | Trackliste zu den Audio-CDs

1 Herzlich willkommen!

1 _1 Hören Sie. Welche Städte hören Sie? Suchen Sie auf der Karte.

2 Städte

1 _2 **a |** Hören Sie und ergänzen Sie die Buchstaben.

1. B___sel | Dr___sden | Berl___n | W___n | S___lingen | T___bingen

2. H___mburg | L___nz | B___nn | St___ttgart | K___ln | M___nchen

3. ___iel | ___eipzig | ___uppertal | ___rankfurt | ___alzburg | ___ürich

b | Überprüfen Sie mit der Karte. Lesen Sie dann die Städte vor.

c | Wie spricht man die markierten Buchstaben aus? Schlagen Sie in der Tabelle auf Seite 188 nach. Verbinden Sie die Laute und die Städte.

[t] ○   ○ **Aa**chen, B**a**sel ○

　　　　　　　○ K**ie**l, Berl**i**n ○   ○ [k]

[a:] ○   ○ L**ei**pzig, M**ai**nz ○

　　　　　　○ St**u**ttgart, T**ü**bingen ○   ○ [ʃ]

[aɪ] ○   ○ **S**tuttgart, Braun**sch**weig ○   ○ [i:]

　　　　　○ **K**öln, Zwi**ck**au, Hambur**g** ○

3 Ihre Sprache

a | Wie heißen die Städte in Ihrer Sprache?

Dresden _____

Hamburg _____

Berlin _____

Köln _____

Wien _____

b | Welche Städte heißen in Ihrer Sprache anders? Suchen Sie Beispiele.

c | Vergleichen Sie im Kurs.

1 Alles neu

1 Hallo! Guten Tag!

1 ⊙_3 **a** | Begrüßungsspiel: Hören Sie.

b | Hören Sie noch einmal
und sprechen Sie mit.

c | Lesen Sie die Begrüßungen. Was kennen Sie?
Suchen Sie ein passendes Foto.

d | Wie sagen Sie in Ihrem Land *Hallo, Guten Tag, …*?
Gestalten Sie das leere Feld.

➥ AB 1

A **Guten Tag! Guten Tag! Guten Tag!**

A **Grüß Gott!**

A **Guten Tag!**

A **Hallo!**

A **Servus!**

A **Servus! Auf Wiedersehen! Tschüss!**

A/B **Tschüüüüs!**

Grüß Gott
Tschüss

Hallo
Guten Tag
Servus
Auf Wiedersehen

B Guten Tag! Hallo! Grüß Gott!

B Guten Tag!

B Hallo!

B Servus!

B Und ... tschüss!

B Servus! Auf Wiedersehen! Tschüss!

Kommunikative Lernziele:

- sich begrüßen und verabschieden
- sich und jemanden vorstellen
- Fragen zur Person stellen und beant-worten (Name, Herkunft, Wohnort)
- *du* und *Sie* unterscheiden
- nachfragen, wenn man etwas nicht versteht
- buchstabieren
- bis 100 zählen

Wortschatz und Strukturen:

- Namen von Personen, Ländern, Kontinenten
- Alphabet
- Zahlen von 1–100
- erste Nomen mit dem bestimmten Artikel: *der, das, die*
- erste Verben: *sein, heißen, kommen aus, wohnen in*
- Aussagesätze
- W-Fragen: *Wie? Wo? Woher? Wer?*
- Wortakzent

2 **Wir sind da.**

1 _4 | **a** | Zur Einstimmung:
Sehen Sie das Bild an und hören Sie
die Geräusche.

1 _5 | **b** | Hören Sie jetzt den Dialog.
Welche Überschrift passt? Kreuzen Sie an.

☐ Hallo Max!
☐ Die neue Wohnung
☐ Auf Wiedersehen!

c | Hören Sie noch einmal.
Wie fühlen sich Max und Lisa? Kreuzen Sie an.

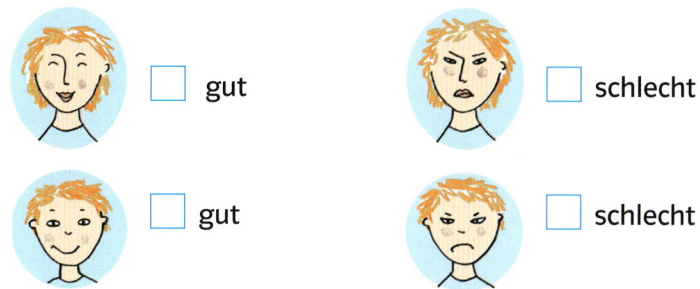

☐ gut   ☐ schlecht

☐ gut   ☐ schlecht

3 Neue Wörter

1 💿_6 a | Hören Sie und lesen Sie. Welche Wörter kennen Sie?

> das Haus | die Wohnung | der Balkon | das Fenster | die Tür | die Klingel | der Mann |
>
> die Frau | das Kind | das Auto | der Vogel | der Hund | das Handy | die Lampe

b | Suchen Sie im Bild. Zeigen Sie und sprechen Sie.

Wo ist das Haus?

Da ist das Haus.

> **Der bestimmte Artikel**
>
> Da ist **der** Balkon.
> Da ist **das** Haus.
> Da ist **die** Wohnung.

c | Sortieren Sie bitte.

der Balkon	**das** Haus	**die** Wohnung
der …		

↪ AB 2–6

4 Die neue Nachbarin

a | Sehen Sie das Bild an. Wer sind die Personen?

Wer ist das??

Das ist Max.

Ich bin Inés Montes.

1 🔘_7 b | Hören Sie. Was sagt Lisa Vogel, was sagt die Nachbarin? Kreuzen Sie an.

c | Wie ist die Nachbarin Frau Montes? Kreuzen Sie an.

Die Nachbarin ist ☐ nett.
☐ unsympathisch.

	Lisa Vogel	Inés Montes
Guten Tag.		X
Tag.		
Willkommen.		
Ich bin …		
Das ist Max.		
Hallo Max.		
Woher kommen Sie?		
Aus Frankfurt.		

➥ AB 7

5 Ich bin … und wer sind Sie?

1 _8 **a** | Hören Sie und lesen Sie.

1. **A** Guten Tag, ich bin *Lola Campos*. Und wie heißen Sie?
   B Guten Tag, ich heiße *Saad Abdallah*. Woher kommen Sie?
   A Ich komme aus *Peru*. Und Sie?
   B Ich komme aus *dem Irak*.
   A Aha, interessant!

2. **A** Hallo, ich bin *Svetlana Palkova* und komme aus *Russland*. Und wer sind Sie?
   B Ich bin *Francesca Rossi* und komme aus *Italien*. Hallo *Svetlani*.
   A Nein, *Svetlana* bitte.
   B Ah, Entschuldigung, *Svetlana*.

3. **A** Mein Name ist *John White*.
   B Wie bitte?
   A Ich heiße *John*, *John White*.
   B Ah ja, *John White*, freut mich. Woher kommen Sie?
   A Aus *Großbritannien*.

> **Sich vorstellen**
>
> Wie heiß**en Sie**? /
> Wer sind Sie?
> **Ich** heiß**e** … / Ich bin … /
> Mein Name ist …
> Woher komm**en Sie**?
> **Ich** komm**e** aus
> Peru / Russland / Italien /
> aus der Türkei / aus dem Irak / …

b | Wie heißt Ihr Land auf Deutsch?
Zeigen Sie Ihrer Lernpartnerin / Ihrem Lernpartner Ihr Land auf der Weltkarte.

Afghanistan	Kasachstan
Algerien	Kenia
Argentinien	Litauen
Äthiopien	Marokko
Brasilien	Mexiko
China	Nigeria
Dänemark	Polen
Frankreich	Portugal
Griechenland	Russland
Indien	Spanien
der Irak	die Türkei
Italien	die Ukraine
Japan	die USA
Kanada	

c | Lesen Sie die Dialoge mit Ihren Angaben.

➡ AB 8–10

6 Hallo ●●●, hallo ●●● – das klingt so!

1 💿_9 **a |** Hören Sie. Hören Sie dann noch einmal und sprechen Sie mit.

1.

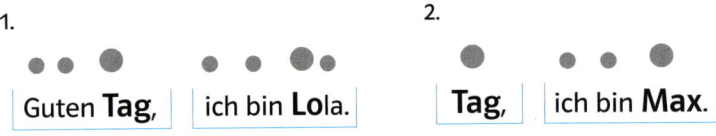

Guten **Tag,** | ich bin **Lo**la.

2.

Tag, | ich bin **Max**.

3.

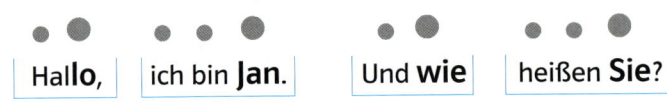

Hal**lo,** | ich bin **Jan**. | Und **wie** | heißen **Sie**?

4.

Ma**rie**! | Ich **heiße** | Marie **Kern** | und ich **komm**e | aus Lu**zern**.

5.

Und **Sie**?

> **Silben und Wortakzent**
>
> Wörter haben Silben.
> Eine Silbe ist betont.
> Eu·**ro**·pa ● ● ●

1 💿_10 **b |** Hören Sie und markieren Sie den Wortakzent.

Guten Tag, woher kommen Sie?

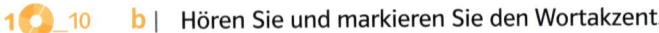

Aus Eu·**ro**·pa. | Aus Deutsch·land. | Aus A·fri·ka. | Aus Chi·na. | Aus der Tür·kei. |

Aus dem I·rak. | Aus Pe·ru. | Aus der U·kra·i·ne. | Aus I·ta·li·en. | Aus A·si·en. |

Aus A·me·ri·ka. | Aus Aus·tra·li·en | …

c | Lesen Sie vor und klopfen Sie die betonte Silbe.

7 Begrüßungsrunde

Stellen Sie sich im Kurs vor.

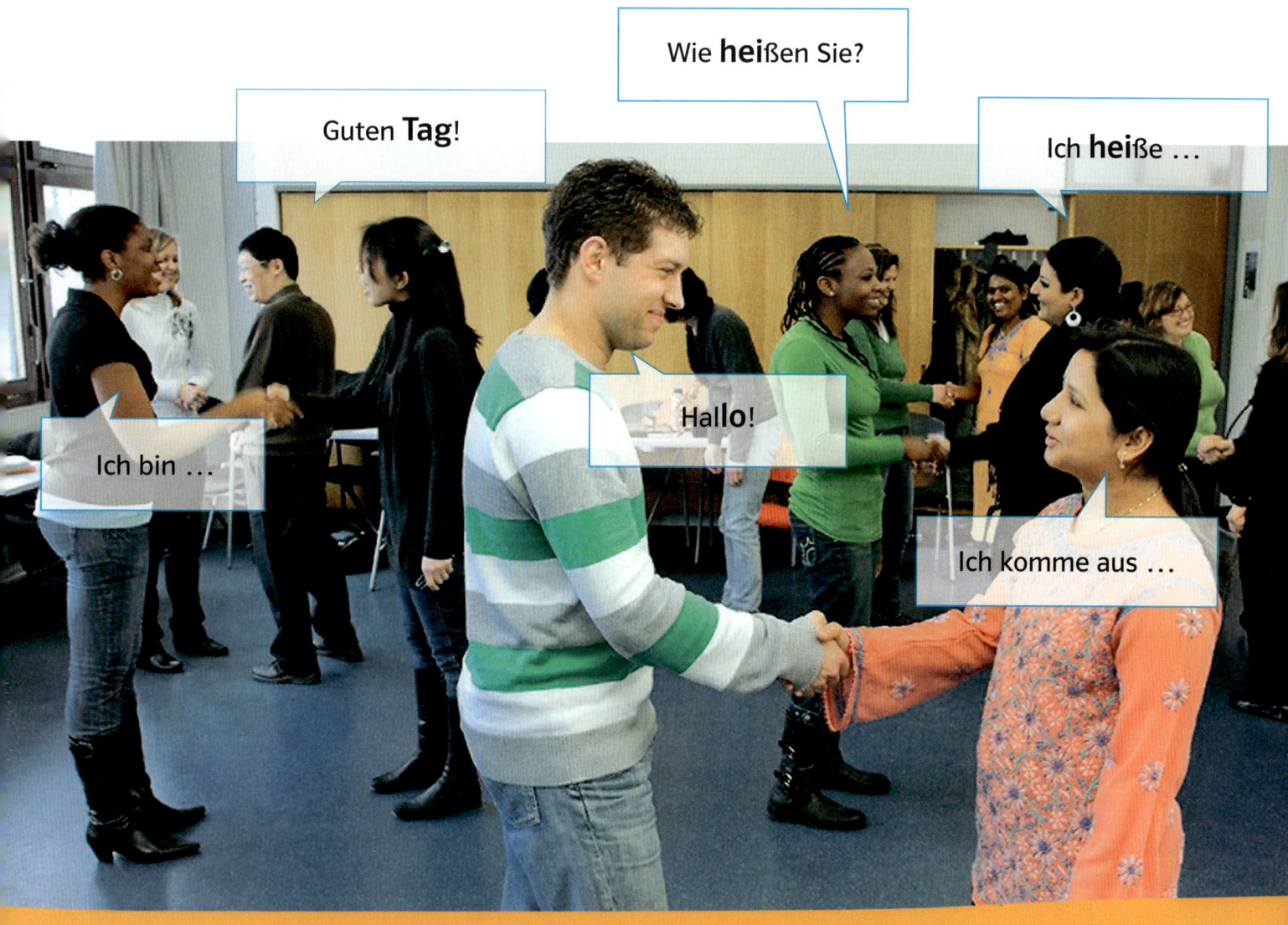

8   **Im Sportkurs**

a | Sehen Sie das Bild an. Was machen die Kinder? Wie ist die Atmosphäre?

☐ Judo	☐ aggressiv
☐ Karate	☐ fröhlich
☐ Yoga	☐ traurig
☐ Tai-Chi	

1 🔘_11   **b |**   Sind Ihre Vermutungen richtig? Hören Sie.

c | Hören Sie noch einmal. Wer sind die Personen?
Verbinden Sie bitte.

Paul ist ○   ○ der Sohn von Lisa Vogel.

Max ist ○   ○ der Sohn von Annette Frey.

Ahmed ist ○   ○ der Sportlehrer.

d | Was sagt Ahmed? Was sagt Max?
Ordnen Sie den Dialog.

| Ich heiße Ahmed. | Wie heißt du denn? | Max. | Hallo Max. |

_____

_____

_____

_____

9 Wer sind Sie und wer bist du?

 Wer sagt was? Lesen Sie und ordnen Sie die Sprechblasen zu.

Hallo, ich heiße Tamara. Und wer seid ihr?

Ich heiße Maurits.

Bernd Findeisen. Guten Tag.

Ich heiße Robert. Und wer bist du?

Und ich bin Klaus Holstein, hallo. Wir sind Kollegen.

Guten Tag. Claudia Nolte. Und wer sind Sie?

Hi, ich bin Sven. Und das ist Felix. Wir sind neu hier.

➥ AB 11
➥ IS 1/1

Sie oder du?

| Wer **bist du**? | Ich bin Sven. | Wer **sind Sie**? | Ich bin Sven Möller. |
| Wie heiß**t du**? | Ich heiße Robert. | Wie heiß**en Sie**? | Ich heiße Robert Wagner. |

Sie oder ihr?

| Wer **seid ihr**? | Ich bin Max und das ist Paul. **Wir sind** hier neu. |
| Wer **sind Sie**? | Ich bin Lisa Vogel und das ist Annette Frey. |

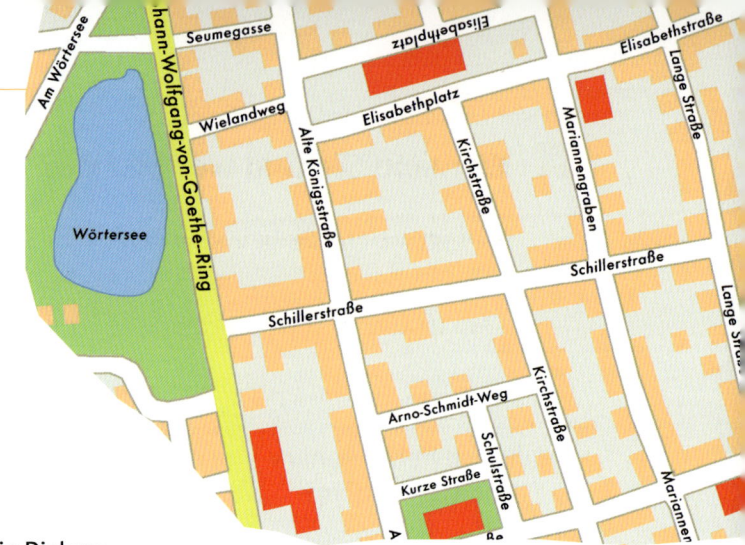

10 Ganz nah

1 ◉_12   **a |**   Sehen Sie die Karte an. Wer wohnt wo?
Hören Sie und suchen Sie.

- Max und Lisa Vogel wohnen am …
- Annette und Paul Frey wohnen in der …

b | Wer sagt was? Hören Sie noch einmal. Ergänzen Sie die Dialoge.

> Wo wohnen Sie | Und Sie | Wo wohnst du | Und du | Tschüss | Wiedersehen

Max:	Super, das Training, was?
Paul:	Ja. Und Ahmed ist auch nett.
Max:	Mhm.

Lisa Vogel: _____ ?

Annette Frey: In der Schillerstraße. _____ ?

Lisa Vogel: Am Elisabethplatz.

Annette Frey: Ah ja, ganz nah.

Max: _____ ?

Paul: In der Schillerstraße. _____ ?

Max: Am Elisabethplatz.

Paul: Hey, das ist ganz nah.

Max: Ja? Okay. Bis nächste Woche.

Paul: Bis nächste Woche _____ !

Annette Frey: Auf Wiedersehen!

Lisa Vogel: _____ !

➡ AB 12 – 13

> **Den Wohnort angeben**
>
> Wo wohnen Sie?
> Ich wohne **in** München.
>   **in der** …straße.
>   **am** …platz.
>
> Wo wohnt ihr?
> Wir wohnen **in** Leipzig.

11 Wo wohnen Sie? Wo wohnst Du?

Fragen Sie im Kurs.

- Wo wohnen Sie? | Wo wohnst du? | Wo wohnt ihr?
- Ich wohne in der …straße | in der …allee | am …platz.
  Wir wohnen in Stuttgart | Leipzig | Düsseldorf | …
- Aha. | Ah ja.

12 Wie bitte? Buchstabieren Sie bitte.

1 🔵_13 **a |** Wo ist das? Hören Sie und lesen Sie.

▪ Ich glaube, das ist im Hotel | auf dem Rathaus | auf der Bank.

E L M K L A K I

Wie bitte?
Buchstabieren Sie bitte.

1 🔵_14 **b |** Hören Sie das Alphabet und sprechen Sie nach.

Aa	Bb	Cc	Dd	Ee	Ff	Gg	Hh	Ii
[a:]	[be:]	[tse:]	[de:]	[e:]	[ɛf]	[ge:]	[ha:]	[i:]
Jj	Kk	Ll	Mm	Nn	Oo	Pp	Qq	Rr
[jɔt]	[ka:]	[ɛl]	[ɛm]	[ɛn]	[o:]	[pe:]	[ku:]	[ɛr]
Ss	Tt	Uu	Vv	Ww	Xx	Yy	Zz	
[ɛs]	[te:]	[u:]	[fau̯]	[ve:]	[ɪks]	['ʏpsilɔn]	[tsɛt]	
ß	Ää	Öö	Üü					
[ɛstsɛt]	[ɛ:]	[ø:]	[y:]					

c | Sprechen Sie im Rhythmus. Jeder spricht einen, zwei, drei, vier, … Buchstaben,
dann spricht der Nächste.

▪ A B – C D – E F – G H – …
▪ A B C – D E F – G H I – …
▪ A B C D – E F G H – …

d | Vergleichen Sie Ihr Alphabet mit dem deutschen.
Welche Buchstaben gibt es in Ihrer Sprache nicht?

Nachfragen

Wie bitte?
Buchstabieren Sie bitte.
Entschuldigung, wie heißt das auf Deutsch?
Noch einmal bitte!

e | Buchstabieren Sie Ihren Namen und den Namen
Ihrer Lernpartnerin / Ihres Lernpartners.

➥ AB 14
➥ IS 1/2

13 Zahlen 1–100

1 🔊 _15

Hören Sie die Zahlen und sprechen Sie nach.

0 null			
1 eins	11 elf	21 einundzwanzig	40 vierzig
2 zwei	12 zwölf	22 zweiundzwanzig	50 fünfzig
3 drei	13 dreizehn	23 dreiundzwanzig	60 sechzig
4 vier	14 vierzehn	24 vierundzwanzig	70 siebzig
5 fünf	15 fünfzehn	25 fünfundzwanzig	80 achtzig
6 sechs	16 sechzehn	26 sechsundzwanzig	90 neunzig
7 sieben	17 siebzehn	27 siebenundzwanzig	100 hundert
8 acht	18 achtzehn	28 achtundzwanzig	
9 neun	19 neunzehn	29 neunundzwanzig	
10 zehn	20 zwanzig	30 dreißig	

ein ^{und} zwanzig

ein und zwanzig → 21

➥ AB 15–16

14 Wählen Sie eine Aufgabe.

- Zählen Sie ohne 3. Klopfen Sie bei jeder dritten Zahl.
- Zählen Sie 2, 4, 6, …
- Würfeln Sie mit zwei Würfeln. Sagen Sie die Zahl.
- Diktieren Sie Ihrer Lernpartnerin / Ihrem Lernpartner zehn Zahlen.

15 Auf dem Amt

1 ◉_16   Welche Zahlen hören Sie? Notieren Sie bitte.

Situation 1	9	Situation 6	
Situation 2		Situation 7	
Situation 3		Situation 8	
Situation 4		Situation 9	
Situation 5		Situation 10	

16 Persönliche Zahlen

a | Ergänzen Sie das Formular.

> 87654 | 08347/62350 | 9

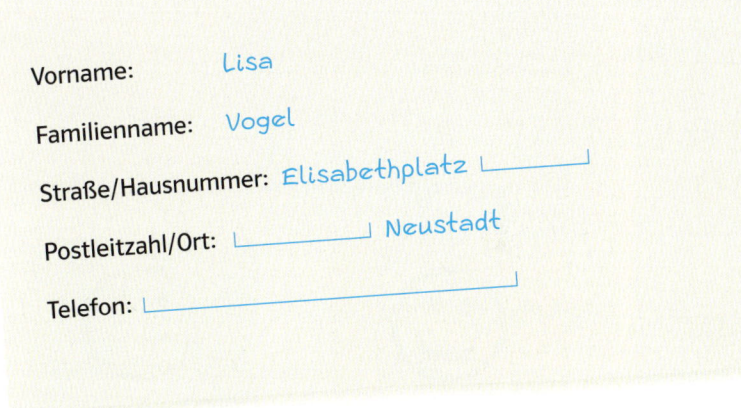

Vorname: Lisa

Familienname: Vogel

Straße/Hausnummer: Elisabethplatz ⌐____⌐

Postleitzahl/Ort: ⌐_____⌐ Neustadt

Telefon: ⌐_____⌐

b | Lesen Sie die Zahlen laut.

Hausnummer … | Postleitzahl … | Vorwahl und Telefonnummer …

➥ IS 1/4

17 Fragen zur Person

a | Was passt? Verbinden Sie Frage und Antwort.

Wie ist Ihr Vorname? ○   ○ 030/8535972

Wo wohnen Sie? ○   ○ Yasemin

Wie ist die Postleitzahl? ○   ○ Y A S E M I N

Wie ist die Telefonnummer? ○   ○ Berlin-Wilmersdorf

Wie bitte? Buchstabieren Sie bitte. ○   ○ 10715

> **W-Fragen**
>
> **Wer** sind Sie?
> **Wie** heißen Sie?
> **Wo** …
> **Woher** …
>
> W-Fragen haben oft ↘ Melodie.
> W-Fragen mit ↗ Melodie klingen sehr nett.

b | Was können Sie noch fragen? Ergänzen Sie.

➡ AB 17–18

1 ⊙_17 c | Wie klingen die Fragen? Hören Sie und zeigen Sie ein passendes Kärtchen.

nett   neutral   nicht nett

d | Und jetzt fragen Sie. Nett oder nicht nett? Die anderen zeigen das Kärtchen.

18 Adresse, Telefon, E-Mail

a | Lesen Sie. Welche Informationen finden Sie?
Ergänzen Sie die Tabelle.

Karatekurs 10.09.–30.6.

Name	Adresse
Paul Frey	Schillerstraße 38 87657 Neustadt
Max Vogel	Elisabethplatz 9 87654 Neustadt

Gustav Reiter

Mozartstraße 36/2

A-5020 Salzburg

Österreich

AHMED ISMET

Trainer für Karate und
Tai-Chi

mobile: 0163/4695678

Leipzig
Sebastian-Bach-Str. 43

172

BRAUN

📖 Von	grossmann@gmx.de
Betreff	

Wir sind umgezogen. Unsere neue
Adresse ist: Finkenweg 13,
65817 Eppstein, 06198/7213

Anke und Tobias Grossmann

Name	Wohnort	Straße	Land	Telefon	Handy	E-Mail
Max Vogel						

b | Ergänzen Sie die Tabelle mit Ihren Angaben.

 c | Ratespiel: Wer ist das? Spielen Sie.

- Er / Sie kommt aus …   Die Telefonnummer ist …
    wohnt in …   Die E-Mail-Adresse ist …
- Das ist Paul Frey. | Das sind Anke und Tobias.

 IS 1/3

> **Jemanden vorstellen**
>
> Das ist Ahmed Ismet. **Er** ist Karatetrainer.
> Das ist Annette Frey. **Sie** wohnt in Neustadt.
>
> Das sind Lisa und Max. **Sie** wohnen hier.

19 Wählen Sie eine Aufgabe.

- Gestalten Sie eine Visitenkarte mit Ihren Angaben.
  Tauschen Sie Ihre Karten aus und stellen Sie eine Person vor.
- Ein Formular für Ihren Deutschkurs: Welche Kategorien sind wichtig?
  Fragen Sie im Kurs und machen Sie eine Kursliste.
- Sie sind umgezogen. Schreiben Sie eine E-Mail mit Ihrer neuen Adresse.

> **Das Verb *sein***
>
> ich **bin** Max
> du **bist** Paul
> er / sie **ist** nett
> wir **sind** neu
> ihr **seid** aus Neustadt
> sie **sind** da
>
> **Sind** Sie die Nachbarin?

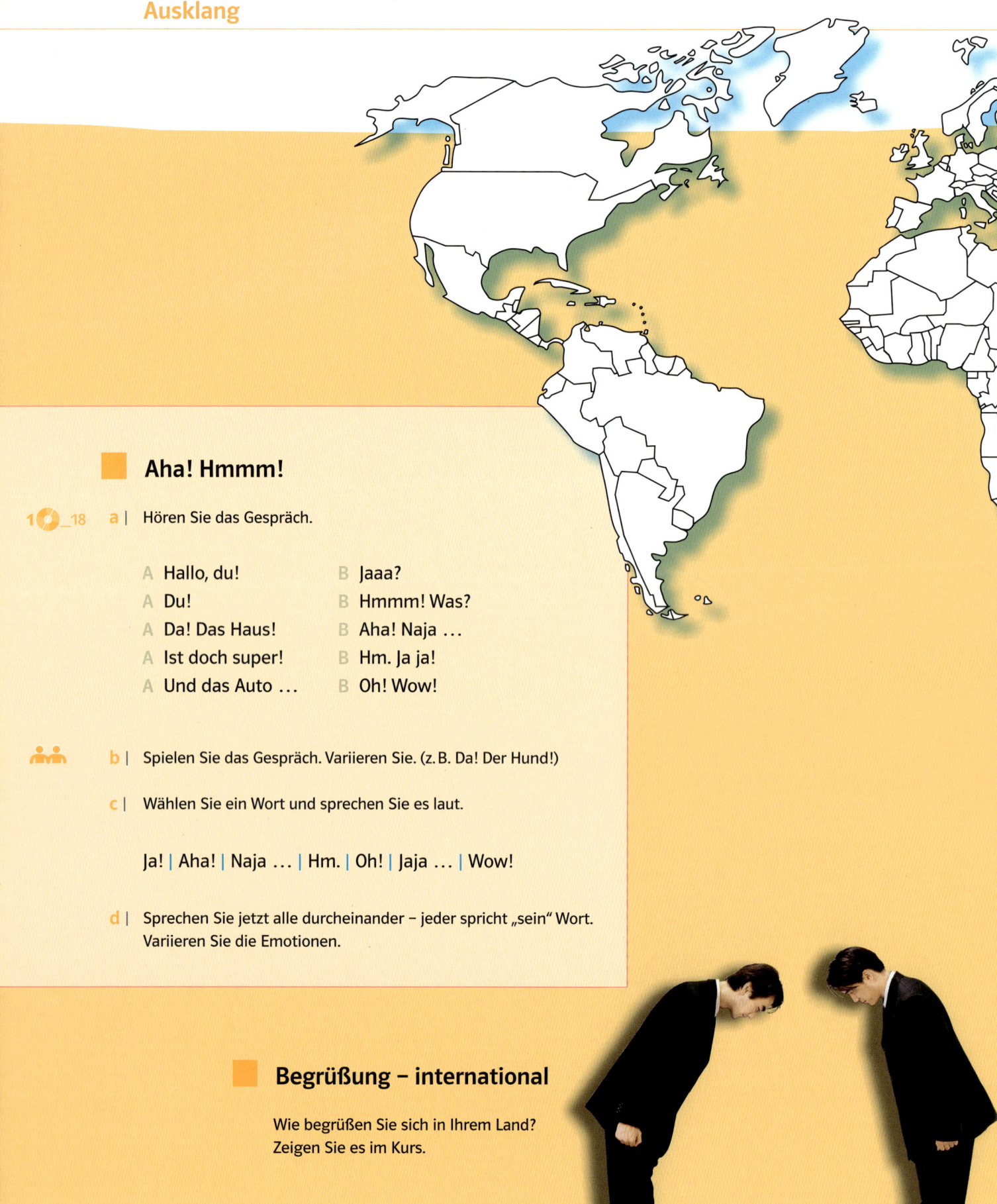

■ Aha! Hmmm!

1 ○_18 a | Hören Sie das Gespräch.

A Hallo, du!	B Jaaa?
A Du!	B Hmmm! Was?
A Da! Das Haus!	B Aha! Naja …
A Ist doch super!	B Hm. Ja ja!
A Und das Auto …	B Oh! Wow!

b | Spielen Sie das Gespräch. Variieren Sie. (z. B. Da! Der Hund!)

c | Wählen Sie ein Wort und sprechen Sie es laut.

Ja! | Aha! | Naja … | Hm. | Oh! | Jaja … | Wow!

d | Sprechen Sie jetzt alle durcheinander – jeder spricht „sein" Wort. Variieren Sie die Emotionen.

■ Begrüßung – international

Wie begrüßen Sie sich in Ihrem Land?
Zeigen Sie es im Kurs.

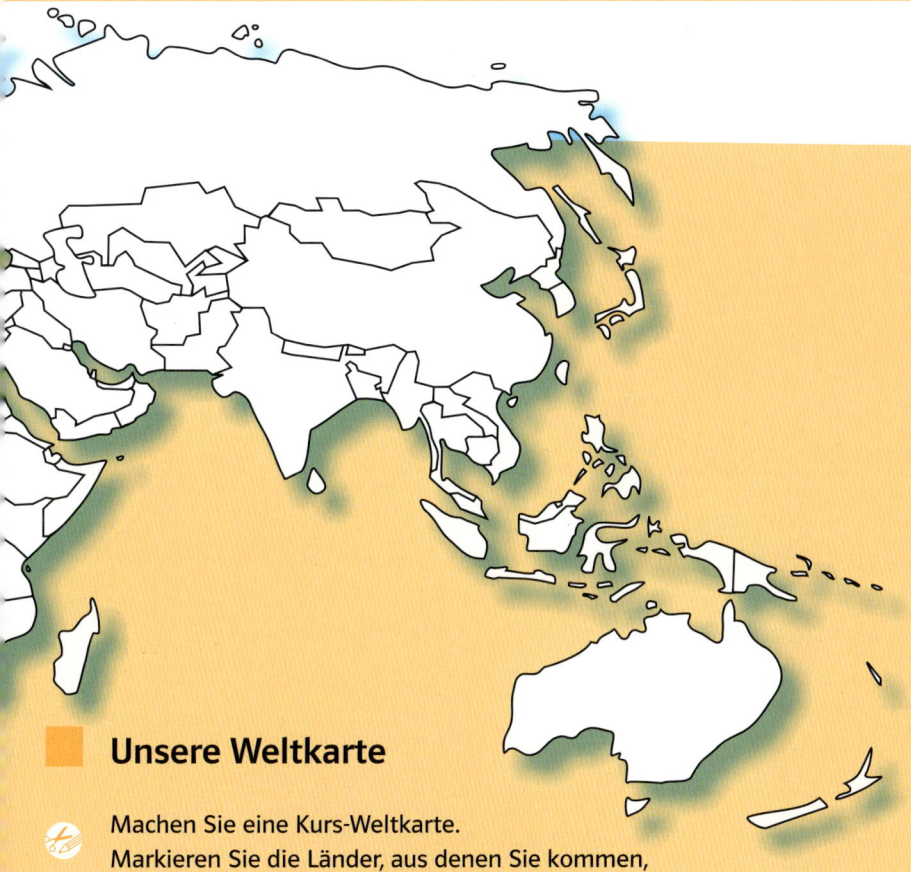

Elf Wörter sind ein Gedicht

ankommen
das Haus
die neue Wohnung
die Nachbarin ist nett
super

Unsere Weltkarte

Machen Sie eine Kurs-Weltkarte.
Markieren Sie die Länder, aus denen Sie kommen,
und schreiben Sie die deutschen Ländernamen
dazu.

Malen nach Zahlen

Verbinden Sie die Zahlen von eins
bis fünfundvierzig. Was sehen Sie?

einunddreißig •
zweiunddreißig •
dreiunddreißig •
dreißig •

neunundzwanzig •
achtundzwanzig •
siebenundzwanzig •
sechsundzwanzig •

vierunddreißig •
fünfundzwanzig •
vierundzwanzig •

fünfunddreißig •

dreiundzwanzig •

sechsunddreißig •

zweiundzwanzig •

siebenunddreißig •

vierzig •
einundzwanzig •

achtunddreißig •
zweiundvierzig •
dreiundvierzig •
vierundvierzig •
neun •
zehn •
zwanzig •
acht •
einundvierzig •
elf •
neunzehn •
neununddreißig •

fünfundvierzig •
eins •
sieben •
sechs •
drei •
fünf •
zwölf •
achtzehn •
zwei •
siebzehn •
vier •
vierzehn •
dreizehn •
sechzehn •
fünfzehn •

2 Von früh bis spät

1 Arbeiten rund um die Uhr

a | Sehen Sie die Fotos genau an. Wann arbeiten die Personen?

der Kellner

der Arzt

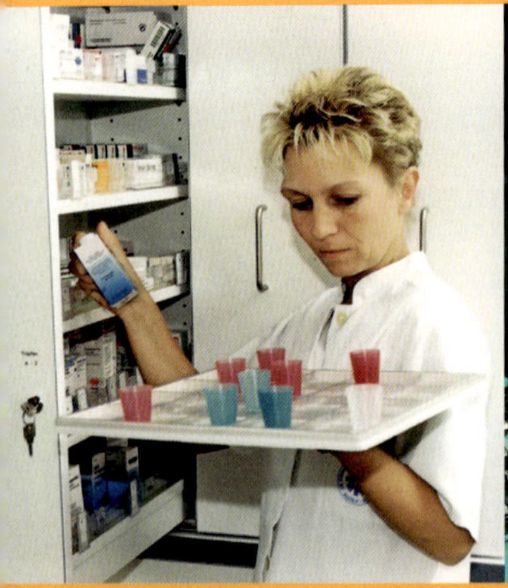

die Krankenschwester

der DJ

der Lehrer

die Hausfrau

 b | Vergleichen Sie.

- Der DJ arbeitet in der Nacht.
- … arbeitet am Vormittag oder am Nachmittag.

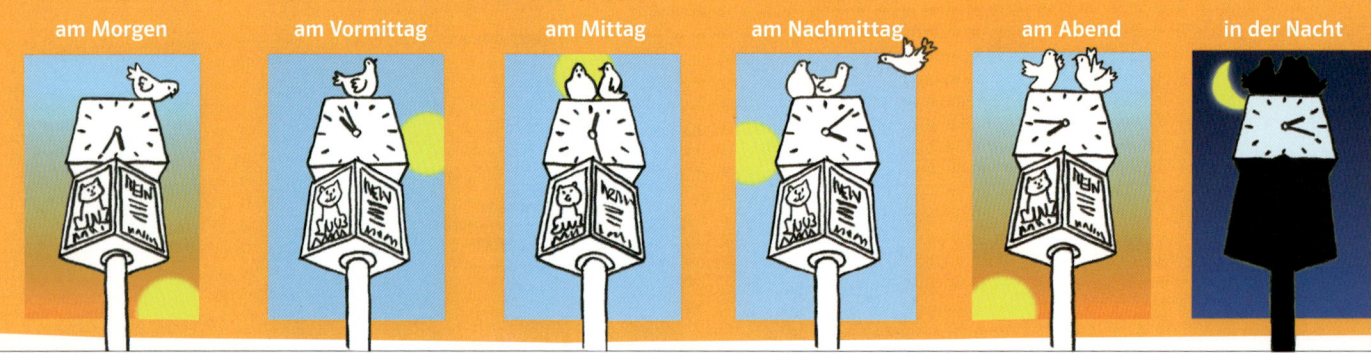

am Morgen   am Vormittag   am Mittag   am Nachmittag   am Abend   in der Nacht

c | Was sind Sie von Beruf? Wann arbeiten Sie? Gestalten Sie das leere Feld.

> Ich bin Taxifahrer.

> Ich bin Lehrer, aber ich arbeite als Taxifahrer.

> Ich bin Lehrerin.

- Ich bin …
- Ich arbeite … | … und … | von früh bis spät.
- Ich arbeite als …
- Ich arbeite noch nicht | zurzeit nicht.
- Ich bin Student | Studentin.

↳ AB 1–3

die Bäckerin

der Taxifahrer

der Ingenieur

die Psychologin

Kommunikative Lernziele:

- über das Befinden sprechen
- jemanden offiziell vorstellen
- den Beruf angeben
- über die Arbeit sprechen
- einen Dienstplan verstehen
- über den Tagesablauf sprechen
- ein Problem benennen

Wortschatz und Strukturen:

- Wochentage
- Berufe, Arbeitsorte, Tätigkeiten
- unbestimmter und bestimmter Artikel
- Temporalangaben: Tageszeiten und Wochentage
- das Verb *haben*
- Ja- / Nein-Frage
- Verben im Präsens
- Satzmelodie: Fragen
- Vokale: kurz und lang

Zusatzmaterial: Zeitschriften, Magazine (Ausklang)

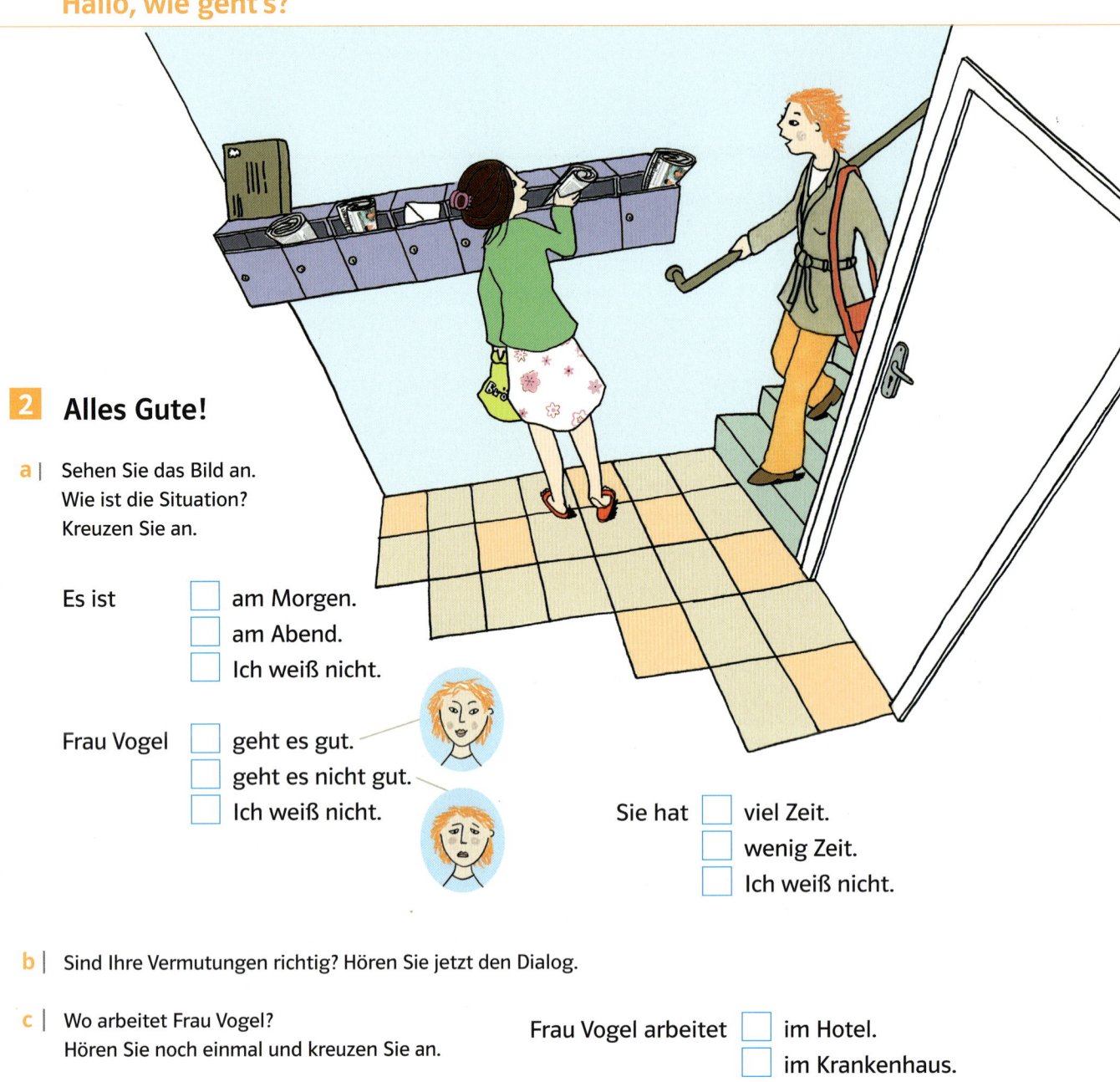

2 Alles Gute!

a | Sehen Sie das Bild an.
Wie ist die Situation?
Kreuzen Sie an.

Es ist ☐ am Morgen.
☐ am Abend.
☐ Ich weiß nicht.

Frau Vogel ☐ geht es gut.
☐ geht es nicht gut.
☐ Ich weiß nicht.

Sie hat ☐ viel Zeit.
☐ wenig Zeit.
☐ Ich weiß nicht.

1 ⊙_19   **b |** Sind Ihre Vermutungen richtig? Hören Sie jetzt den Dialog.

c | Wo arbeitet Frau Vogel?
Hören Sie noch einmal und kreuzen Sie an.

Frau Vogel arbeitet ☐ im Hotel.
☐ im Krankenhaus.
☐ im Restaurant.

d | Wer sagt was? Ergänzen Sie bitte.

> Gut. Ich muss ins Krankenhaus. |
> | Nein, nein. Mein erster Arbeitstag. |
> Alles Gute! | Wie geht's? | Danke. |
> Morgen, Frau Montes.

Inés Montes: Guten Morgen, Frau Vogel.

Lisa Vogel: _____

Inés Montes: _____

Lisa Vogel: _____

Inés Montes: Ach!

Lisa Vogel: _____

Inés Montes: Ah!

Lisa Vogel: _____

3 Gut oder schlecht?

1 _20 **a |** Hören Sie. Welche Emotion passt? Verbinden Sie bitte.

Wie geht es Ihnen?

Wie geht es dir?

Gut. Und Ihnen? ○

○ Danke! Mir geht's gut! Sehr gut!

○ Ach, mir geht's schlecht! Sehr schlecht.

Mir geht's nicht so gut. ○

○ Na ja ... Es geht.

b | Hören Sie noch einmal und sprechen Sie nach.

Nach dem Befinden fragen

Wie geht es dir? / Wie geht's?	Mir geht es sehr gut / gut / nicht so gut / schlecht / sehr schlecht.
Wie geht es euch? / Wie geht's?	Danke, gut.
Wie geht es Ihnen? / –	Na ja, es geht.

↪ IS 2/1

4 Wie geht es Ihnen?

Lesen Sie und fragen Sie im Kurs.

Hallo! Wie geht es euch?

Und wie geht's dir?

Mir geht's gut.

Na ja, es geht.

Guten Morgen, Frau Kumis. Wie geht es Ihnen?

Guten Abend, Frau Pant. Wie geht es Ihnen?

Danke, mir geht's gut.

Ach, mir geht's nicht so gut. Und Ihnen?

↪ AB 4

5 Erste Orientierung

Sehen Sie die Schilder an. Wo ist das? Was verstehen Sie?

➡ AB 5

6 Ein Krankenhausteam

 a | Hören Sie und lesen Sie die Berufe.

 b | Wer gehört zum Krankenhausteam? Sprechen Sie.

> Ein Arzt, eine …

> Vielleicht eine Psychologin?

- ein Arzt | eine Ärztin
- ein Psychologe |
  eine Psychologin
- ein Krankenpfleger |
  eine Krankenschwester
- ein Polizist | eine Polizistin
- ein Koch | eine Köchin
- ein Sekretär | eine Sekretärin
- ein Krankenwagenfahrer |
  eine Krankenwagenfahrerin
- ein Kellner | eine Kellnerin
- ein Raumpfleger |
  eine Raumpflegerin

 c | Kettenspiel: Spielen Sie.

Hier arbeitet ein Arzt. – Hier arbeiten ein Arzt und eine Ärztin. – Hier arbeiten ein Arzt, eine Ärztin und eine Psychologin. – Hier arbeiten ein Arzt, eine Ärztin, eine Psychologin und ein Krankenpfleger. – Hier arbeiten …

➡ AB 6–7

7 **Die neuen Kolleginnen und Kollegen**

a | Sehen Sie die Bilder an. Wie ist die Situation? Wie sind die Personen?

Die Situation ist ☐ offiziell.   Die Personen sind ☐ freundlich.

☐ inoffiziell.   ☐ unfreundlich.

1 💿__22   **b** | Hören Sie. Wer sind die Personen auf den Bildern?

Markus Neumann ist ☐ der Krankenpfleger.

☐ der Stationsarzt.

Zohra El Afia ist ☐ die Ärztin.

☐ die Psychologin.

Bettina Becker ist ☐ die neue Krankenschwester.

☐ die Stationsschwester.

Lisa Vogel ist [   ]

> **Der unbestimmte und der bestimmte Artikel**
>
> Das ist **ein** Arzt.
> Frank Stiller ist **der** Stationsarzt.
>
> Das ist **eine** Krankenschwester.
> **Die** Krankenschwester heißt Lisa Vogel.
>
> Das ist **ein** Krankenhausteam.
> Das ist **das** Team von Lisa Vogel.

c | Hören Sie noch einmal. Ordnen Sie die zwei Gespräche.

☐ Und das ist Zohra El Afia. Sie ist die Psychologin hier.

1️⃣ Guten Morgen. Ich bin Lisa Vogel. Ich bin die neue Krankenschwester.

☐ Guten Tag.

☐ Freut mich. Ich bin Markus Neumann.

☐ Lisa Vogel. Angenehm.

☐ Bettina, das ist Frau Vogel. Das ist Frau Becker.

☐ Bettina Becker. Willkommen.

☐ Danke.

↪ AB 8–11

8   Darf ich vorstellen?

a | Sortieren Sie bitte.

sich begrüßen	sich vorstellen	eine Person vorstellen	reagieren	sich verabschieden

> Guten Morgen. | Auf Wiedersehen. | Ah ja. | Ich bin … | Freut mich. | Das ist … |
> Darf ich vorstellen: … | Angenehm. | Bis später. | Guten Tag. | Mein Name ist …

b | Spielen Sie im Kurs. Variieren Sie.

9   Der Dienstplan

Hier ist der Dienstplan, Frau Vogel.
Am Montag haben Sie …

DIENSTPLAN

	Frühdienst (6:00 – 14:30 Uhr)		Spätdienst (14:00 – 22:30 Uhr)		Nachtdienst (22:00 – 6:30 Uhr)		frei

1 🔊 _23   a | Lesen Sie den Dienstplan. Hören Sie. Wann hat Lisa Vogel Nachtdienst? Und wann hat sie frei?

b | Wählen Sie eine Person. Wann hat er / sie Dienst? Notieren Sie.

Spätdienst: *am Montag und am Dienstag*

Frühdienst: _____

Nachtdienst: _____

frei: _____

> **Temporalangabe: Wochentage**
>
> **Wann** arbeiten Sie?
> **Am** Montag.
> **Am** Dienstag.
> **Am** …

c | Sprechen Sie mit Ihrer Lernpartnerin / Ihrem Lernpartner.

▪ Wann hat … Frühdienst?

▪ Hat … am Montag Nachtdienst?

▫ Am … und am…

▫ Ja, er / sie hat am Montag Nachtdienst.
Nein, er / sie hat am Dienstag Nachtdienst.

➥ AB 12

➥ IS 2/2

> **Ja- / Nein-Fragen**
>
> **Arbeitet** Herr Neumann im Krankenhaus?   Ja, er **arbeitet** im Krankenhaus.
> **Ist** Herr Neumann Arzt?   Nein, er **ist** Krankenpfleger.
> **Hat** Bettina Becker am Freitag frei?   Ja, am Freitag **hat** sie frei.
>
> Ja- / Nein-Fragen haben oft ➚ Melodie.

10 Offiziell oder privat?

1 ○_24   a | Hören Sie. Wie ist die Melodie: ➚ oder ➘ ? Markieren Sie bitte.

○ Wie geht es Ihnen? ○

○ Arbeiten Sie zu Hause? ○

○ Ist die Arbeit stressig? ○

○ Wo arbeiten Sie? ○

○ Wo arbeiten Sie? ○

b | Wer stellt die Fragen: die nette Nachbarin oder die nette Ärztin?
Hören Sie noch einmal und verbinden Sie.

1 ○_25   c | Hören Sie jetzt die Dialoge. Spielen Sie dann die Ärztin und die nette Nachbarin.

Variieren Sie.

▪ Was sind Sie von Beruf?

▪ Sind Sie Sekretärin | Musiker?

▪ Arbeiten Sie auch nachts?

▪ Wann haben Sie frei | Nachtdienst?

▪ Wann schlafen Sie?

▪ …

> **Satzmelodie: Fragen**
>
> ➚ Melodie ist freundlich / höflich / nett.
> ➘ Melodie ist offiziell.
>
> ➥ AB 13 – 16

11 Partnerinterview

a | Sprechen Sie mit Ihrer Lernpartnerin / Ihrem Lernpartner über Ihre Arbeit.

- Arbeiten Sie   im Krankenhaus?
  - im Büro?
  - im Hotel?
  - im Restaurant?
  - im Supermarkt?
  - in der Schule?
  - zu Hause?
  - bei Aldi | bei Bosch | …?

- Sind Sie …? | Was sind Sie von Beruf?
- Arbeiten Sie nachts | am Wochenende | …?
- Haben Sie viel Arbeit | viel Stress | …?
- Wann haben Sie frei | Dienst | …?
- Wie ist die Arbeit?
- Ist die Arbeit interessant oder langweilig?
  - ruhig oder stressig?

> **Das Verb *haben***
>
> ich **habe** Zeit
> du **hast** Stress
> er / sie **hat** frei
> wir **haben** Dienst
> ihr **habt** frei
> sie **haben** Arbeit / keine Arbeit
>
> **Haben** Sie Zeit?

b | Notieren Sie die Informationen und präsentieren Sie die Ergebnisse.

Ihre Fragen:	Antworten:

↳ IS 2 / 3

12 Nachtarbeiter

a | Wie oft arbeiten ein Polizist, ein Bauarbeiter, … nachts?

immer   oft   manchmal   nie

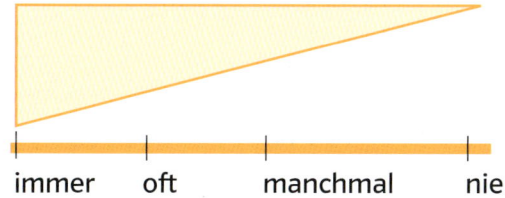

die Hebamme

der Kellner

der DJ

der Bauarbeiter

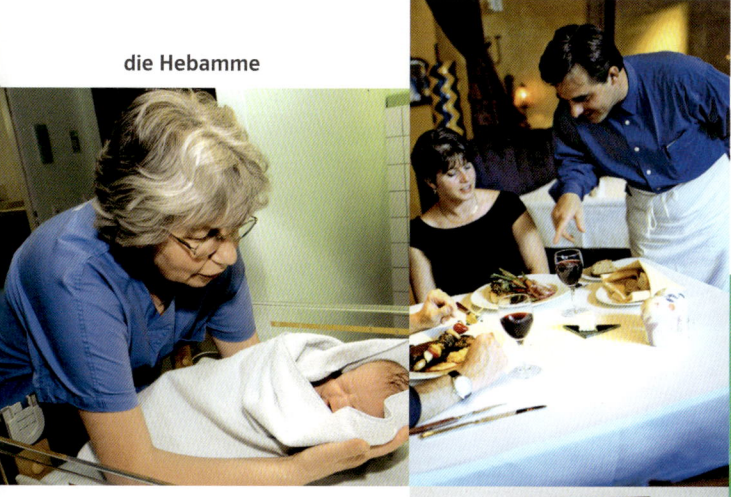

die Raumpflegerin

der Taxifahrer

die Bäckerin

der Polizist

- Ein Polizist arbeitet oft nachts.
- Ein Bauarbeiter arbeitet …
- …

b | Was sind die Personen von Beruf? Lesen Sie und markieren Sie die Schlüsselwörter.

Nachtarbeiter über ihren Beruf

Matthias Schenk: „Ich arbeite gern nachts. Auf den Straßen sind nur wenige Autos. Die Menschen brauchen oft Taxis. Aber leider habe ich nur wenig Zeit für meine Familie."

Anton Kress: „Ich arbeite gern nachts. Mein Biorhythmus ist so. Ich mache Musik in Clubs und Diskotheken, eine tolle Mischung aus Jazz, Techno und Soul. Nachts bin ich immer besonders kreativ. Das Problem ist: Meine Freundin macht viel Sport – Volleyball, Tennis, Skaten, und ich bin oft müde."

Giulia Lorenzo: „Am Wochenende arbeite ich manchmal bis 6 Uhr früh. Ich serviere Cola, Wein, Bier und Essen, kassiere und wische ständig und überall. Der Job ist hart, viele Gäste, viel Stress, aber ich habe auch viel Spaß. Und das Geld ist okay."

Gundula Rausch: „Die Kinder kommen oft am Wochenende und nachts auf die Welt. Ich mag Nachtdienst, es ist ruhig; wenig Hektik, wenige Telefonate, keine Besucher. Aber ich habe langsam Schlafprobleme. Ich schlafe nicht so gut."

▪ Matthias Schenk ist ...

c | Lesen Sie noch einmal. Was finden die Personen an Nachtarbeit gut / nicht gut?

	gut 👍	nicht gut 👎
Matthias Schenk		
Giulia Lorenzo		
Anton Kress		
Gundula Rausch		

▪ Matthias Schenk arbeitet gern / oft ...
  Er hat viel / wenig ...

➡ AB 17

13 **Lisa Vogel hat Nachtdienst.**

Wann macht sie was? Sprechen Sie.

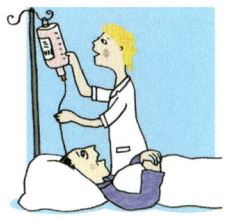

arbeiten

schlafen

frühstücken

Yoga machen

mit Max spielen

kochen

putzen

telefonieren

einkaufen gehen

fernsehen

▪ Lisa Vogel	frühstückt	am Morgen.
▪ Am Vormittag	schläft	sie.
▪ …	macht	sie Yoga.
▪ …	geht	sie einkaufen.
▪ …	sieht	sie fern.

> **Das Verb im Satz**
>
> Lisa Vogel **frühstückt** am Morgen.
> Am Vormittag **schläft** sie.

➡ AB 18 – 20

14 **Wie ist Ihr Tag?**

a | Notieren Sie Tätigkeiten.

morgens	vormittags	mittags	nachmittags	abends

 b | Fragen Sie Ihre Lernpartnerin / Ihren Lernpartner.

- ▪ Vormittags koche ich. Und Sie / du?
- ▫ Ich gehe vormittags einkaufen.
- ▪ Was machen Sie / machst du abends?
  Sehen Sie / Siehst du abends fern?
  …

> **Temporalangabe: Tageszeiten**
>
> **Wann** kochen Sie?
> Ich koche morgen**s** / mittag**s** / abend**s** / …
>   **am** Montagmorgen / **am** Montagvormittag / …

 c | Fragen Sie in der Gruppe.

- ▪ Was machen Sie / macht ihr …
- ▫ Wir arbeiten …

> **Verben im Präsens**
>
> kochen   ich koche, du kochst, er / sie kocht
> schlafen   ich schlafe, du schläfst, er / sie schläft
> fernsehen ich sehe fern, du siehst fern, er / sie sieht fern

15 Ruhe bitte!

1 🔘 _26   **a** | Sehen Sie das Bild an und hören Sie. Was ist Lisa Vogels Problem?
Kreuzen Sie an.

Lisa Vogel ☐ hat frei.

 ☐ ist fit.

 ☐ ist müde.

Sie muss ☐ schlafen.

 ☐ arbeiten.

 ☐ kochen.

b | Hören Sie noch einmal. Was passt zu Lisa Vogel, was passt zu Jan?
Sortieren Sie bitte.

> ~~müde sein~~ | Krankenschwester sein | Musik hören | Saxofon spielen | Nachtdienst haben | ~~DJ sein~~ |
> im Krankenhaus arbeiten | in der Disco arbeiten | Musik studieren | einen Salsakurs machen

müde sein   **Lisa Vogel**   **Jan**   _DJ sein_

16 Ruhestörung

Lesen Sie den Chat. Was ist das Problem? Wann sind Ruhezeiten? Suchen Sie die Informationen im Text.

> **franzi43:** Ich bin vor zwei Monaten umgezogen. Die Wohnung ist super, die Nachbarn okay, nur ein Nachbar stresst: lautes Fernsehen (Actionfilme!) bis in die Nacht, laute Musik (bum, bum, bum) schon früh am Morgen, jeden Sonntag Besuche … ich habe schlechte Laune und bin einfach nur müde ☹

> **schmitt:** Musik hören ist ja okay, aber so laut, das muss nicht sein! Es gibt doch Ruhezeiten.

> **marco:** Klingel doch bei deinem Nachbarn und sprich mit ihm, vielleicht ist er ja nett.

> **hausmeister:** Hallo! Dafür gibt es ein Gesetz:
> Die allgemeinen Ruhezeiten muss jeder einhalten. Zu den allgemeinen Ruhezeiten zählt die Zeit von 13 bis 15 Uhr und die Zeit von 23 bis 7 Uhr. Je nach Wohnort kann die Ruhezeit auch länger sein.

> **pegasus:** In unserem Haus sind die Ruhezeiten mittags von 12 bis 15 Uhr und nachts von 22 bis 8 Uhr. Das ist ganz klar geregelt!

17 Wählen Sie eine Aufgabe.

- Schreiben Sie einen kurzen Steckbrief zu Lisa Vogel.
- Sie machen ein Interview mit Jan. Sammeln Sie Fragen.
- Spielen Sie eine Szene: Es ist Ruhezeit. Der Nachbar ist zu laut. Sie klingeln.

- Ruhe bitte! | … ist zu laut. | Von … bis … ist Ruhezeit.
- Ich muss schlafen | arbeiten | …
- Ich bin müde. | Mir geht es schlecht.
- Oh, Entschuldigung!

18 Wochenplan

a | Hören Sie. Markieren Sie: lang (_) oder kurz (.)?

M<u>o</u>ntag | D<u>ie</u>nstag | M<u>i</u>ttwoch | D<u>o</u>nnerstag | Fr<u>ei</u>tag | S<u>a</u>mstag | Sonntag
k<u>o</u>chen | sp<u>ie</u>len | M<u>i</u>ttagessen mit Pit | Yoga | N<u>a</u>chtdienst | P<u>o</u>st von Tom | fr<u>ei</u>

b | Welche Vokale passen zusammen? Ergänzen Sie. Lesen Sie dann vor.

Montag: _Yoga_ , Dienstag: _____ ,

Mittwoch: _____ , Donnerstag: _____ ,

Freitag: _____ , Samstag: _____ ,

Sonntag: _____

> **Vokale**
>
> lang: M<u>o</u>ntag, D<u>ie</u>nstag
> kurz: D<u>o</u>nnerstag, M<u>i</u>ttwoch
>
> Der Wortakzent ist auf dem Vokal.

Meine Arbeit und ich

Machen Sie ein persönliches Bildlexikon zu Ihrer Arbeit.

- Suchen Sie in Zeitschriften oder im Internet (z.B. unter www.biz.de) Fotos zu Ihrem
  Beruf, Ihrer Arbeit und Ihrem Arbeitsplatz.
- Schneiden Sie die Fotos aus und kleben Sie sie ins Buch.
- Notieren Sie wichtige Wörter auf Deutsch.

FOKUS LANDESKUNDE

In Deutschland sprechen die Leute viel über die Arbeit.
Aber sie sagen nicht gern, wie viel Geld sie verdienen.

➥ IS 2 / 4

Am Arbeitsplatz sagt man meistens „Sie" zu den Kollegen.
Zu den Vorgesetzten sagt man in der Regel immer „Sie".

Projekt: Berufe in meiner Straße

- Welche Berufe „sehen" Sie (Häuser, Autos, Schilder)?
- Wann und wo arbeiten diese Personen?
- Was machen sie?

Arbeiten Sie allein, zu zweit oder in der Gruppe.
Machen Sie Fotos / Zeichnungen / Notizen.

Spiel: Wer ist Frau / Herr Schlecht?

a | Schreiben Sie Kärtchen und verteilen Sie sie.

Ach danke, ganz gut! 😐	Sehr gut! 😊😊	Wirklich gut. 😊	Super! 😊😊	Mir geht's gut! 😊
Mir geht's sehr gut! 😊😊	Sehr, sehr gut! 😊😊	Danke, mir geht's gut. 😊	Na ja, es geht. 😐	Ach, mir geht es schlecht! Sehr schlecht! Sehr, sehr schlecht! ☹️☹️☹️☹️
Danke, es geht. 😐	Danke, mir geht's sehr gut! 😊😊	Danke, gut! 😊	Danke, sehr gut! 😊😊	Super! Mir geht's sehr, sehr gut! 😊😊😊😊

b | Fragen Sie: Wie geht es dir? / Wie geht es Ihnen? Die anderen antworten, wie es auf dem Kärtchen steht. Alle sprechen sehr emotional, mit Mimik und Gestik.

c | Wer ist Frau / Herr Schlecht?

d | Wiederholen Sie das Spiel. Suchen Sie Frau / Herrn Super.

3 Immer was los!

1 Genug Zeit für ...?

a | Sehen Sie die Fotos an. Welches Foto passt zu welcher Kategorie?

Familie und Freunde | Arbeit | Freizeit

fernsehen

telefonieren

ins Kino gehen

Mittagspause machen

spazieren gehen

Rad fahren

b | Wie verbringen Sie Ihre Zeit? Gestalten Sie das leere Feld.

- Ich arbeite viel | immer vormittags | …
- Abends bin ich zu Hause | gehe ich ins Kino | …
- Am Sonntag gehe ich immer …
- …

c | Vergleichen Sie.

Freunde treffen

zu Hause sein

Kommunikative Lernziele:

- über die Familie sprechen
- Beziehung ausdrücken
- Nationalität und Sprache angeben
- die Uhrzeit sagen (offiziell und inoffiziell)
- Aktivitäten am Wochenende planen
- Wunsch ausdrücken
- sich verabreden

Wortschatz und Strukturen:

- Familienbezeichnungen
- Freizeitaktivitäten
- Genitiv-*s* bei Personennamen
- Nomen im Plural
- Possessivartikel: *mein(e), dein(e),* …
- Temporalangaben: Uhrzeit
- Verneinung: *kein(e), nicht*
- *möchte* + Verb im Infinitiv
- Aussprache Ö- und Ü-Laute

Zusatzmaterial: Familienfotos, Fotos von Freunden (Aufgabe 8)
Prospekte über Freizeitangebote (Aufgabe 19)

> Lisa Vogel.

> Hallo Lisa, ich bin's!

2 Ein Telefongespräch

a | Sehen Sie die Bilder an. Was denken Sie:
Wer ist der Mann?

Der Mann ist ☐ der Chef   von Lisa Vogel.
☐ der Mann
☐ der Vater

1 _28 **b |** Hören Sie das Telefongespräch. Wie klingen die Personen?

| fröhlich | aggressiv | nett |
| genervt | müde | besorgt |

- Lisa   klingt …
- …   klingt …

c | Hören Sie noch einmal und beantworten Sie die Fragen.

1. Wie heißt Lisas Mann? _____

2. Wo ist er? _____

3. Was macht er dort? _____

> **Beziehung ausdrücken**
>
> Max ist der Sohn **von** Lisa Vogel.
> Max ist Lisa**s** Sohn.
> Lisa ist Max' Mutter.

➥ AB 1–2

3 | Die Familie Vogel

a | Wer ist wer? Ergänzen Sie bitte.

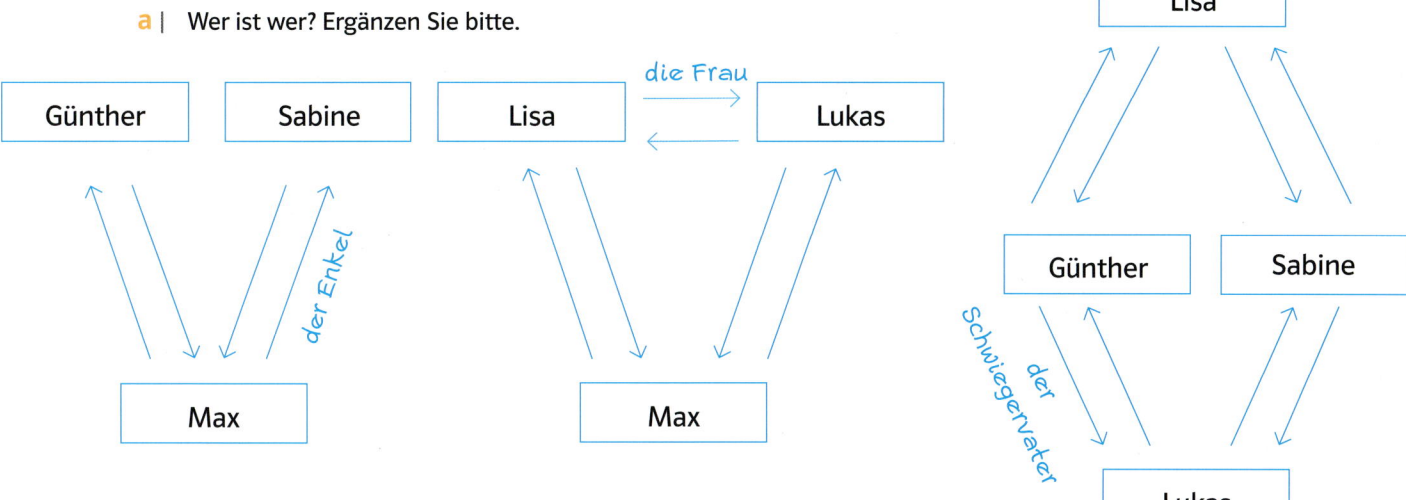

b | Sprechen Sie über Familie Vogel.

- Lisa ist die Tochter von …
- Lisa und … sind verheiratet.
- Lisa und Lukas sind die Eltern von …
- …

➡ AB 3

> **Die Familie (1)**
>
> der Vater – die Mutter (die Eltern)
> der Sohn – die Tochter (die Kinder)
> der Großvater – die Großmutter (die Großeltern)
> der Enkel – die Enkelin (die Enkelkinder)
> der Schwiegervater – die Schwiegermutter (die Schwiegereltern)
> der Schwiegersohn – die Schwiegertochter

4 | Vater und Tochter

a | Wer sagt das? Verbinden Sie bitte.

○ Ich bin 34! ○
○ Und deine neue Arbeit? ○
○ Du bist doch meine Tochter! ○
○ Es geht prima! ○
○ Das ist doch zu viel für dich! ○
○ Ich bin deine Tochter. ○
○ Es ist mein Leben! ○

b | Ergänzen Sie bitte *mein / meine, dein / deine*.

Lisa sagt:

Das ist └──────┘ Arbeit.

Lukas ist └──────┘ Mann.

Das ist └──────┘ Leben.

Günther sagt:

Das ist └──────┘ Arbeit.

Lukas ist └──────┘ Mann.

Das ist └──────┘ Leben.

> **Possessivartikel: *mein/e, dein/e***
>
> Das ist …
> mein / dein Mann   (m)
> mein / dein Kind   (n)
> mein**e** / dein**e** Frau   (f)
>
> Das sind …
> meine / deine Eltern   (Pl.)

Meine Liebsten – Driss und Leila.

Mama, meine Schwester Rosa und ich in Spanien.

Tante Coro und meine Cousinen Arantxa und Irene – immer lustig!

5 Eine internationale Familie

1 _29 **a |** Sehen Sie das Fotoalbum an und hören Sie. Über welche Fotos spricht Carmen? Markieren Sie bitte.

b | Wer gehört zu Carmens Familie und wer zu Driss' Familie? Ergänzen Sie bitte.

Saida? Das ist die Schwester von ⌐Driss.⌐

Thomas? Das ist der Schwager von ⌐⌐⌐⌐⌐⌐⌐⌐

Irene? Das ist die Cousine von ⌐⌐⌐⌐⌐⌐⌐⌐

Rosa? Das ist ⌐⌐⌐⌐⌐⌐⌐⌐⌐⌐

Habib? Das ist ⌐⌐⌐⌐⌐⌐⌐⌐⌐⌐

⌐⌐⌐⌐ ? ⌐⌐⌐⌐⌐⌐⌐⌐

⌐⌐⌐⌐ ? ⌐⌐⌐⌐⌐⌐⌐⌐

> **Die Familie (2)**
>
> der Bruder – die Schwester
> (die Geschwister)
> der Onkel – die Tante
> der Cousin – die Cousine
> der Neffe – die Nichte
> der Schwager – die Schwägerin

c | Wie viele …? Zählen Sie.

Carmen hat ⌐⌐⌐ Schwestern und ⌐⌐⌐ Cousinen.

Driss hat ⌐⌐⌐ Geschwister: ⌐⌐⌐ Schwestern

und ⌐⌐⌐ Brüder.

> **Nomen im Plural**
>
> der Onkel – die Onkel
> der Vater – die Väter
> die Tochter – die Töchter
> der Bruder – die Brüder
> der Sohn – die Söhne
> die Tante – die Tanten
> das Kind – die Kinder
> der Cousin – die Cousins

d | Wer gehört zu Ihrer Familie? Notieren Sie bitte.

↪ AB 4–7

Meine Schwester Ana, mein Schwager Thomas und ihre süßen Kinder – meine Nichte Luisa und mein Neffe Manuel, noch ganz klein.

Die Frauen aus Driss' Familie: seine Mutter, seine Schwestern Saida, Latifa, Najet und seine Nichte Lamia.

Driss und seine Großfamilie in Marokko. Ganz hinten seine Brüder Ouisam, Habib, Mohamed und Abdelkarim.

6 Eine Familie – viele Sprachen

1 _29 **a |** Woher kommen die Familienmitglieder? Hören Sie noch einmal und ergänzen Sie.

Carmen:

Ihr Mann kommt aus _____

Ihre Mutter kommt aus _____

Ihre Schwester wohnt in _____

Driss:

Seine Familie lebt in _____

Sein Bruder Abdelkarim lebt in _____

Seine Schwester Latifa lebt in _____

➡ AB 8–10

> **Possessivartikel:** *sein/e, ihr/e*
>
> er → sein Bruder / sein**e** Schwester / seine Geschwister
> sie → ihr Bruder / ihr**e** Schwester / ihre Geschwister
> sie (Pl.) → ihr Sohn / ihr**e** Tochter / ihr**e** Kinder

b | Welche Nationalitäten und Sprachen gibt es in Carmens Familie? Sammeln Sie.

... ist Deutscher / Deutsche

... ist Spanier / Spanierin

... ist Marokkaner / Marokkanerin

... spricht Deutsch

... spricht Spanisch

... spricht Arabisch

... spricht Französisch

... spricht Italienisch

... kommt aus Spanien / Marokko / ...

... lebt in Italien / Kuwait / ...

▪ Carmen ist Deutsche. Sie spricht Deutsch und Spanisch. Ihr Mann ist ... Er spricht ... und ...
  Zusammen sprechen sie ...

c | Welche Nationalitäten und Sprachen gibt es in Ihrer Familie? Vergleichen Sie.

➡ AB 11
➡ IS 3/1

7 Ö und Ü? Schön üben!

Aussprache Ö- und Ü-Laute

Iiii sprechen + Lippen rund (wie U) = Ü *süß*
Eeee sprechen + Lippen rund (wie O) = Ö *schön*

1 _30 **a |** Hören Sie und sprechen Sie nach.

M**u**tter – M**ü**tter | Br**u**der – Br**ü**der | T**o**chter – T**ö**chter | S**oh**n – S**öh**ne

1 _31 **b |** Hören Sie. Lang oder kurz? Rufen Sie *schön* im Chor, wenn der Vokal lang ist, und *hübsch*, wenn der Vokal kurz ist.

> Meine Brüder.

> Seine Söhne.

> Meine Töchter.

> Zwei Mütter?

1 _32 **c |** Hören Sie und sprechen Sie nach.

meine Brüder | seine Söhne | meine Töchter |
zwei Mütter | fünf Brüder | zwölf Söhne | hübsche Töchter |
schöne Mütter | mein Baby Lydia – süß!

d | Variieren Sie.

fünf Töchter | hübsche Mütter | ...

Possessivartikel: *unser/e, euer/eure, Ihr/e*

Ist das **euer** Sohn / **eure** Tochter?
Ja, das ist **unser** Sohn / **unsere** Tochter.

Sind das **eure** Kinder?
Ja, das sind **unsere** Kinder.

Ist das **Ihr** Mann / **Ihre** Frau?
Ja, das ist mein Mann / meine Frau.

Sind das **Ihre** Brüder?
Nein, das sind meine Cousins.

8 Das ist meine Familie.

a | Lesen Sie bitte.

> Ist das Ihre Frau?

> Nein, das ist mein Freund.

> Ist das dein Mann?

> Ja, und das sind unsere Töchter.

> Wie hübsch!

> Ah ja. Sehr sympathisch! Und wer ist das?

 b | Zeigen Sie Ihren Lernpartnerinnen und Lernpartnern Fotos.

➡ IS 3 / 2

9 Eine E-Mail von Lukas Vogel

a | Lesen Sie die E-Mail. Was ist sein Problem?

An	lisvogel@t-online.de
Von	lukasvogel@t-online.de
Betreff	Hunger!

Liebe Lisa,
endlich Mittagspause. Ich habe einen Bärenhunger! Die Leute hier in Spanien essen nämlich erst um zwei oder um drei zu Mittag. Zum Glück habe ich noch etwas Schokolade :-)
Du weißt ja, ich habe immer schon gegen zwölf Hunger und jetzt ist es schon zwei. Hier ist eben alles ein bisschen anders, aber auch spannend!

Bis bald und einen dicken Kuss
Lukas

b | Ergänzen Sie bitte die Uhrzeiten.

- Wie viel Uhr ist es? ▫ Es ist [＿＿＿＿]

- Um wie viel Uhr essen die Spanier zu Mittag? ▫ Um [＿＿＿＿] oder um [＿＿＿＿]

- Wann hat Lukas Hunger? ▫ Gegen [＿＿＿＿]

> **Temporalangabe: Uhrzeit**
>
> Um wie viel Uhr essen Sie?
> **Um** eins.
> **Gegen** zwei (Uhr).

 c | Ergänzen Sie die Tabelle. Vergleichen Sie mit Ihrer Lernpartnerin / Ihrem Lernpartner.

	Spanien	Deutschland	Ihr Land
Mittagessen			

- In Deutschland ist das Mittagessen gegen …
- In … essen die Leute erst / schon um …
- …

 AB 12

10 Wie viel Uhr ist es?

1 🔊 _33 Hören Sie und variieren Sie den Dialog.

A Entschuldigung, wie viel Uhr ist es?
B Viertel vor eins.
A Schon Viertel vor eins? Wann machen wir Pause | Schluss | Feierabend?

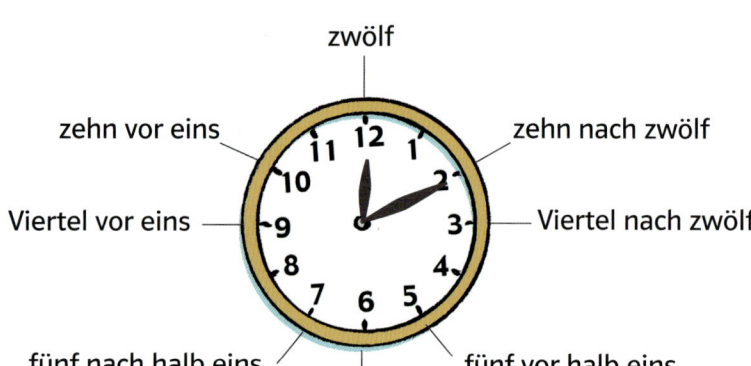

zwölf

zehn vor eins

zehn nach zwölf

Viertel vor eins

Viertel nach zwölf

fünf nach halb eins

fünf vor halb eins

halb eins

Uhrzeit inoffiziell und offiziell		
Wie viel Uhr ist es?		
inoffiziell:		offiziell:
Es ist **halb neun**.	8:30	Es ist **acht Uhr dreißig**.
Es ist **Viertel nach acht**.	20:15	Es ist **zwanzig Uhr fünfzehn**.

11 Arbeit und Mittagspause

➥ AB 13 – 14

a | Lesen Sie den Informationstext und beantworten Sie die Fragen.

- Wann ist die Mittagspause in Deutschland?
- Wie lang ist die Mittagspause in Deutschland?
- Nach wie viel Stunden Arbeit ist die Mittagspause?

Mittagspause

Mittagspause ist die unbezahlte Unterbrechung der Arbeitszeit. In Deutschland liegt sie in der Zeit von 11:30 bis 13:30 Uhr, in Spanien oder Italien zwischen 13 und 17 Uhr.
In der Mittagspause können sich die Arbeitnehmer erholen und einen Imbiss einnehmen bzw. zu Mittag essen. In Deutschland und Österreich hat jeder Arbeitnehmer nach sechs Stunden Arbeit 30 Minuten Pause.

b | Wann ist die Mittagspause in anderen Ländern?

- In … ist die Mittagspause von … bis … | … Minuten / Stunden lang.
- Nach … Stunden Arbeit …

➥ AB 15

12 Mittagspause mit den Kollegen

1 ⊙ _34 **a |** Hören Sie. Was ist richtig? Kreuzen Sie an.

Herr Adam	Frau Schmidt	Jürgen	
			… macht um halb eins Mittagspause.
			… geht nicht essen.
			… macht keine Pause.

b | Was machen Sie mittags?

- Mittags mache ich von … bis … eine Pause.
  - koche ich.
  - gehe ich in die Kantine.
  - esse ich nicht, ich esse abends warm.
  - …

↳ AB 16 – 17

> **Verneinung**
>
> + Ich esse mittags.
> - Ich esse mittags **nicht**.
>
> + Ich gehe essen.
> - Ich gehe **nicht** essen.
>
> + Ich mache eine Pause.
> - Ich mache **keine** Pause.

13 Verabredung für die Mittagspause

Suchen Sie eine Partnerin / einen Partner für Ihre Mittagspause.

Wann machst du Mittagspause?

- Wann machen Sie Mittagspause?
- Machen Sie heute keine Pause?
- Kommen Sie mit in die Kantine?
- Gehen wir zusammen essen?

- Ich mache von … bis … Mittagspause.
- Nein, ich mache heute keine Pause.
- Tut mir leid, ich gehe heute nicht essen.
- Ja, gern. / Ich gehe erst um zwei essen.

↳ IS 3 / 3

14   Ein Vorschlag

1 _35   **a |**   Sehen Sie das Bild an. Hören Sie. Wie ist Max' Stimmung? Zeichnen Sie eine Stimmungskurve.

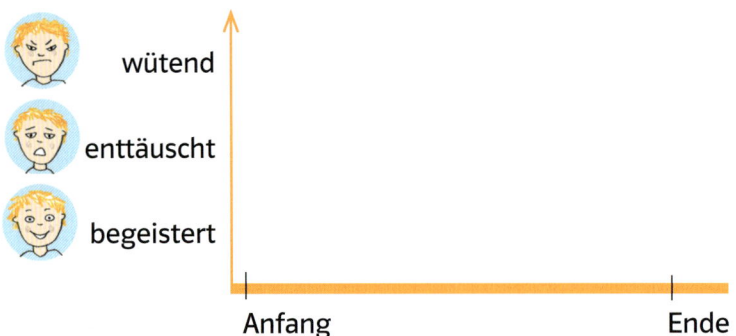

wütend

enttäuscht

begeistert

Anfang   Ende

b | Hören Sie noch einmal. Was möchte Max machen? Und was möchte Lisa? Kreuzen Sie an.

Max möchte ☐ zum Frisör gehen.   Lisa möchte ☐ ins Kino gehen.
            ☐ ins Kino gehen.   ☐ spazieren gehen.
            ☐ spazieren gehen.   ☐ zu Hause bleiben.

c | Auf wen warten Max und Lisa?

> OOh, oh oh oh oh oh
> wann kommst du?

15 Wochenendpläne

a | Was möchten Sie am Wochenende machen? Wählen Sie und ergänzen Sie eigene Ideen.

▪ Ich möchte spazieren gehen …

zu Hause bleiben

DVDs ansehen

tanzen gehen

Freunde treffen

Schach spielen

spazieren gehen

Sport machen

grillen

die Familie besuchen

ins Kino gehen

b | Spielen Sie eine kleine Szene.

▪ Gehen wir tanzen | spazieren?
▪ Ich möchte … spielen | … besuchen | DVDs ansehen.
▪ Heute nicht. | Ich habe keine Zeit. | Ich bin müde. |
  Ich möchte zu Hause bleiben. | Das ist doch langweilig!
▪ Und morgen | am …?

➡ AB 18 – 19

> **Wunsch ausdrücken**
>
> ich **möchte** tanzen
> du **möchtest** schlafen
> er / sie **möchte** grillen
> wir **möchten** lesen
> ihr **möchtet** spazieren gehen
> sie **möchten** zu Hause bleiben
>
> Was **möchten** Sie?

16 Ratespiel: Was machen Sie am Wochenende?

a | Wählen Sie ein Beispiel. Summen Sie vor (● laut, ● leise) – die anderen raten.

● ● ●   ● ● ●
A **Hm**-Hm-Hm   B **Sport** machen!

● ●	● ●	● ●
lesen	schlafen	kochen
● ● ●	● ●	● ● ●
Sport machen	fernsehen	arbeiten
● ● ●	● ● ●	● ● ●
Freunde treffen	tanzen gehen	Musik hören
● ● ●	● ● ●	● ● ● ●
spazieren gehen	ins Kino gehen	zu Hause bleiben

b | Ergänzen Sie das Spiel. Achten Sie bitte auf die Silbenzahl.

1 Die Tränen meiner Mutter

Deutschland / Argentinien 2008

Das Leben einer Familie, die in den 80er Jahren aus Argentinien nach West-Berlin flüchtet.
Spannendes Familiendrama.

Fr-So, City, 20:10

2 Bobby McFerrin & Band

Jazzkonzert der Sonderklasse.

Hot Jazz Club, Fr 20:15

3 Karibische Party

Salsa, Merengue, karibische Musik, Cocktails und heiße Rhythmen.

Restaurant Lopez, Sa 21:00

4 Fatih Cevikkollu: Fatihland
Das Leben in Deutschland.

Auf der Bühne ein in Deutschland geborener Türke mit einer großen Portion Selbstironie. Lachen garantiert!

Theaterhaus, So 19:45

5 Tangonacht – mit Live-Musik und Showtanz

Kostenloser Schnupperkurs.

Tanzschule Meyer, Sa 21:30

6 Lichterfest Diwali Festessen und Kulturprogramm

Das spektakulärste und bunteste Fest Indiens.

Kommen Sie einfach vorbei.

Veranstalter:
**Indischer Verein
Fr 19:00**

7 Großes Bocciaturnier für jedermann

Spielen und gewinnen. Startgeld 10,- €
So 10:30, Marienplatz

8 Internationales Frühstücksbuffet

Diesen Samstag mit japanischen Spezialitäten und Spielecke für Kinder.

**Café International,
Sa 10:00**

17 Programm für das Wochenende

a | Lesen Sie und sortieren Sie die Anzeigen.

Musik / Tanz	Film / Theater	Fest / Party	Sonstiges

b | Fragen Sie.

- ▪ Um wie viel Uhr beginnt der Film …?
  die Tangonacht?
  die Karibische Party?
  das Bocciaturnier?
  das Lichterfest?
  das Jazzkonzert?
  das Frühstücksbuffet?
  das Theaterstück?

- ▫ Um zwanzig Uhr zehn.

➥ AB 20

18 Verabredungen per SMS

a | Welche SMS passt zu welcher Anzeige? Suchen Sie nach Schlüsselwörtern und ordnen Sie zu.

☐

◄ Ihre Nachrichten ►

✉ 15:32

Um 5 vor 8 im
Kino?
Bis dann
Sabine

Option   zurück

☐

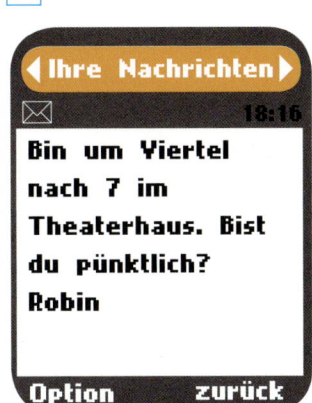

◄ Ihre Nachrichten ►

✉ 18:16

Bin um Viertel
nach 7 im
Theaterhaus. Bist
du pünktlich?
Robin

Option   zurück

☐

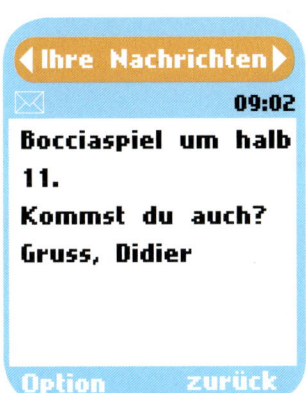

◄ Ihre Nachrichten ►

✉ 09:02

Bocciaspiel um halb
11.
Kommst du auch?
Gruss, Didier

Option   zurück

☐

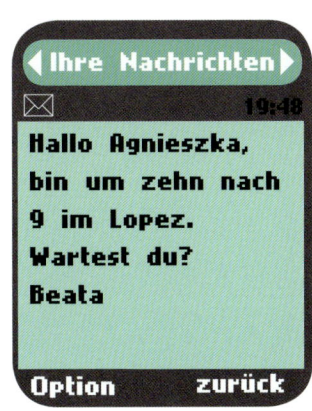

◄ Ihre Nachrichten ►

✉ 19:48

Hallo Agnieszka,
bin um zehn nach
9 im Lopez.
Wartest du?
Beata

Option   zurück

b | Haben Sie ein Handy dabei? Schreiben Sie eine SMS an Ihre Lernpartnerin / Ihren Lernpartner und verabreden Sie sich für eine Veranstaltung.

19 Wählen Sie eine Aufgabe.

- Mein Wochenende: Zeichnen Sie oder machen Sie Pantomime.
  Ihre Lernpartnerin / Ihr Lernpartner notiert die Aktivitäten.

- Bringen Sie das Wochenendprogramm Ihrer Stadt mit.
  Was beginnt wann?

- Recherchieren Sie im Internet oder bringen Sie Prospekte mit.
  Machen Sie ein gemeinsames Wochenendprogramm.

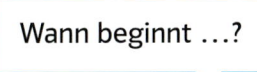

Wann beginnt …?

Um wie viel Uhr …?

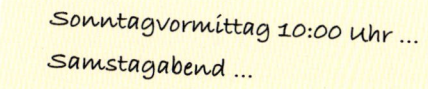

Sonntagvormittag 10:00 Uhr …
Samstagabend …

Familie – in Deutschland

Erfinden Sie eine deutsche Familie. Machen Sie eine Collage. Stellen Sie sie im Kurs vor.

Projekt: Familie – in anderen Ländern

Welche Informationen sind interessant?
- Wer gehört in Ihrem Land zur Familie?
- Wie groß sind die Familien?
- Wer lebt zusammen?
- …

Machen Sie Plakate und vergleichen Sie.

Die Zeit international

Sammeln Sie im Kurs: Wie spät ist es jetzt in Ihrem Land?
Was machen die Leute? Machen Sie ein Plakat.

- In Deutschland ist es 7 Uhr. Die Leute frühstücken.
- In Thailand ist es … Die Leute …
- In Brasilien ist es … Die Leute …
- In Äthiopien …
- In den USA …

Länder und Sprachen

Fragen Sie im Kurs. Machen Sie eine Liste.

Land in Ihrer Sprache	Land auf Deutsch	Landessprache(n)

 FOKUS LANDESKUNDE

Pünktlichkeit ist in Deutschland wichtig. Im Beruf und bei Terminen heißt pünktlich auf die Minute genau oder ein paar Minuten früher.

Privat passt auch 5 bis 10 Minuten später. Eine Entschuldigung ist gut (zum Beispiel U-Bahn verpasst).

➡ IS 3/4

1 🔘 _36 ## Ein Lied: Oh, wann kommst du?

Hören Sie. Singen Sie den Refrain mit.

Montag, Dienstag, Mittwoch, Donnerstag,
Freitag, Samstag, Sonntag,
jeder Tag vergeht ohne Ziel!
OOh, oh oh oh oh oh wann kommst du?
OOh, oh oh oh oh oh wann kommst du?

© *Oh, wann kommst du*: Frances, Miriam; Westminster Music Ltd.
Essen Musikvertrieb GmbH, Hamburg

4 Sonst noch etwas?

1 Waren von A bis Z

a | Sehen Sie die Collage an. Was kennen Sie? Ordnen Sie die Wörter zu. Raten Sie eventuell.

der Apfel, ¨	die Butter	der Käse	der Salat, -e	der Wein
die Banane, -n	das Ei, -er	der Kugelschreiber, -	der Schinken	die Zahnpasta
die Batterie, -n	der Fisch, -e	die Milch	der Tee	die Zeitung, -en
das Bier	das Fleisch	das Mineralwasser	das Toilettenpapier	die Zigarette, -n
das Brot, -e	der Kaffee	der Reis	die Tomate, -n	die Zitrone, -n

b | Welche Wörter sind in Ihrer Sprache / anderen Sprachen ähnlich? Notieren Sie.

c | Welche Dinge sind für Sie wichtig? Was fehlt? Gestalten Sie das leere Feld.

Frische Milch

Kommunikative Lernziele:

- Lebensmittel benennen
- etwas ausleihen
- über Vorlieben sprechen
- einen Arbeitstag beschreiben
- eine Kurznachricht verstehen
- sich im Supermarkt orientieren und einkaufen
- Angebote und Preise verstehen
- an der Kasse etwas reklamieren

Wortschatz und Strukturen:

- Lebensmittel und Alltagsprodukte
- Preise und Mengenangaben
- Negativartikel im Nominativ: *kein, keine*
- unbestimmter und Negativartikel im Akkusativ: *(k)einen, (k)ein, (k)eine*
- Nullartikel bei Lebensmitteln
- *es gibt* + Akkusativ
- trennbare Verben
- das Verb *mögen*
- Lokalangaben: *rechts, links, oben, ...*
- Personalpronomen im Text: *er, es, sie*
- Aussprache E-Laute: [eː], [ɛː], [ɛ]

Zusatzmaterial: Werbeprospekt Supermarkt (Ausklang)

2 Was ist in Ihrem Kühlschrank?

↪ AB 1–2

a | Füllen Sie Ihren Kühlschrank für das Wochenende. Schreiben Sie oder malen Sie Lebensmittel aus 1a.

b | Vergleichen Sie Ihre Kühlschränke.

- ▪ In meinem Kühlschrank sind Milch, Käse, drei Eier und ein Salat.
  Und was ist in Ihrem / deinem Kühlschrank?
- ▫ In meinem Kühlschrank sind Milch und Käse, aber kein Salat und keine …

Artikel bei Lebensmitteln

ein / eine (zählbar)
Im Kühlschrank sind eine Tomate, ein Salat, Eier, …

Nullartikel (unzählbar)
Im Kühlschrank ist Milch, Käse, Butter, …

kein / keine (Negation)
Im Kühlschrank sind keine Tomaten, keine Eier, keine Milch, kein Käse, …

---

3 Kartoffelgerichte

a | Was ist das? Raten Sie.

> der Salat | die Suppe | die Bratkartoffeln | der Kuchen | das Omelett

▪ Auf Foto D ist eine Kartoffelsuppe.　　▫ Nein, das ist ein Kartoffel…

b | Sehen Sie das Bild an und lesen Sie.

Machen wir einen Salat?

Oder machen wir ein Omelett?

Kochen wir eine Suppe?

Pfeffer　Salz　Öl　Kartoffeln　Knoblauch　Eier　Zwiebeln

c | Was glauben Sie: Was kochen die Personen? Sehen Sie das Foto genau an. Was fehlt? Sprechen Sie.

▪ Ich glaube, sie machen | sie kochen | sie backen | sie braten …
Aber sie haben keine Butter | kein Mehl | …
Sie brauchen noch ein Ei | Milch | …

---

ein(e) / kein(e) **im Akkusativ**

Was machen sie?
Sie machen　ein**en** Salat / kein**en** Salat.	(m)
ein Omelett / kein Omelett.	(n)
eine Suppe / keine Suppe.	(f)
Bratkartoffeln / keine Bratkartoffeln.	(Pl.)

⮱ AB 3–5

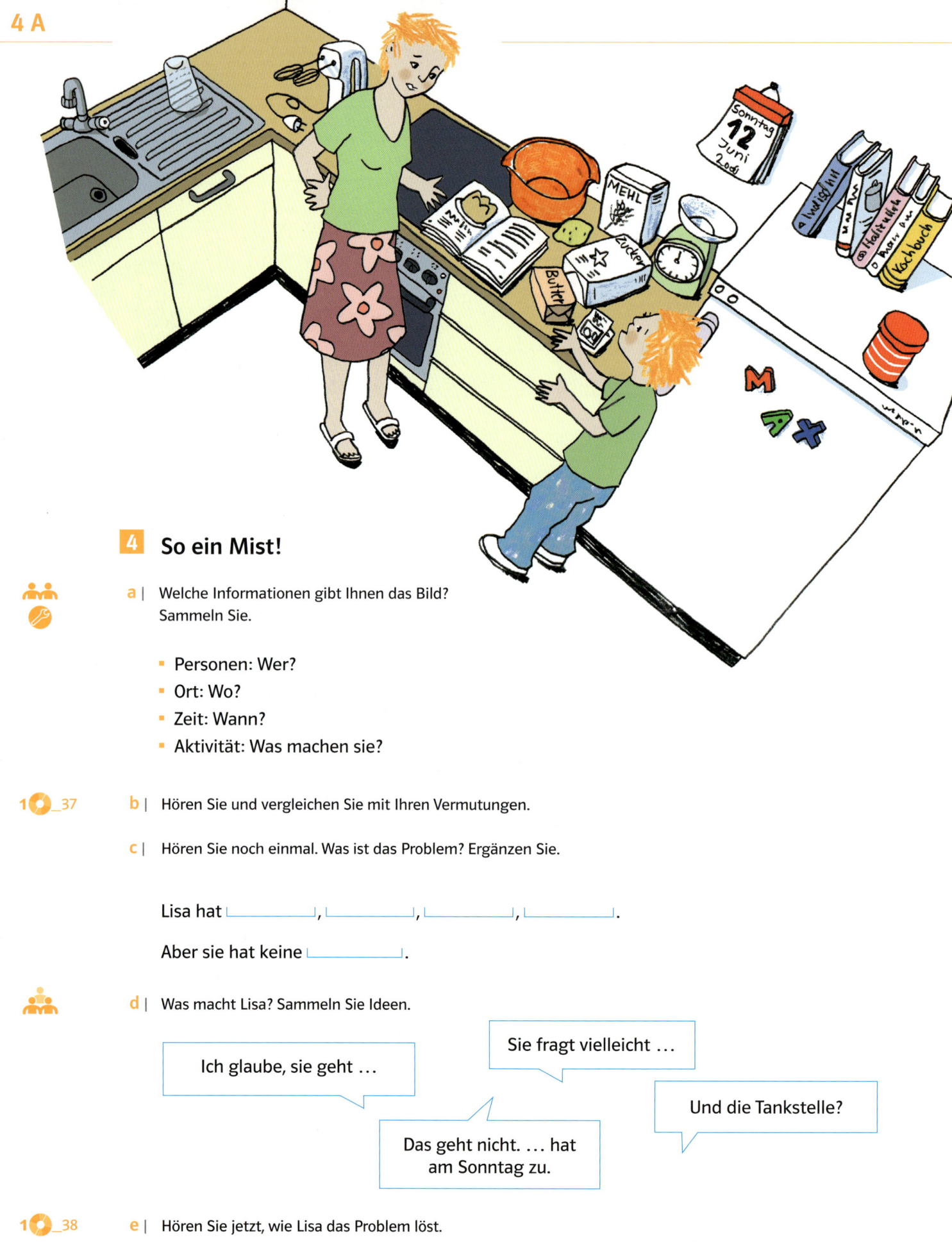

4 So ein Mist!

a | Welche Informationen gibt Ihnen das Bild?
Sammeln Sie.

- Personen: Wer?
- Ort: Wo?
- Zeit: Wann?
- Aktivität: Was machen sie?

1 ⊙ _37   b | Hören Sie und vergleichen Sie mit Ihren Vermutungen.

c | Hören Sie noch einmal. Was ist das Problem? Ergänzen Sie.

Lisa hat ⌞_____⌟, ⌞_____⌟, ⌞_____⌟, ⌞_____⌟.

Aber sie hat keine ⌞_____⌟.

d | Was macht Lisa? Sammeln Sie Ideen.

> Sie fragt vielleicht …

> Ich glaube, sie geht …

> Das geht nicht. … hat am Sonntag zu.

> Und die Tankstelle?

1 ⊙ _38   e | Hören Sie jetzt, wie Lisa das Problem löst.

5 Wir brauchen vier!

a | Was möchte Jan am Abend machen? Hören Sie und markieren Sie.

Deutsch lernen | Salsa tanzen | essen gehen | kochen | Kerstin treffen | …

b | Hören Sie noch einmal. Ordnen Sie dann den Dialog.

> Guten Tag. Ich bin Max. | Ja, ich verstehe. | Ich bin Jan. Hallo. | Eier? | Wir backen einen Kuchen und haben keine Eier. Wir brauchen vier! | Haben Sie vielleicht Eier?

Max: Guten Tag. Ich bin Max.

Jan: _____

Max: _____

Jan: _____

Max: _____

Jan: _____

6 Entschuldigung, ich habe ein Problem.

a | Lesen Sie und hören Sie.

1.
A Guten Tag, *Frau Witt*.
B Guten Tag, *Frau Durakis*.
A Entschuldigen Sie. Ich habe ein Problem.
B Ja?
A Ich koche *eine Gemüsesuppe*. Aber ich habe *keine Zwiebeln*.
   Haben Sie vielleicht *eine Zwiebel*?
B Ja, ich habe *eine Zwiebel*. Warten Sie einen Moment … Hier, bitte.
A Vielen Dank. Ich bringe Ihnen morgen *eine Zwiebel*.

2.
A Hallo. Ich bin *Michael*. Ich wohne unten.
B Hallo, *Michael*.
A Entschuldige. Ich habe ein Problem. Ich mache *ein Omelett*, aber ich habe *kein Salz*. Hast du vielleicht etwas *Salz*?
B Klar… Bitte.
A Danke.

b | Spielen Sie im Kurs. Variieren Sie.

einen Salat | keine Tomaten | eine Tomate
einen Käsekuchen | keinen Zucker | Zucker
ein Spiegelei | kein Salz | etwas Salz
eine Pizza | keinen Knoblauch | etwas Knoblauch
…

➥ AB 6
➥ IS 4/1

7 **Partnerinterview: Was mögen Sie?**

a | Lesen Sie die Fragen und notieren Sie zuerst Ihre Antwort.

 b | Fragen Sie dann Ihre Lernpartnerin / Ihren Lernpartner.

 c | Suchen Sie drei Gemeinsamkeiten.

- Wir essen gern / trinken gern …
- Wir mögen (kein/e/en) …
- Nachmittags essen wir …
- …

Das Verb *mögen*

ich **mag** Fisch
du **magst** Fleisch
er / sie **mag** Kuchen
wir **mögen** keinen Kaffee
ihr **mögt** keinen Tee
sie **mögen** alles

Was **mögen** Sie?

	Ich	Meine Lernpartnerin / Mein Lernpartner
Wie oft und wann essen Sie?		
Essen Sie etwas vormittags / nachmittags? Was?		
Mögen Sie Fleisch oder Fisch?		
Sind Sie Vegetarier/in?		
Mögen Sie Schwarzbrot?		
Essen Sie gern Kuchen?		
Trinken Sie morgens Kaffee oder Tee?		
Trinken Sie Wasser mit oder ohne Kohlensäure?		
Mögen Sie Cola / Bier / Wein?		
Ihre Frage:		

➡ AB 7

8 **Vera, Sven und Käthe essen gern …**

_41 a | Hören Sie. Achten Sie auf die markierten Buchstaben.

V**e**ra sagt: Ich trinke gern T**ee** und Kaff**ee**. Ich mag keinen K**ä**se.

Sv**e**n sagt: Ich esse gern **Ä**pfel und ich trinke gern S**e**kt. Aber ich trinke keinen T**ee**.

K**ä**the sagt: Ich mag K**ä**se und K**ä**sekuchen, aber keinen Pf**e**ffer.

1 _42 **b |** Wer mag was? Hören Sie und achten Sie auf die markierten E-Laute.

Klingen die E-Laute gleich / nicht gleich?

Vera – Kekse  ✗
Käthe – Käse
Sven – Sekt
Vera – Äpfel
Käthe – Mehl
Sven – Pfeffer

Welche E-Laute passen zusammen?

Was mag die L**eh**rerin? **Tee** oder S**e**kt?
Was mag die Schw**e**ster? **Ä**pfel oder K**ä**se?
Was mag die Schw**ä**gerin? K**e**kse oder K**ä**se?
Was mag der N**e**ffe? **E**rbsen oder **E**rdbeeren?
Was mögen die **E**ltern? K**e**kse oder **Ä**pfel?

c | Ergänzen Sie die Tabelle. Markieren Sie lang (_) und kurz (.) und lesen Sie vor.

	[eː]	[ɛ]	[ɛː]
Personen	Vera, Lehrerin	Sven	Käthe
Lebensmittel	Tee		

Aussprache E-Laute

Langes [eː]
L**eh**rerin, T**ee**, K**e**kse
Bitte lächeln!

Langes [ɛː]
K**ä**the

Kurzes [ɛ]
S**e**kt, **Ä**pfel

1 _43 **d |** Hören Sie zu. Lächeln Sie und sagen Sie laut und fröhlich *He!* zu Ihrer
 Lernpartnerin / Ihrem Lernpartner.

He, wir üben langes E!

He!

He!

9 **Wählen Sie eine Aufgabe.**

▪ Welche Lebensmittel sind für Sie wichtig? Machen Sie ein Bildlexikon.

▪ Sie möchten einen Kuchen für den Deutschkurs backen. Schreiben Sie einen Einkaufszettel.
Gehen Sie zusammen einkaufen und backen Sie eventuell zusammen.

▪ Sie möchten etwas ausleihen. Schreiben Sie einen Dialog und spielen Sie ihn in der Gruppe vor.

Entschuldigung. | ... Problem. | Es ist ... | ... hat zu. | Haben Sie ...?

10 Porträt Katharina Koch

a | Sehen Sie die Fotos an und lesen Sie die ersten Zeilen. Was ist Katharina Koch von Beruf?

b | Lesen Sie. Notieren Sie die wichtigsten Informationen.

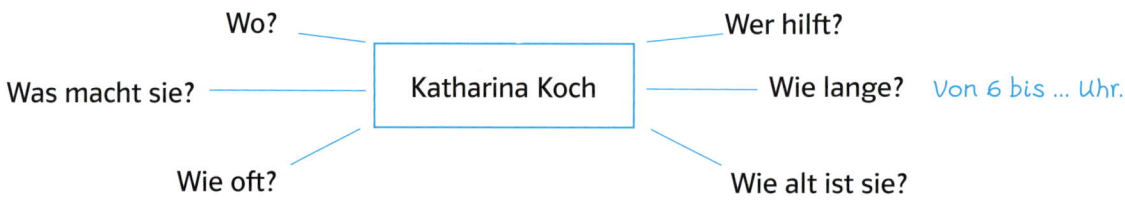

Wo?

Wer hilft?

Was macht sie?

Katharina Koch

Wie lange?   *Von 6 bis ... Uhr.*

Wie oft?

Wie alt ist sie?

„Zufrieden bin ich immer"

Seit 62 Jahren verkauft Katharina Koch auf dem Bamberger Markt Obst und Gemüse.

5 Die Marktverkäuferin kennt nichts anderes. Der Markt ist ihr Leben.

Aus einem kleinen Transporter lädt Herr Koch viele Kisten aus. 10 In den Kisten sind Obst und Gemüse. Es ist kurz vor sechs Uhr. Langsam baut Katharina Koch ihren Marktstand auf.

Frau Koch steht normalerweise um halb fünf auf. Schnell trinkt sie ihren Kaffee. Dann 15 fahren sie und ihr Mann los.

Zweimal die Woche kommt sie auf den Markt und bietet ihre Waren an. Fast 80 Jahre ist sie alt. Das erste Mal war sie mit 16 Jahren auf dem Bamberger Markt.

20 Heute hat sie um 6:40 Uhr die erste Kundin. Die Frau kauft drei Pfund Kartoffeln für zwei

Euro. Zwischen 9:30 und 13 Uhr bedient sie die meisten Kunden. „Bitte, Sie wünschen?", fragt Frau Koch und packt die Waren ein.

Bei schlechtem Wetter kaufen nur wenige 25 Leute ein. Aber Frau Koch bleibt fröhlich. „Egal wie das Geschäft läuft, zufrieden bin ich immer", sagt sie.

Bis 15 Uhr steht sie meistens an ihrem Stand. Dann holt ihr Mann sie ab. Zu zweit 30 bauen sie den Stand ab. 20 Minuten dauert es. Müde klettert Katharina Koch in das Auto. Langsam fährt der kleine Transporter nach Dörfleins zurück. „Nächstes Jahr bin ich 79, da höre ich auf", sagt Frau Koch.   35

c | Wie ist Frau Kochs Arbeitstag? Suchen Sie die Uhrzeiten im Text.

Uhrzeit	Aktivität
_____	aufstehen, Kaffee trinken, losfahren
_____	Kisten ausladen, Marktstand aufbauen
_____	die meisten Kunden bedienen, Waren einpacken
_____	Stand abbauen, zurückfahren

d | Markieren Sie die Aktivitäten aus c im Text. Was stellen Sie fest?

Frau Koch steht normalerweise um halb fünf auf.   ➡ AB 8–13

11 Was machen Sie jetzt?

a | Wo ist der Akzent? Hören Sie und markieren Sie bitte.

A Was machen Sie jetzt?

B Aufstehen. Ich stehe auf. **C** Losgehen. Ich gehe los.

D Einkaufen. Ich kaufe ein. **E** Wegfahren. Ich fahre weg.

b | Und was machen Sie? Antworten Sie bitte.

losfahren | anfangen | zurückkommen | fernsehen | weggehen

> **Trennbare Verben**
>
> Wo **kaufen** Sie **ein**?
> Ich **kaufe** auf dem Markt **ein**.
>
> **an**|fangen
> **ab**|bauen
> **auf**|stehen
> **aus**|laden
> **ein**|kaufen
> **los**|fahren
> **zurück**|kommen
> **weg**|fahren
> …

12 Ihr Arbeitstag

a | Sprechen Sie über Ihren Arbeitstag (Arbeit / Schule / Hausarbeit).

- Wann stehen Sie auf?
- Wann frühstücken Sie?
- Wann gehen Sie los?
- Wann fängt die Arbeit an?
- Wann kommen Sie zurück?

- Um 7 Uhr. | Ich stehe um halb 8 auf.
- Gegen … | Ich frühstücke von … bis …
- Um … | Ich gehe um … los.
- Um … | Die Arbeit fängt um … an.
- Gegen … | Ich komme um … zurück.

b | Was haben Sie über Ihre Lernpartnerin / Ihren Lernpartner erfahren? Fassen Sie zusammen.

13 Nachricht für eine Kollegin

a | Lesen Sie. Wie heißt die Kollegin von Frau Koch? Was ist das Problem?

> Liebe Frau Koch,
> ich bin kurz weg. Ich
> hole Luise von der
> Schule ab. Passen Sie
> bitte auf meinen
> Stand auf? Danke
> Ilse Bauer

b | Sie kommen später zur Arbeit. Schreiben Sie Ihrer Kollegin / Ihrem Kollegen eine Nachricht.

- Sie haben einen Termin auf dem Rathaus.
- Ihr Auto ist kaputt.
- Sie holen Ihr Kind ab.
- …

 AB 14

A die Getränkeabteilung

B die Wursttheke

C das Regal

14 Im Supermarkt

a | Was gibt es in Ihrem Supermarkt? Notieren Sie.

- Eine Getränkeabteilung, eine Wurst- und Fleischtheke, eine Tiefkühltruhe, ein Zeitungsregal, …

---

es gibt + Akkusativ

Im Supermarkt gibt es
einen Leergutautomaten,   (m)
ein Kühlregal,   (n)
eine Käsetheke,   (f)
und viele Kassen.   (Pl.)

---

1 💿_45   **b |** Hören Sie und lesen Sie. Welcher Dialog passt zu welchem Foto? Ordnen Sie zu.

A	B	C	D	E	F

1.
A Entschuldigung, wo finde ich Zahnpasta?
B Da im Regal rechts unten.

2.
A 64 Euro und 11 Cent.
B Bitte.
A Und 35 Euro und 89 Cent zurück.
  War alles in Ordnung?
B Danke, ja.
A Auf Wiedersehen.
B Wiedersehen.

3.
A Sie wünschen?
B Ich möchte 200 g Gouda und 150 g
  Schinken bitte.
A Sonst noch etwas?
B Danke, das war's.

4.
A Entschuldigung, was kostet eine
  Dose Bier?
B 75 Cent.

die Kasse

die Tiefkühltruhe

der Leergutautomat

Orientierung

→ **Rechts** ist das Obst.
← **Links** ist das Gemüse.

↑ **Oben** ist Zahnpasta.
↓ **Unten** ist Toilettenpapier.

↗ **Vorn** ist die Kasse.
↖ **Hinten** ist die Käsetheke.

5.
A Entschuldigen Sie, ich habe hier leere Flaschen. Wo ist …?
B Der Leergutautomat ist da hinten links.

6.
A Entschuldigen Sie bitte, ich glaube, da stimmt etwas nicht. Die Butter ist heute im Angebot. Sie kostet nur 99 Cent.
B Einen Moment bitte. Oh, Sie haben Recht, entschuldigen Sie vielmals.
A Schon okay.

7.
A Entschuldigen Sie, ich brauche noch eine Tüte.
B Das macht 10 Cent bitte.
A Hier bitte.
B Danke.

8.
A Entschuldigung, wo gibt es Fisch?
B Vorne rechts, in der Tiefkühltruhe.
A Ah ja, danke.
B Bitte, bitte.

 c | Was sagt die Kundin / der Kunde? Suchen Sie in den Dialogen und notieren Sie.

etwas suchen	etwas kaufen	Preise erfragen	höfliche Wendungen
Wo …			Entschuldigung, …

d | Spielen Sie die Dialoge und variieren Sie: Waren / Preise / Orte, freundlich / unfreundlich.

 AB 15 – 16
IS 4 / 2, 3

15 Werbung im Supermarkt: billig, günstig, ganz frisch!

1 __46 a | Hören Sie. Ergänzen Sie die Preise.

1. Die Tomaten? Sie kosten nur _____ € das Kilo.
2. Der Schafskäse? Er kostet _____ € pro 100 g.
3. Das Olivenöl? Es kostet _____ € der Liter.
4. Der Wein? Er kostet _____ € die Flasche.
5. Der Fisch? Er kostet _____ € die Dose.
6. Die Butter? Sie kostet _____ € das Stück.
7. Der Reis? Er kostet _____ € die Packung. Wie günstig!

> **Mengenangaben**
>
> 100 g Käse (Gramm)
> 1 kg Tomaten (Kilo)
> 1 l Milch (Liter)
> eine Dose Fisch
> eine Flasche Wein
> eine Packung Reis
> ein Stück Butter

b | Was passt? Verbinden Sie bitte.

Die Tomaten sind aus Marokko. ○	○ Sie ist sehr billig.
100 g Schafskäse kosten 1,49 €. ○	○ Er ist rot oder weiß.
Olivenöl gibt es heute für 4,99 €. ○	○ Er kommt aus Thailand.
Der Wein kommt aus Frankreich. ○	○ Sie sind gut und günstig.
Der Fisch ist lecker. ○	○ Er kommt aus Portugal.
Die Butter kostet heute nur 99 Cent. ○	○ Er ist ganz frisch.
Der Reis ist billig. ○	○ Es ist gut und gesund.

> **Personalpronomen im Text**
>
> **Der** Schafskäse ist frisch. **Er** kommt aus der Türkei.
> **Das** Olivenöl ist gut und gesund. **Es** kostet 4,99 Euro.
> **Die** Butter ist günstig. **Sie** ist aus Holland.
> Woher kommen **die** Tomaten? **Sie** kommen aus Marokko.

➡ AB 17–18

c | Lesen Sie den Prospekt und sprechen Sie über die Angebote.

7.99
Darjeeling Tee
Familienpackung
250 g für 7,99 €

0.49
Kopfsalat, ganz frisch
Klasse I, Stück 0,49 €

6.99
Suppenfleisch, 1 kg für 6,99 €

1.99
Bio-Äpfel „Braeburn"
aus Deutschland, Klasse II
1 kg für 1,99 €

0.37
Mineralwasser Frische Brise
Medium
Kiste 4,10 €
1l-Flasche 0,37 €

2.65
Kaffee Brasilia
besonders günstig
500 g-Packung 2,65 €

16 Rund um die Uhr einkaufen

a | Sehen Sie das Foto an. Wo ist das? Was glauben Sie?

Shop

Bequem, schnell und praktisch!

Bei uns gibt es nicht nur Benzin. Autozubehör, Zigaretten, Getränke, Zeitschriften, Lebensmittel, Telefonkarten, Batterien – in unserem Shop finden Sie alles, was Ihnen gerade fehlt. Selbstverständlich haben wir auch Geschenkartikel, Blumen und viele weitere Dinge des täglichen Bedarfs im Angebot. Brauchen Sie Getränke für eine laufende Party, Holzkohle für den spontanen Grillabend, Brötchen fürs Sonntagsfrühstück oder ein Mitbringsel für die Liebsten? Bei uns gibt es (fast) alles!

Wir haben an allen Tagen auf, auch am Sonntag.

↪ IS 4/4

b | Lesen Sie. Was kaufen Sie dort?

c | Wann hat der Shop zu? Lesen Sie genau.

17 1, 2, 3 . . . Sch . . .

1 ◯_47   a | Wer tanzt hier? Und was ist im Päckchen? Haben Sie eine Idee? Hören Sie.

b | Was passt? Ergänzen Sie die Personennamen.

_____ hat Hunger.

_____ möchte ein Bier trinken.

_____ sind fröhlich.

_____ hat zwei linke Füße.

_____ findet das Päckchen.

Post von Lukas

a | Lesen Sie die Postkarte. Wo ist Lukas gerade?

Liebe Lisa, lieber Max,
viele Grüße aus dem kalten Omsk.
Gestern war ich auf dem Markt.
Da gibt es alles: Käse, Wurst,
Fleisch, Zigaretten, Kleidung,
Bücher und CDs. Aber vor allem
Obst und Gemüse. Frisch und billig.
Fast alle Russen kaufen hier ein.
Sie probieren die Ware, bevor sie etwas
kaufen. Und sie diskutieren über den
Preis. Das ist ganz normal. Für
Ausländer ein Problem. Aber mit
Händen und Füßen geht es...
Wie geht es euch? Ich komme
ja bald.   Lukas

Familie Vogel
Elisabethplatz 9
D-87654 Neustadt

b | Was ist in Deutschland und anderen Ländern anders? Sammeln Sie und sprechen Sie im Kurs.

Internationale Gerichte

a | Was ist ein typisches Gericht aus Ihrem Land? Welche Zutaten brauchen Sie dafür?
Schreiben Sie einen Einkaufszettel. Benutzen Sie auch ein Wörterbuch.

b | Sammeln Sie und machen Sie eine Kursliste.

▪ Das Gericht kommt aus ... Es heißt ... Ich brauche dafür ...

Land	Gericht	Zutaten
Griechenland	Souvlaki	Fleisch, Pfeffer, Salz, Oregano, Olivenöl, ...

Lieblingsprodukte

Machen Sie eine Collage mit Werbeanzeigen Ihrer Lieblingsprodukte. Stellen Sie sie einer anderen Gruppe vor.

Kartoffelrezepte

Kennen Sie ein Rezept mit Kartoffeln? Bringen Sie es mit. Machen Sie ein Kochbuch im Kurs.

Kartoffelsuppe Hausmannsart

Zutaten: 300 g Suppenfleisch,
1 Bund Suppengrün,
3 große Kartoffeln,
3 Wiener Würstchen

1. Das Fleisch in Salzwasser kochen. Aus dem Topf nehmen und klein schneiden.
2. Suppengrün und die Kartoffeln putzen und klein schneiden. In die Fleischbrühe geben und bissfest kochen lassen.
3. Fleisch zu dem Gemüse in die Suppe geben.
4. Die Wiener Würstchen in Scheiben schneiden, in etwas Öl kurz anbraten und auch in die Suppe geben.
5. Die fertige Suppe mit etwas Petersilie bestreuen.

schwäbischer Kartoffelsalat

Zutaten:
500 g Kartoffeln,
2 gehackte Zwiebeln,
1 Esslöffel Senf,
125 ml Brühe,
Salz, Pfeffer,
Weißweinessig, Öl,
evtl. Gurken- oder Schinkenwürfel

1. Kartoffeln in der Schale kochen und pellen.
2. Noch warm in dünne Scheiben schneiden, mit den Zwiebelnm ischen.
3. Die heiße Brühe dazugeben und mischen.
4. Öl, Senf und Essig dazugeben, mischen und mit Salz und Pfeffer abschmecken, fertig. Man kann auch Gurken- und Schinkenwürfel untermischen.

5 Suchen und finden

1 Elf Uhr in Berlin

a | Lesen Sie die Sätze. Finden Sie die passende Person?

- ☐ Die Reiseleiterin fährt mit dem Bus zum Fernsehturm.
- ☐ Der Kurier fährt mit dem Fahrrad zur Post.
- ☐ Die Lehrerin fährt mit dem Motorrad zur Schule.
- ☐ Die Schauspielerin fährt mit dem Auto zur Berlinale.
- ☐ Die Großmutter und das Kind gehen zu Fuß in den Zoo.
- ☐ Der Politiker fährt mit dem Aufzug zum Pressetermin.

b | Wie sehen die Personen aus? Suchen Sie Beispiele.

- ▪ Wer ist sportlich? Wer ist elegant?
- ▪ Wer ist jung? Wer ist alt?
- ▪ Wer ist groß? Wer ist klein?
- ▪ Wer hat lange Haare? Wer hat kurze Haare?
- ▪ Wer hat blonde Haare? Wer hat braune Haare?
- ▪ Wer trägt eine Brille?

c| Wie sind Sie? Gestalten Sie das leere Feld.

- Ich bin groß | klein | …
- Ich habe … Haare.
- Ich bin sportlich | …
- …

➥ AB 1–2

Kommunikative Lernziele:

- Personen beschreiben
- über Fähigkeiten und Interessen sprechen
- Möglichkeiten angeben
- die Meinung äußern
- im Kurs kommunizieren
- öffentliche Gebäude benennen und ihre Lage angeben
- Verkehrsmittel benennen
- nach dem Weg fragen und eine Wegbeschreibung verstehen
- Anweisungen geben

Wortschatz und Strukturen:

- Farben und Eigenschaften
- Verkehrsmittel
- Modalverb *können*: Fähigkeiten und Möglichkeiten
- Lokalangaben: *in, an, auf, von, zum / zur*
- Imperativ (*Sie*- und *du*-Form)
- bestimmter Artikel im Akkusativ
- das Pronomen *man*
- Aussprache E-Laute: schwaches ə

Zusatzmaterial: Bilder von bekannten Personen aus Zeitschriften (Aufgabe 3)

VHS-Programm (Aufgabe 10)

2 Annas Opa?!

a | Spekulieren Sie. Wer ist die Person auf dem Bild? Wie ist er / sie?

Farben

○ weiß
● gelb
● rot
● blau
● grün
● braun
● grau
● schwarz

1 🔘_48 b | Wer ist die Person? Hören Sie und kreuzen Sie an.

☐ Max' Vater   ☐ Max' Opa   ☐ Annas Opa   ☐ _____

c | Hören Sie noch einmal. Was erfahren Sie noch über die Person? Kreuzen Sie an.

	richtig	falsch
1. … hat ein Piercing in der Lippe.		
2. … hat blaue Lippen.		
3. … hat blaue Haare.		
4. … lernt Italienisch.		
5. … kommt aus Italien.		
6. … muss Deutsch lernen.		
7. … heißt Klaus.		

➥ AB 3

3 Ratespiel: Wer ist das?

a | Bringen Sie Bilder von bekannten Personen aus
Zeitschriften mit und hängen Sie sie im Kursraum auf.
Jeder beschreibt eine Person auf einem Zettel.

- Größe?
- Haarfarbe?
- Augenfarbe?
- Kleidung?
- …?

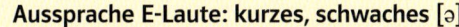

Eine Person beschreiben

Er / Sie ist alt / jung / groß / klein.
Die Haare sind blond / rot / grau / kurz / lang.
Er / Sie hat / blonde / kurze / lange Haare.
Die Augen sind blau / grün / braun / …
Er / Sie hat blaue / grüne / braune Augen.
Die Kleidung ist modern / schön / elegant / sportlich / …
Er / Sie sieht … aus.

b | Tauschen Sie die Beschreibungen und suchen Sie das passende Bild.

- Kurze Haare, braune Augen, … Ich glaube, das ist …
- Nein, seine Augen sind grün.
- …

 AB 4 – 5

4 Wie sehe ich denn aus?

1 🔘_49   **a |** Hören Sie und achten Sie auf die markierten Buchstaben.

A Wie sehe ich denn aus?
B Wieso?
A Blaue kurze Haare! Hilfe!
B Blaue Haare und grüne Augen – das passt doch gut!

Aussprache E-Laute: kurzes, schwaches [ə]

Am Ende spricht man -e ganz schwach: rote Haare.
In -en spricht man -e oft nicht: Augen

b | Spielen Sie den Dialog. Variieren Sie.
Sprechen Sie e am Ende ganz schwach.

➡ AB 13

5 Ein Fragebogen

a | Lesen Sie den Fragebogen. Um welche Arbeitsstelle geht es?

Forum	Au-pair Veranstaltungen	Au-pair Versicherung Au-pair Galerie
Vorname	Vita	Chao
Geburtsland	Ukraine	China
Alter	19	20
Geschlecht	weiblich	männlich
Familienstand	ledig	ledig
Wann möchten Sie als Au-pair beginnen?	Ende Mai	sofort
Und wie lange?	1 Jahr	1 Jahr
Führerschein?	nein	ja
Fremdsprachen?	Englisch sehr gut, Deutsch gut	Englisch gut, etwas Deutsch
Mögen Sie Tiere?	ja	ja
Wie viele Kinder kann die Gastfamilie maximal haben?	3	2
Alter der Kinder in Gastfamilie?	egal	egal
Rauchen Sie?	nein	nein
Hobbys	Englisch, Deutsch Musik Sport	Zeichnen Basketball Schwimmen

b | Welche Informationen gibt es über Vita und Chao? Notieren Sie.

Die Frau heißt _____   Der Mann _____

Sie kommt aus der _____   _____

Sie ist _____ Jahre alt.   _____

Sie ist _____   _____

Sie hat keinen _____   _____

Sie spricht _____   _____

Sie mag _____   _____

Sie raucht _____   _____

Ihre Hobbys sind _____   _____

6 E-Mail an die Gastfamilie

a | Lesen Sie die E-Mails. Welche E-Mail ist von Vita, welche von Chao?

Au-pair-ID:10264

Liebe Familie,
hier schreibe ich über mich. Mein Hobby Nummer eins sind Sprachen! Mein Deutsch ist gut, ich kann auch Englisch und ein bisschen Polnisch sprechen. Ich habe einen Bruder. Er ist erst 1 Jahr alt! Ich kann ihn füttern und wickeln. Welche Hausarbeiten kann ich machen? Wie alle Mädchen kann ich die Wohnung aufräumen. Ich kann ein bisschen backen. Das ist alles.
Mit freundlichen Grüßen aus Donezk

Au-pair-ID:13128

Liebe Gastfamilie,
seit vier Monaten lerne ich Deutsch. Ich möchte gut Deutsch lernen. Ich liebe Kinder, ich kann sie gut betreuen. Ich helfe bei Hausaufgaben. Ich kann Auto fahren. Ich kann Kinder in die Schule fahren und sie abholen. Ich kann einkaufen (mit dem Auto) und kochen. Ich möchte chinesische Gerichte für Sie kochen. Ich wünsche alles Gute.

b | Was kann Vita, was kann Chao? Markieren Sie im Text. Notieren Sie dann die Informationen.

| Vita kann gut Deutsch.

| Chao kann etwas Deutsch.

7 Ihre Meinung

a | Sie brauchen ein Au-pair. Nehmen Sie Vita oder Chao?

b | Warum? Was finden Sie wichtig? Sprechen Sie.

- Chao kann kochen. Ich finde, das ist sehr wichtig.
- Ich denke, das ist unwichtig.

Das Modalverb *können*

ich **kann** kochen
du **kannst** backen
er / sie **kann** tanzen
wir **können** Auto fahren
ihr **könnt** Saxofon spielen
sie **können** Schach spielen

Was **können** Sie?

Die Meinung äußern

Ich finde, das ist wichtig.
Ich glaube, das ist unwichtig.
Ich denke, das ist egal.

8 Ihr Profil: Was können Sie?

a | Lesen Sie die Checkliste und ordnen Sie zuerst nur die Bilder zu.

Checkliste: Was ich gut kann!

1. Ich finde leicht Kontakt zu anderen Menschen.
   Ich arbeite gern im Team.   Ja ☐   Nein ☐

2. Ich habe eine gute Kondition.
   Ich kann lange stehen oder körperlich arbeiten.   Ja ☐   Nein ☐

3. Ich kann gut mit Werkzeugen arbeiten. Ich kann alles reparieren
   (Elektrik, Auto, ...).   Ja ☐   Nein ☐

4. Ich kann am Computer mit verschiedenen Programmen
   arbeiten (Word, Excel, ...).   Ja ☐   Nein ☐

5. Ich kann gut Landkarten lesen. Ich verstehe technische Zeichnungen.   Ja ☐   Nein ☐

6. Ich bin kreativ und kann gut zeichnen / nähen / gestalten.   Ja ☐   Nein ☐

7. Ich schreibe gern Texte und kann auf Englisch / _____ (sehr gut)
   und auf _____ (gut) formulieren.   Ja ☐   Nein ☐

8. Ich bin gut in Mathematik. Ich kann gut rechnen.   Ja ☐   Nein ☐

9. Ich arbeite gern selbstständig und kann gut organisieren.   Ja ☐   Nein ☐

10. Ich kann auch: _____

_____

Fähigkeiten angeben

Ich kann **sehr gut** organisieren.
Ich kann **gut** im Team arbeiten.
Ich kann **ein bisschen** zeichnen.

□ □ □ □

b | Was können Sie gut? Kreuzen Sie in der Checkliste an und ergänzen Sie.
Benutzen Sie eventuell auch ein Wörterbuch.

c | Suchen Sie Gemeinsamkeiten und vergleichen Sie in der Gruppe.

- Können Sie / Kannst du zeichnen?
- Und wie gut?
- Können Sie / Kannst du ein Auto reparieren?

▫ Ja, ich kann zeichnen.
▫ Sehr gut! Ich kann das sehr gut.
▫ Nein, das kann ich nicht.

➥ AB 6–8

9   Wählen Sie eine Aufgabe.

- Machen Sie einen Fragebogen für Ihre Lernpartnerin / Ihren Lernpartner. Fragen Sie nach Alter, Sprachen, Hobbys usw. Stellen Sie dann Ihre Lernpartnerin / Ihren Lernpartner im Kurs vor.

  Wie alt sind Sie? | Was sind Ihre Hobbys? | Sprechen Sie … | Mögen Sie … | Können Sie …?

- Sie möchten als Au-pair arbeiten. Schreiben Sie eine E-Mail an die Gastfamilie.

- Erstellen Sie Ihr Profil: Machen Sie Notizen für ein Gespräch bei der Arbeitsagentur. Üben Sie dann mit Ihrer Lernpartnerin / Ihrem Lernpartner.

- Wie heißen Sie?
- Was sind Sie von Beruf?
- Was sind Ihre Fähigkeiten?
- Wie gut können Sie …?
- Können Sie …?

▫ Mein Name ist …
▫ Ich bin …
▫ Ich kann gut …

➥ IS 5/1

10 In der Volkshochschule

Was kann man in der Volkshochschule machen? Sammeln Sie.
Schlagen Sie eventuell im Programm nach.

Sprachen | Computerprogramme | Sport | Filme |
zeichnen | nähen | kochen | …

- In der VHS kann man   … lernen.
  … spielen.
  … machen.
  … sehen.
  …

VHS Mitte

Turmstraße 75
10551 Berlin
Raum 1.02
Tel. (030) 90 68 73474
(Informationen: Herr Barth)

> **Möglichkeiten angeben**
>
> In der VHS können wir Deutsch lernen.
>   können Sie Karate machen.
>   kannst du kochen lernen.
>   kann man Leute kennen lernen.

➥ AB 9–11

11 Orientierung

a | Was suchen die Leute? Hören Sie und verbinden Sie bitte.

Situation 1   ○   ○   Computerkurs
Situation 2   ○   ○   Tanzkurs
Situation 3   ○   ○   Arabischkurs

b | Wo sind die Kurse? Hören Sie noch einmal und ordnen Sie die Situationen zu.

☐ Gehen Sie geradeaus und vorn dann nach links.
☐ Nehmen Sie den Aufzug. Gleich hier rechts um die Ecke.
☐ Fragen Sie am besten im Sekretariat.

> **Imperativ:** *Sie*-Form
>
> **Gehen Sie** geradeaus. ↑
>   nach links. ←
>   nach rechts. →
>   um die Ecke. ↱
> **Nehmen Sie** den Aufzug.
> **Fragen Sie** im Sekretariat.

12 Entschuldigung, wo ist bitte …?

a | Hören Sie. Kreuzen Sie den richtigen Weg an.

b | Wählen Sie ein Kärtchen und spielen Sie den Dialog.

A Entschuldigung, wo ist ⌞_____⌟?

B Gehen Sie ⌞_____⌟ und ⌞_____⌟.

A Also erst ⌞_____⌟, dann ⌞_____⌟.

B Ja, genau.

➥ AB 12

13 Ist hier noch frei?

a | Sehen Sie das Bild an. Wo ist das? Wer ist auf dem Bild? Was ist die Situation?

1 ⬤_52 b | Hören Sie. Was ist richtig? Kreuzen Sie an.

Claudia	☐ kommt pünktlich zum Deutschkurs.		Claudia ist	☐ nervös.
	☐ kommt zu spät.			☐ ruhig.
Die Kursteilnehmer	☐ stellen sich vor.		Die Kursleiterin	☐ versteht Claudia gut.
	☐ lesen einen Text.			☐ versteht Claudia nicht.
	☐ Es ist kein Platz frei.		Claudias Familienname	☐ ist Wagner.
	☐ Vorn ist noch ein Platz frei.			☐ ist Perletti.

14 Kursgespräche

a | Machen Sie drei kurze Dialoge. Wählen Sie aus. Es gibt verschiedene Möglichkeiten.

> 1. Ist hier der Deutschkurs? | Ist hier noch frei? | Danke! | Ja, bitte. | Bist du auch Au-pair? |
> Ja! Du sprichst aber schon gut Deutsch! | Bist du auch neu? | Ja, genau.

> 2. Können Sie das wiederholen? | Ja, natürlich. | Ich verstehe die Aufgabe nicht. |
> Können Sie bitte helfen? | Wie schreibt man das Wort?

> 3. Klar, gern. | Nein, tut mir leid. | Hast du einen Kugelschreiber? | Hier bitte. |
> Ich brauche einen Marker. | Danke. | Arbeiten wir zusammen?

b | Vergleichen Sie die Dialoge im Kurs.

15 Einsteigen und abfahren

Liebe Claudia,
denk bitte an die Briefe! Nimm
den Bus 32 und fahr zur Post. Das
Schwimmbad ist um die Ecke.
Bis später, Susanne

Imperativ: *du*-Form

Denk an die Briefe.
Nimm den Bus.
Fahr bis zur Post.
Steig an der Waldstraße **aus**.

a | Claudia fährt zur Post. Sehen Sie die Bildgeschichte an und ordnen Sie die Sätze zu.

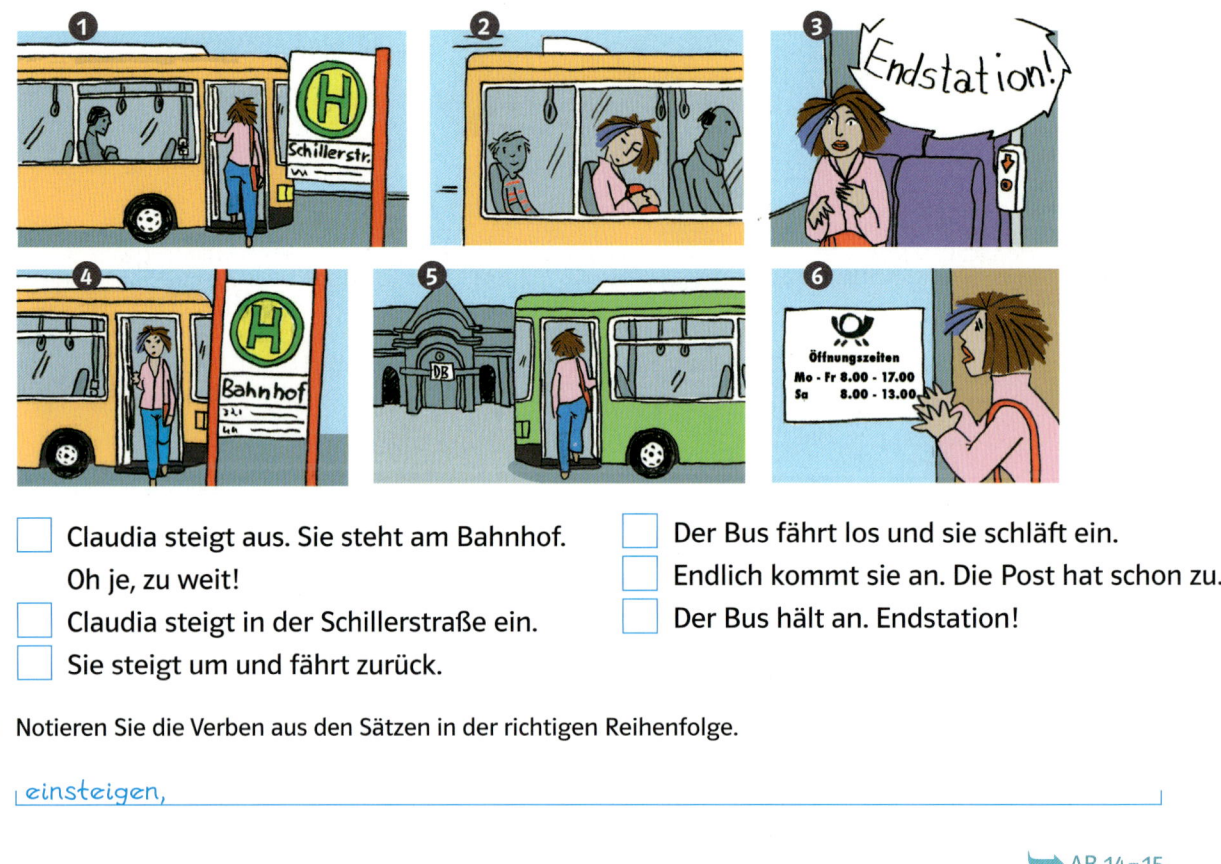

☐ Claudia steigt aus. Sie steht am Bahnhof.
Oh je, zu weit!

☐ Claudia steigt in der Schillerstraße ein.

☐ Sie steigt um und fährt zurück.

☐ Der Bus fährt los und sie schläft ein.

☐ Endlich kommt sie an. Die Post hat schon zu.

☐ Der Bus hält an. Endstation!

b | Notieren Sie die Verben aus den Sätzen in der richtigen Reihenfolge.

einsteigen,

➡ AB 14 – 15

16 Steig doch bitte ein!

1 🔘_53   **a |** Hören Sie und achten Sie auf den Akzent. Sprechen Sie dann mit.

A Steig **ein**!
Steig doch **ein**!
Steig doch bitte **ein**!
Steig doch bitte endlich **ein**!

Fahr **los**!
Fahr doch **los**!
Fahr doch bitte **los**!
Fahr doch bitte endlich **los**!

Denk an die Br**ie**fe!
Denk bitte an die Br**ie**fe!
Denk doch bitte an die Br**ie**fe!
Denk doch bitte mal an die Br**ie**fe!

B Ja doch! Hör jetzt endlich **auf**!

b | Spielen Sie die Dialoge. Machen Sie passende Gesten.
Variieren Sie.

Halt an! | Kauf ein! | Fang an! | Hör auf! |
Geh weg! | Steh auf! | …

17 Wichtige Gebäude in der Stadt

a | Sehen Sie den Stadtplan an. Finden Sie die Gebäude?

> der Bahnhof | das Rathaus | die Post | die Polizei | das Kino | das Theater | die Bücherei |
> der Kindergarten | die Schule | das Schwimmbad | der Zoo | die Kirche

> … ist am Marktplatz.

> … ist an der Ecke …straße und …straße.

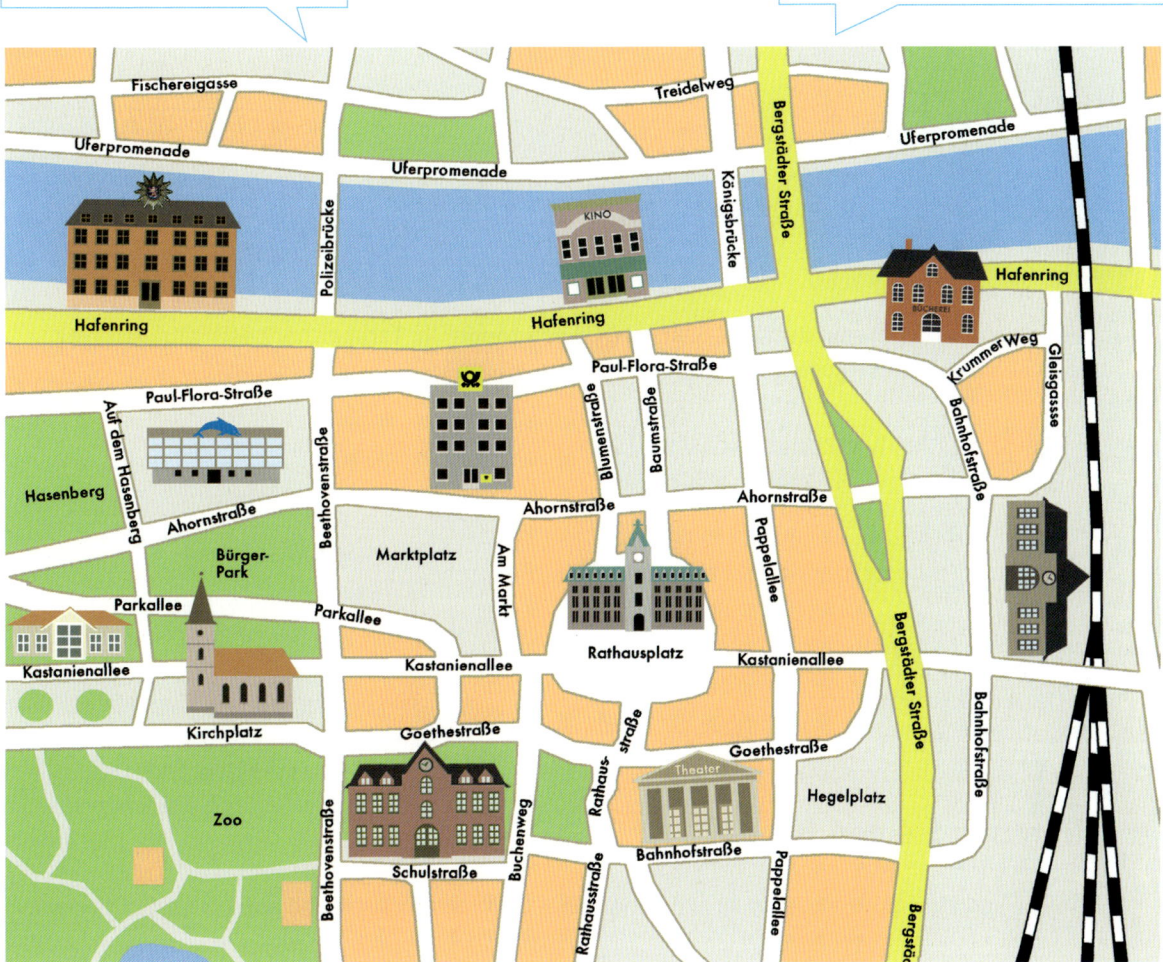

b | Welche wichtigen Gebäude gibt es in Ihrer Stadt? Sprechen Sie.

- ▪ In … gibt es einen Bahnhof, eine Post, …, aber kein Kino.
- ▫ Schade. Gibt es in … ein Kino?
- ▪ Nein, leider auch nicht.
- ▫ … ist groß. Da gibt es alles. Zum Glück!

⮕ AB 16
⮕ IS 5/2

Lokalangaben: *in, an, auf*

Wo ist …?

im (in dem) Park	(m/n)
in der Ahornstraße	(f)
am (an dem) Kirchplatz	(m/n)
an der Ecke	(f)
auf dem Hasenberg	(m/n)
auf der Brücke	(f)

18 Wie komme ich zum …?

1 ●_54 **a |** Hören Sie das Navigationsgerät. Der Fahrradkurier ist am Rathaus.
Wo kommt er an?
Verfolgen Sie die Wegbeschreibung auf dem Display.

> Biegen Sie jetzt ab!

1 ●_55 **b |** Wie kommt der Fahrradkurier vom Rathaus zur Volkshochschule?
Hören Sie die Wegbeschreibung. Was ist richtig? Kreuzen Sie an.

☐ Bieg sofort rechts ab.
☐ Fahr weiter geradeaus bis zur Ahornstraße.

☐ Bieg dann rechts ab.
☐ Bieg dann links ab.

☐ Fahr bis zur Kreuzung Blumenstraße.
☐ Fahr an der Ampel nach rechts.

c | Suchen Sie neue Ziele auf der Karte S. 87. Ihre Lernpartnerin / Ihr Lernpartner beschreibt den Weg.
Tauschen Sie dann die Rollen.

- Hallo? … hier, wie komme ich vom / von der … zum / zur …?
- Wo bist du?
- … am / in der …
- Aha, und du möchtest zum / zur …?
- Genau.
- Fahr … und dann …
- Danke, das finde ich.

➡ AB 17–18

> **Nach dem Weg fragen**
>
> Entschuldigung, wie komme ich **zum** Bahnhof? (m)
> **zum** Theater? (n)
> **zur** Post? (f)
> Wie komme ich **vom** Flughafen **zum** Zentrum?
> Fährt der Bus **zum** Zoo?
> Hält der Bus **am** Goetheplatz?
> **in der** Schubertstraße?

19 Nehmen Sie den Bus!

a | Welche Verkehrsmittel gibt es in Berlin? Sehen Sie die Piktogramme an und ordnen Sie die Wörter zu.

> der Bus | die Straßenbahn | die U-Bahn | die S-Bahn | das Taxi | der Zug |
> das Flugzeug | das Schiff

1 ●_56 **b |** Hören Sie und notieren Sie: Welche Verkehrsmittel können die Reisenden am Flughafen nehmen?

1. _____ 2. _____ 3. _____

c | Wie kommen Sie zur Arbeit / zum Flughafen / nach Hause? Sprechen Sie.

- ▪ Wie kommen Sie vom Deutschkurs nach Hause?
- ▫ Ich gehe zu Fuß. | Ich nehme …
  Ich fahre bis …, dann steige ich …

➡ AB 19 – 20
➡ IS 5 / 3

20 Ist es noch weit?

a | Sehen Sie das Bild an und spekulieren Sie:
Woher kommt Lukas Vogel? Wohin fährt er? Für wen sind die Blumen?

Der bestimmte Artikel im Akkusativ

Ich nehme **den** Bus.
Du nimmst **das** Auto.
Er nimmt **die** S-Bahn.

Und was nehmen Sie?
Ich gehe zu Fuß.

1 🔘_57 b | Was ist richtig? Hören Sie und kreuzen Sie an.

- ☐ Der Taxifahrer hat frei.
- ☐ Lukas kommt aus den Ferien.
- ☐ Lukas fährt nach Hause.
- ☐ Lukas kennt die Stadt gut.
- ☐ Lukas kennt die neue Wohnung noch nicht.
- ☐ Der Taxifahrer zeigt Lukas wichtige Gebäude.
- ☐ Sie trinken zusammen ein Bier.
- ☐ Lisa ist nicht zu Hause.
- ☐ Max freut sich.

■ Entschuldigung!

a | Lesen Sie den Text.

> „Meine ersten Sätze waren ‚Entschuldigung, kann ich was sagen',
> ‚Entschuldigen Sie bitte, wie spät ist es' und ‚Entschuldigen Sie bitte,
> kann ich noch eine Kartoffel bekommen'. Nur am Wochenende ent-
> schuldigte ich mich nicht. Am Wochenende machte ich mit der
> Italienerin, mit der ich zusammen Deutsch lernte, Autostop in
> Richtung Schweiz."
>
> aus: Emine Sevgi Özdamar, Die Brücke vom Goldenen Horn, Köln 1998 (S. 108)

b | Was waren Ihre ersten Sätze, Wörter in Deutschland?

c | Wann sagt man *Entschuldigung* in Ihrer Sprache / in anderen Sprachen?

■ Projekt: Eine Reise nach …

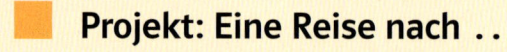

Welche Stadt möchten Sie in D-A-CH kennen lernen?
Planen Sie eine Reise.

- Wie kommen Sie in diese Stadt?
- Welche Verkehrsmittel können Sie nehmen?
- Was kostet die Fahrt?
- …

Recherchieren Sie im Internet.

■ Lieblingsplätze in meiner Stadt

Haben Sie einen Lieblingsplatz in Ihrer Stadt?

- Wo ist er?
- Was gibt es dort?
- Wie kommt man dorthin?
- …

Stellen Sie den Platz, die Straße, das Gebäude, … vor.
Bringen Sie Fotos, einen Stadtplan, … mit.

1 ⏻ 58 ■ Ein Lied: Wasser aus der Spree

a | Welche Stadt liegt an der Spree?

b | Hören Sie das Lied von der Band Trikot.

> Ich brauche keine fernen Alpen,
> ich brauch kein Haus mit Pool am Meer,
> ich brauch auch keine Diamanten,
> denn alles, was ich brauch, hab ich schon hier:
> Wasser aus der Spree

nach „Agua de Beber"
Musik: Carlos Antonio Jobim
Lyrics: Marcus Vinicius de Moraes
© by Campidoglio Edizioni Musicali S.r.l.
Rights for GAS: Rolf Budde Musikverlag GmbH, Berlin

 FOKUS LANDESKUNDE

Im öffentlichen Raum finden Sie viele Schilder.
Achten Sie auf die Hinweise, sie sind wichtig.

1   Was hilft?

Sie hören einen Text. Was machen Sie wann? Lesen Sie. Schlagen Sie die Beispiele im Buch nach und suchen Sie weitere.

vor dem Hören	Bild: Gibt es visuelle Informationen? KB 3/5
	Situation: Wer? Was? Wo? Wann? KB 1/8
	Aufgabe: Was möchte ich wissen? Welche Wörter brauche ich?
beim Hören	global: Was / Wie ist die Situation? Gibt es Geräusche? Wer spricht?
	Wie sprechen die Personen? KB 2/7
	selektiv: Welche Informationen brauche ich? Was sind die Schlüsselwörter?
	detailliert: Welche Details sind noch interessant? KB 4/15
nach dem Hören	Aufgabe / Situation: Waren meine Vermutungen richtig? KB 4/4b
	Informationen zusammenfassen: Was weiß ich jetzt?
	meine Fragen: Was weiß ich noch nicht?

2   Probieren Sie es aus.

a | Sehen Sie das Bild an. Was ist die Situation? Beschreiben Sie.

1 🔊 _59   b | Hören Sie. Stimmen Ihre Vermutungen? Korrigieren, ergänzen Sie.

c | Welche Details verstehen Sie noch? Lesen Sie die Fragen. Hören Sie noch einmal und beantworten Sie die Fragen.

1. Wohin möchte der Fahrgast?
2. Was hören die Personen?
3. Wer spielt? Wo?
4. Was kostet die Taxifahrt?
5. Freut sich der Fahrgast? Warum (nicht)?

d | Was trifft auf Sie zu? Kreuzen Sie an.

Ich kann den Text leicht verstehen. ☐ ja ☐ nein
Ich kann die Aufgaben leicht lösen. ☐ ja ☐ nein

Warum? Kreuzen Sie an und ergänzen Sie.

☐ Ich sehe das Bild genau an. ☐ _____
☐ Ich höre genau zu. ☐ _____
☐ Ich schreibe wichtige Wörter auf. ☐ _____

3 Noch einmal Schritt für Schritt

Überlegen Sie genau: Wie können Sie die Aufgabe lösen?

▪ Was ist die Situation?

Bild:
Wer?

2 Personen:
eine Frau und
ein Mann

Hören:
Stimmen?

Was?
Wo?

Taxi / Auto
Straße / Verkehr
Radio

Geräusche?

Wann?

Abend / Nacht
Guten Abend!

Begrüßung?

▪ Was sind die Detailfragen?

Taxifahrt:
Wo wohnt der
Fahrgast?
→ Adresse?

Was kostet die
Taxifahrt?
→ Preis?

Freut sich der
Fahrgast?
→ ☺? ☹?

Warum?
Die Taxifahrt ist billig?
Das Fußballspiel
ist gut?
…

Fußballspiel:
Wo ist das Fußball-
spiel? → Ort?

Wer spielt?
→ Städtenamen?

Was ist das Ergebnis?
→ ⎵ : ⎵ ?

 **STRATEGIE**

Vorbereitung: Bild(er) ansehen, Ideen / Fragen sammeln, die Aufgabe genau lesen
Hören: auf Personen, Emotionen, Schlüsselwörter achten, W-Fragen beantworten
Zusammenfassen: mit den eigenen Ideen vergleichen, ergänzen, offene Fragen sammeln

4 **Jetzt sind Sie dran.**

a | Arbeiten Sie zu dritt. Wählen Sie eine Situation. Machen Sie einen Dialog.
Malen Sie gemeinsam ein Bild für die Situation. Welche Geräusche gibt es in der Situation?

- Sie und eine Freundin / ein Freund machen eine Party. Sie kaufen im Supermarkt ein.
- Sie treffen Ihre Nachbarin / Ihren Nachbarn im Treppenhaus.
- Sie und Ihre Arbeitskollegin / Ihr Arbeitskollege sind in der Kantine.
- Sie fahren mit dem Zug nach …, Sie sprechen mit einem anderen Fahrgast.
- Sie treffen eine Kursteilnehmerin / einen Kursteilnehmer in der Stadt.

b | Zeigen Sie im Kurs das Bild. Spielen Sie die Situation:
Zwei Personen sprechen, die dritte Person macht Geräusche.

> Guten Morgen!
>
> Hallo!
>
> Lalala ♪♫♪

c | Was verstehen die anderen? Sprechen Sie im Kurs.

- Was ist die Situation? Wer? Was? Wo? Wann? Wie? Wie viel …?
- Welche Details gibt es?

5 **Hörstrategien für Ihren Alltag**

Wo brauchen Sie Strategien zum Hören? Notieren Sie.

Wo?	Was?	Welche Strategie(n)?
im Kurs	Hörtexte	
	DVD	
	Lehrer/in spricht	
zu Hause	Radio	
	Fernsehen	Bilder, Emotionen, …
	Podcasts	
im Beruf	Kollegen sprechen	
unterwegs	Ansagen (Bahnhof, Super-markt …)	Zahlen, Ortsnamen, …

1 Was hilft?

Sie lesen einen Text. Was machen Sie wann? Lesen Sie. Schlagen Sie die Beispiele im Buch nach und suchen Sie weitere.

vor dem Lesen	Bild: Gibt es visuelle Informationen? KB 4/10a
	Textsorte: Was für eine Textsorte ist es? KB 3/9
	Thema: Was ist das Thema? Welche Vermutungen, Ideen habe ich? KB 4/10
	Aufgabe: Was möchte ich wissen? Welche Wörter brauche ich? KB 1/18
erstes Lesen	nach Bekanntem suchen: Gibt es Internationalismen, Zahlen, bekannte Wörter? KB 2/5
	global: Welche W-Fragen kann ich beantworten? KB 3/11
zweites, drittes Lesen	selektiv: Welche Informationen brauche ich? Was sind die Schlüsselwörter? KB 2/12b
	detailliert: Welche Details sind noch wichtig, interessant? KB 2/12c
nach dem Lesen	Aufgabe / Thema: Waren meine Vermutungen richtig? AB 4/13
	Informationen zusammenfassen: Was weiß ich jetzt?
	meine Fragen: Was weiß ich noch nicht? KB 5/6b

2 Probieren Sie es aus.

a | Sehen Sie den Text an, aber lesen Sie den Text noch nicht. Welche Informationen haben Sie schon vor dem Lesen?

Wochenblatt

Alles über Schokolade

Keine Schokolade ohne Kakao. Die braunen Bohnen kommen aus Südamerika, in Europa gibt es sie erst seit 500 Jahren. Heute gibt es Schokolade überall auf der Welt. Viele Menschen lieben Schokolade und essen sie sehr oft. Die Schweizer sind Weltmeister im Schokolade-Essen: Sie essen pro Kopf jährlich circa 10 Kilo. Auch die Deutschen mögen Schokolade. Mit 9 Kilo Schokolade sind sie hinter den Schweizern, den Norwegern und den Belgiern auf Platz 4.

Normale Vollmilchschokolade finden einige Schokoladenliebhaber langweilig. Sie mögen besondere Kreationen: Schokolade mit Chili oder

Käse. Auf dem deutschen Schokoladenmarkt findet man interessante Geschmacksrichtungen, zum Beispiel Vollmilchschokolade mit Käse, Schokolade mit Ananas, Paprika und Chili oder mit Minze und Blumen.

b | Lesen Sie jetzt den Text. Was ist das Thema? Suchen Sie nach den wichtigsten Informationen: Wer? Was? Wo?

c | Lesen Sie den Text noch einmal. Beantworten Sie die Detailfragen: Woher kommt Kakao? Wer isst viel Schokolade? Welche Schokoladensorten gibt es im Text?

d | Fassen Sie die Informationen zusammen.

e | Was trifft auf Sie zu? Kreuzen Sie an.

Ich kann den Text leicht verstehen. ☐ ja ☐ nein
Ich kann die Aufgaben leicht lösen. ☐ ja ☐ nein

Warum? Kreuzen Sie an und ergänzen Sie.

☐ Ich sehe den Text genau an. ☐ _____
☐ Ich lese zuerst global. ☐ _____
☐ Ich markiere Schlüsselwörter. ☐ _____

3 Noch einmal Schritt für Schritt

Überlegen Sie genau: Wie können Sie die Aufgabe lösen?

▪ Was wissen Sie schon vor dem Lesen?

den Text ansehen → Titel, Bilder, Textsorte

Textsorte: Zeitungsartikel
Titel
Foto

Fragen lesen und überlegen: Welche Informationen brauche ich für die Antworten?
→ ein Wort, eine Zahl, einen Ort, einen Satz, alle Informationen aus dem Text?

▪ Was hilft beim ersten Lesen?

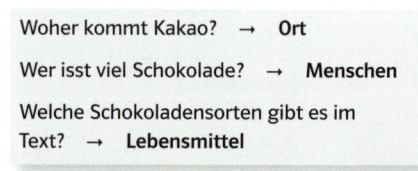

Woher kommt Kakao? → **Ort**

Wer isst viel Schokolade? → **Menschen**

Welche Schokoladensorten gibt es im Text? → **Lebensmittel**

zuerst global lesen und nach den wichtigsten Informationen suchen
→ Wer? Was? Wo? Wann? Stimmen meine Vermutungen?

→ nach bekannten Wörtern, internationalen Wörtern, Zahlen, Länder- oder Ortsnamen, … suchen

▪ Was hilft beim zweiten und dritten Lesen?

→ Schlüsselwörter zu den Fragen suchen und markieren

→ noch einmal lesen und nach wichtigen oder interessanten Details suchen

Alles über Schokolade

Keine Schokolade ohne Kakao. Die braunen Bohnen kommen aus Südamerika, in Europa gibt es sie erst seit 500 Jahren. Heute gibt es Schokolade überall auf der Welt. Viele Menschen lieben Schokolade und essen sie sehr oft. Die Schweizer sind Weltmeister im Schokolade-Essen: Sie essen pro Kopf jährlich circa 10 Kilo. Auch die Deutschen mögen Schokolade. Mit 9 Kilo Schokolade sind sie hinter den Schweizern, den Norwegern und den Belgiern auf Platz 4.

Käse. Auf dem deutschen Schokoladenmarkt findet man interessante Geschmacksrichtungen, zum Beispiel Vollmilchschokolade mit Käse, Schokolade mit Ananas, Paprika und Chili oder mit Minze und Blumen.

• Was hilft nach dem Lesen?

Was weiß ich jetzt?

→ die Informationen zusammenfassen, den Text noch einmal lesen
und die Antworten überprüfen

Was weiß ich noch nicht?
Was möchte ich wissen?

→ Fragen notieren

STRATEGIE

Vorbereitung: Text ansehen (Überschrift, Thema, Textsorte, Bilder), eigene Ideen zum
Thema aktivieren, Aufgabe genau lesen und Ideen / Fragen sammeln
Beim Lesen: auf bekannte Wörter achten, nach den wichtigsten Informationen
suchen, Schlüsselwörter markieren
Nach dem Lesen: den Text kurz zusammenfassen, Tabelle oder Schaubild machen,
Fragen notieren

4 Jetzt sind Sie dran.

• Suchen Sie interessante Texte im Internet, in der Zeitung, in der Bücherei, … und bringen Sie die Texte in
den Kurs mit.

• Formulieren Sie Fragen zu den Texten. Formulieren Sie auch Tipps für die Antworten.

• Arbeiten Sie in Gruppen. Lesen Sie Ihre Texte und beantworten Sie die Fragen.
Besprechen Sie gemeinsam Antwort und Lösungsweg.

5 Lesestrategien für Ihren Alltag

Wo brauchen Sie Strategien zum Lesen? Notieren Sie.

Wo?	Was?	Welche Strategie(n)?
privat	Zeitungsartikel	Überschrift, Bilder, …
im Beruf	E-Mail	
unterwegs	Werbung	Bilder, Zahlen (Preis), …
öffentlich	Formular	Name, Adresse, Nummern, …

6 Das ist die Lösung!

1 Wohnen und arbeiten

a | Wer wohnt wo? Lesen Sie und ordnen Sie die Häuser zu.

Familie Schrade

John Parker

Iris und Tabea Seiffert

> Wir wohnen in einem Einfamilienhaus mit Garten am Stadtrand. Viel Natur und frische Luft!

> Meine Wohnung ist in einem Altbau im Zentrum. Das ist praktisch, aber teuer. In der Nähe sind viele Geschäfte, Cafés und Restaurants.

> Wir wohnen in einem Hochhaus im sechsten Stock. Unsere Wohnung ist klein, aber gemütlich.

b | Diese Personen arbeiten alle im Stadtzentrum. Wie kommen sie zur Arbeit? Wie lange brauchen sie? Spekulieren Sie.

- Ich glaube, … fährt mit … zur Arbeit. Er | Sie braucht vielleicht zwanzig Minuten | eine halbe Stunde | eine Stunde | …

c | Wo wohnen Sie? Gestalten Sie das leere Feld und erzählen Sie.

- Ich wohne im Stadtzentrum | am Stadtrand | in einem Dorf | …
  In der Nähe gibt es viele Geschäfte | einen Park | …
  Ich brauche circa … zum Arbeitsplatz | zum Deutschkurs | …

➡ AB 1–2

Kommunikative Lernziele:

- die Wohnlage und den Arbeitsweg angeben
- über Möglichkeiten der Wohnungssuche sprechen
- Anzeigen verstehen
- eine Wohnung beschreiben
- etwas in der Vergangenheit erzählen
- Gefallen und Missfallen äußern
- über Aufgaben im Haushalt sprechen
- Anweisungen geben

Wortschatz und Strukturen:

- Wohnlage, Wohnräume
- Zahlen 100–1000
- erste Verben im Perfekt
- Präteritum von *sein* und *haben*
- Modalverb *müssen*: Aufgaben und Pflichten
- Modalverb *wollen*: Wünsche und Absichten
- Personalpronomen im Text: Akkusativ
- Imperativ (*ihr*-Form)
- Indefinitpronomen: *keiner, alle, jeder*
- Aussprache Ich- und Ach-Laute

Zusatzmaterial: Wohnungsanzeigen (Aufgabe 10)

2　Fünf nach neun

a |　Sehen Sie das Bild an und spekulieren Sie:
Was ist die Situation?

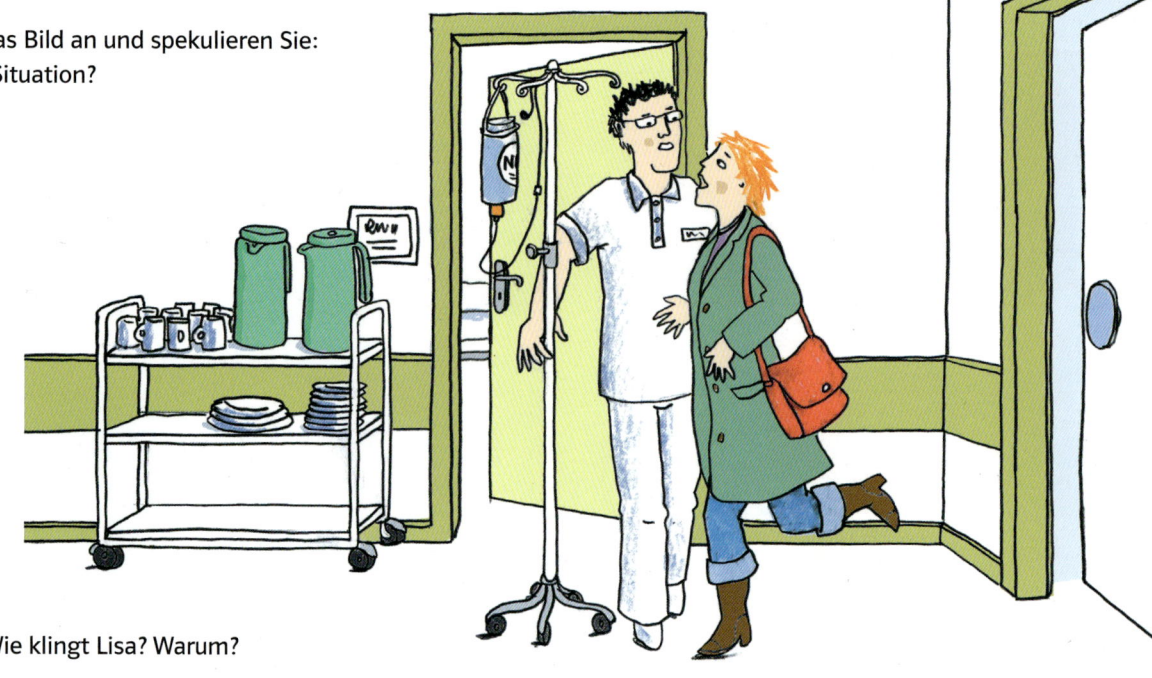

2 ◉_1　**b |**　Hören Sie. Wie klingt Lisa? Warum?

☐ wütend　　☐ gestresst　　☐ müde　　☐ fröhlich　　☐ traurig

c |　Hören Sie noch einmal und kreuzen Sie an.

	richtig	falsch
1. Lisa kommt mit dem Bus zur Arbeit.		
2. Dr. Körting wartet schon.		
3. Markus Neumann wohnt im Stadtzentrum.		
4. Er braucht jeden Tag sein Auto.		

3　Fahrgemeinschaft

Was ist eine Fahrgemeinschaft?
Lesen Sie die Anzeige und kreuzen Sie an.

> Donauwörth ⇆ Augsburg
> Biete Fahrgemeinschaft (VH Golf) von Donauwörth
> (Stadtmitte) nach Augsburg (Lechhausen)
> Abfahrt Donauwörth ca. 6.00 Uhr
> Abfahrt Augsburg ca. 16.30 Uhr
> Bei Interesse melden unter Tel. 0821/716915
> (Tobias)

Gruppe von Personen, ☐ die gemeinsam Auto fahren lernen.

☐ die gemeinsam in einem Auto zur Arbeit / zur Uni fahren.

☐ die im Zug / Bus zusammen sitzen.　　⮕ AB 3

4 Was ist passiert?

a | Welche Fotos passen zusammen? Was ist anders? Warum? Sammeln Sie Ideen.

b | Was ist passiert? Lesen Sie die Berichte und ordnen Sie die Fotos zu.

A

Birgit Meier, Sekretärin: Heute bin ich mit dem Rad zur Arbeit gefahren. Das war keine gute Idee. Plötzlich hat es stark geregnet. Und ich hatte keine Regenjacke mit. Verflixt! Zum Glück hat mir eine Kollegin ein frisches T-Shirt geliehen.

B

Philipp Holt, Student: Ich bin heute mit der Bahn zur Uni gefahren. Der Zug war voll, aber ich hatte Glück: Ich habe noch einen Platz gefunden. Ich habe meinen Laptop angemacht und habe dabei den Kaffee über die Tastatur geschüttet. So was Blödes! Der Laptop war kaputt. Meine Präsentation habe ich ohne Computer gemacht.

C

Jörg Stark, Bauarbeiter: Heute bin ich pünktlich aus dem Haus gegangen und habe an der Ecke auf meine Kollegen gewartet – 10 Minuten, 20 Minuten, aber sie sind nicht gekommen. Ich war schon nervös. Viele Autos sind vorbeigefahren, nur meine Fahrgemeinschaft nicht. Da hat mein Handy geklingelt: Sie hatten eine Panne! Ich bin sofort zum Bahnhof gelaufen und habe den nächsten Zug genommen. Zu spät!

c | Markieren Sie die Verben. Was stellen Sie fest?

Heute bin ich mit dem Rad zur Arbeit gefahren. Das war keine gute Idee. Plötzlich hat es stark geregnet.

➥ AB 4–8

Etwas in der Vergangenheit erzählen		
Perfekt		**Präteritum von *sein* und *haben***
ich warte	ich laufe	Der Zug war voll, aber ich hatte Glück.
Ich habe auf den Bus gewartet.	Ich bin zum Bahnhof gelaufen.	
ich nehme	ich gehe	
Ich habe den Zug genommen.	Ich bin aus dem Haus gegangen.	

5 Auf dem Weg zur Arbeit

a | Wählen Sie eine Person aus Aufgabe 4 und erzählen Sie ihre Geschichte. Die Wörter helfen.

Der Student / Der Bauarbeiter		geregnet, gewartet, angemacht,
Die Sekretärin	hat / haben	gefunden, geschüttet, geklingelt,
Die Kollegen		genommen, geliehen, gemacht
Das Handy		
Viele Autos	ist / sind	gefahren, vorbeigefahren, gegan-
Sie / Er / Es		gen, gekommen, gelaufen

b | Was ist Ihnen auf dem Weg zur Arbeit / zum Deutschkurs / … passiert? Erzählen Sie eine Geschichte.

➥ AB 9

6 Gehen und kommen im Rhythmus

2 🔘_2   a | Hören Sie und summen Sie mit. Hören Sie noch einmal und sprechen Sie dann mit.

1.

● ● ● ● ● ● ● ●
Ich gehe. Ich bin gegangen.
Ich gehe. Ich bin gegangen.

● ● ● ● ● ●
Ich bin losgegangen.
Ich bin weggegangen.

● ● ● ● ● ●
Losgegangen. Weggegangen.
Weggegangen. Weggefahren.

2.

● ● ● ● ● ●
Ich komme. Ich bin gekommen.
Ich komme. Ich bin gekommen.

● ● ● ● ●
Ich bin angekommen.
Ich bin ausgestiegen.

● ● ● ● ● ●
Angekommen. Ausgestiegen.
Angekommen. Ausgestiegen.

3.

Ich warte. Ich hab' gewartet.
Ich warte. Ich hab' gewartet.
Du bist angekommen.
Du bist angekommen …

> **Wortakzent**
>
> Nicht betont ist *ge-*:
> gegangen, gekommen
>
> Betont sind *an-, ab-, weg-, los-, …*:
> ankommen – angekommen

b | Üben Sie im Rhythmus weiter.

Ich laufe.   Du läufst.
Ich bin gelaufen.   Du bist gelaufen.
Ich bin weggelaufen.   Du bist weggelaufen.

Ich mache.   Du machst.
Ich hab' gemacht.   …
Ich hab' zugemacht.

7 Ein Brief mit Folgen

a | Sehen Sie das Bild an. Was glauben Sie:
Warum hat Jan schlechte Laune?

> Vielleicht …

> Ich glaube, …

VERMIETUNGEN UND HAUSVERWALTUNG ZIMMERMANN & PARTNER
Bahnhofstraße 45
87652 Neustadt

Herrn
Jan Berger
Elisabethplatz 9
87654 Neustadt

Betreff: Mieterhöhung

10.08.2010

Sehr geehrter Herr Berger,

aufgrund der durchgeführten Renovierungs- und
Modernisierungsarbeiten sehen wir uns gezwun-
gen, die Mietkosten für das Wohnobjekt Elisabeth-
platz 9 um 90,- € zu erhöhen. Die Miete beträgt ab
September 2010 538,- € ohne Nebenkosten.
Wir bitten Sie, dies zu beachten.

Mit freundlichen Grüßen

Anton Zimmermann

---

2 ⊙_3   **b |** Hören Sie und vergleichen Sie mit Ihren Vermutungen.

c | Lesen Sie die Fragen. Suchen Sie und markieren Sie die Antworten im Brief.

1. Wer hat geschrieben?
2. Wie hoch ist die Miete jetzt?
3. Warum gibt es eine Mieterhöhung?

d | Was kann Jan machen? Sammeln Sie Ideen.

> **Zahlen 100–1000**
>
> 100 (ein)hundert
> 200 zweihundert
> 300 dreihundert
> 440 vierhundertvierzig
> 811 achthundertelf
> 1000 (ein)tausend

➡ AB 10
➡ IS 6/1,3

8 Suche und biete

a | Wie / Wo kann man eine Wohnung suchen?
Sammeln Sie Ideen.

Wohnungssuche

Schwarzes Brett

b | Welche Anzeige ist von Jan? Lesen Sie.

Top-Anzeige ❶

Suche...
möbliertes Zi bis 280 € warm, verkehrsgünstige Lage wichtig.
Bin Nichtraucherin, ruhig und ordentlich. Am liebsten im Raum
Duisburg Zentrum. mobil: 0163/34678009

Details »   ins Notizbuch ▪

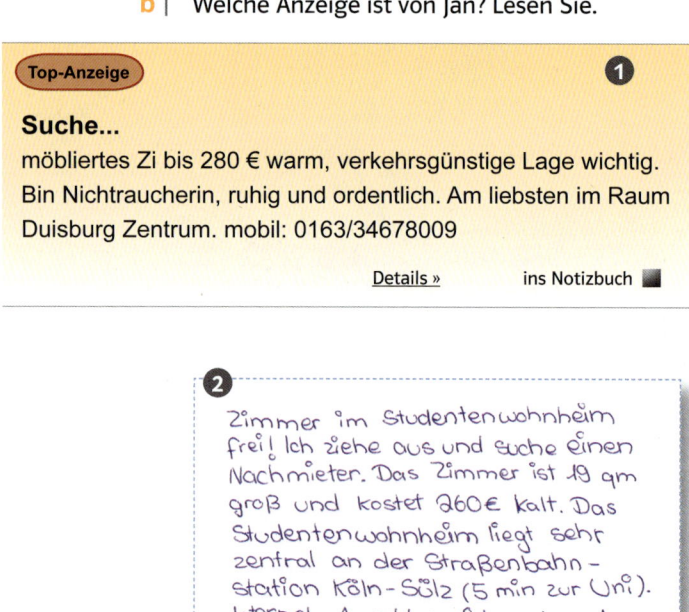

❷
Zimmer im Studentenwohnheim
frei! Ich ziehe aus und suche einen
Nachmieter. Das Zimmer ist 19 qm
groß und kostet 260€ kalt. Das
Studentenwohnheim liegt sehr
zentral an der Straßenbahn-
station Köln-Sülz (5 min zur Uni).
Internet-Anschluss ist vorhanden.
bbncaenlasnubes@googlemail.com
📱 0178-3304210

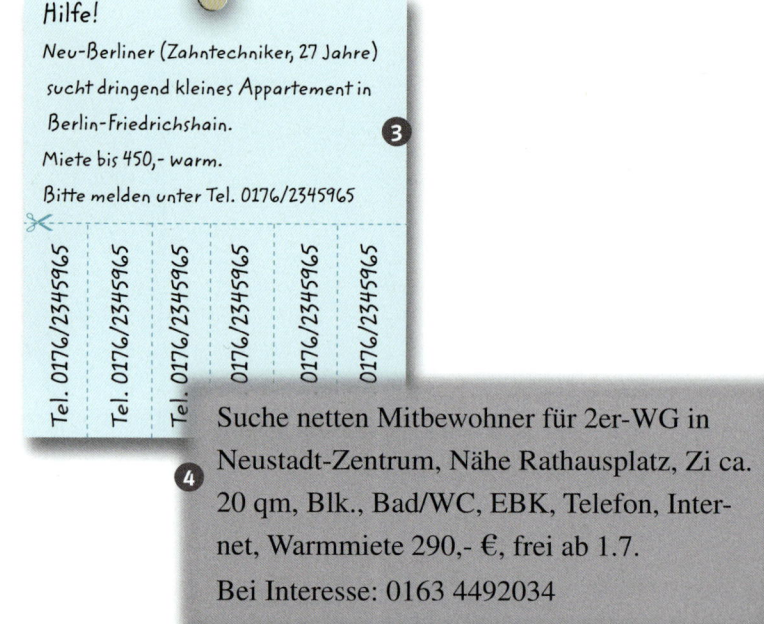

Hilfe!
Neu-Berliner (Zahntechniker, 27 Jahre)
sucht dringend kleines Appartement in
Berlin-Friedrichshain.   ❸
Miete bis 450,- warm.
Bitte melden unter Tel. 0176/2345965

Tel. 0176/2345965 | Tel. 0176/2345965 | Tel. 0176/2345965 | 0176/2345965 | 0176/2345965 | 0176/2345965

❹ Suche netten Mitbewohner für 2er-WG in
Neustadt-Zentrum, Nähe Rathausplatz, Zi ca.
20 qm, Blk., Bad/WC, EBK, Telefon, Internet, Warmmiete 290,- €, frei ab 1.7.
Bei Interesse: 0163 4492034

c | Lesen Sie genau. Wer sucht, wer bietet ein Zimmer?

Sucht: |_____| Bietet: |_____|

d | Sammeln Sie Informationen und ergänzen Sie.

	Was?	Größe	Preis	Lage	Sonstiges
Anzeige 1	möbliertes Zimmer				
Anzeige 2					
Anzeige 3					
Anzeige 4					

e | Haben Sie alle Abkürzungen verstanden? Kennen Sie noch andere?

9 So habe ich meine Wohnung gefunden.

2 _4 **a |** Hören Sie. Wie haben die Personen ihre Wohnung gefunden? Notieren Sie.

Ana Brumnić, 37, Hausfrau
Aleksander Brumnić, 39, Koch

Martin Hirtenmaier, 23, Student

Sven Hasse, 32, Informatiker

b | Lesen Sie die Aussagen. Wer hat was gemacht? Hören Sie noch einmal und kreuzen sie an.

Ana B.	Martin H.	Sven H.	
			… hat viele Anzeigen in der Zeitung gelesen.
			… hat Freunde und Bekannte gefragt.
			… ist zu Besichtigungsterminen gegangen.
			… hat im Internet gesucht.
			… hat am Schwarzen Brett geguckt.
			… hat einen Zettel gelesen.
			… hat eine Anzeige in der Zeitung aufgegeben.
			… hat einen Zettel auf der Straße gefunden.

c | Wie haben Sie Ihre Wohnung gefunden? Hatten Sie Probleme? Erzählen Sie.

10 Wählen Sie eine Aufgabe.

- Sie suchen eine Wohnung. Schreiben Sie einen Aushang für ein Schwarzes Brett.

- Bringen Sie Wohnungsanzeigen mit. Vergleichen Sie in der Gruppe. Welches Angebot gefällt Ihnen?

- Welche Entfernung zwischen Wohnort und Arbeitsplatz finden Sie noch akzeptabel?
Machen Sie eine Umfrage. Präsentieren Sie die Ergebnisse im Kurs.

11 Kommt rein!

a | Sehen Sie das Bild an und spekulieren Sie: Was ist die Situation?

- Jan hat Lisa Vogel und Markus Neumann zu einer Party eingeladen.
- Markus Neumann möchte vielleicht …
- Lisa …

2 _5

b | Hören Sie. Stimmen Ihre Vermutungen?

c | Hören Sie noch einmal. Welche Informationen bekommen Sie über die Wohnung? Ordnen Sie zu.

| hell | renoviert | 111 € Heizkosten | 649 € warm | gemütlich | groß | 98 m² | 20 m² |

Wohnung	Kosten	Küche	Markus' Zimmer

d | Was denken Sie: Nimmt Markus das Zimmer? Diskutieren Sie.

> Groß und gemütlich, die Küche.

> Nicht billig.

> Schön hell.

> Das gefällt mir!

- Ich glaube, …
- Er findet das Zimmer …
- Ja, aber die Miete ist …

Gefallen und Missfallen äußern

+ Das gefällt mir!
  Das finde ich schön / praktisch / …

– Die Wohnung gefällt mir nicht.
  Sie ist zu klein / zu teuer / …

12 Das gefällt mir!

a | Lesen Sie und ergänzen Sie die Dialoge.

> das Wohnzimmer | das Bad | die Einbauküche | der Balkon

1.

A Wie viele Zimmer hat die Wohnung denn?

B Drei. Kommen Sie, ich zeige sie Ihnen.
Das ist ⌊_____⌋.

A Ah, es hat einen alten Kachelofen.
Das gefällt mir! Wirklich gemütlich.

B Ja, Sie können ihn sogar noch benutzen.

2.

B Und da hinten ist ⌊_____⌋.

A Aha. … Der ist aber nicht sehr groß!

B Ja, aber zum Wäschetrocknen können Sie
ihn benutzen.

3.

B Hier links ist ⌊_____⌋.
Ich habe es frisch renoviert.

A Schön! Aber es hat kein Fenster. Das ist
nicht so praktisch.

B Nein, aber das Gäste-WC hat eins.

4.

B Das ist ⌊_____⌋. Ich habe
sie vom Vormieter gekauft.

A Ach so. Funktioniert denn der Herd
noch?

B Natürlich.

2 ⊙_6   b | Hören Sie zur Kontrolle. Suchen Sie die Räume auf dem Plan unten.

c | Markieren Sie Nomen und Pronomen im Text.
Welches Pronomen bezieht sich auf welches Nomen?

d | Wählen Sie einen Raum und spielen Sie eine Szene wie in a.

> **Personalpronomen im Text: Nominativ und Akkusativ**
>
> Hier ist **der Balkon**. **Er** ist klein, aber sie können **ihn** zum Wäschetrocknen benutzen.
> Das ist **das Bad**. **Es** hat kein Fenster. Ich habe **es** frisch renoviert.
> Das ist **die Einbauküche**. **Sie** ist praktisch. Ich habe **sie** vom Vormieter gekauft.
> Die Wohnung hat **drei Zimmer**. **Sie** sind sehr groß.
> Ich zeige **sie** Ihnen.

die Küche   der Balkon

das Bad

das WC

der Flur

das Wohnzimmer

das Schlafzimmer

das Arbeitszimmer

➥ AB 11–12
➥ IS 6/2

13   Typisch Wohngemeinschaft?

 a | Wer wohnt in einer WG? Wie ist das Leben dort? Sammeln Sie Ideen.

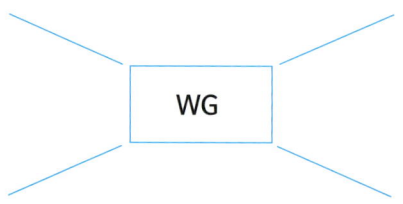

b | Sehen Sie die Fotos an. Welche Argumente gibt es für diese WGs? Verbinden Sie und ergänzen Sie.

	○ können die Mietkosten teilen.
	○ wollen nicht allein sein.
Die Studenten ○	○ können viele Leute kennen lernen.
Die Arbeitskollegen ○	○ möchten günstig wohnen.
Die Senioren ○	○ können gemeinsam Probleme lösen.
	○ wollen viel Spaß haben.

c | Sie haben einen neuen Job in einer anderen Stadt. Wollen / Können Sie in einer WG wohnen?
Warum (nicht)? Sprechen Sie.

▪ Ich will viel Spaß haben, aber ich will
manchmal auch allein sein.

↪ AB 13

Das Modalverb *wollen*: Wünsche und Absichten

Ich **will** nicht allein sein.
Willst du einziehen?
Er **will** seine Ruhe haben.
Wir **wollen** Spaß haben.
Wollt ihr zusammen wohnen?
Die Studenten **wollen** günstig wohnen.

Wollen Sie in einer WG leben?

14 Wer muss aufräumen?

a | Lesen Sie den Chat. Was ist das Problem?

> Chati: Hallo, zusammen. Meine WG nervt mich total! Am Anfang hat alles super geklappt, jeder hat geputzt und seine Sachen weggeräumt. Aber zurzeit ist es total chaotisch. Überall Essensreste, Teller, Töpfe, Gläser usw. Keiner will den Müll runterbringen oder das Geschirr spülen. Alle wollen nur feiern.

> pumuckel: Oh ja, … solche Probleme kenne ich. Keiner will einkaufen, aber alle wollen einen vollen Kühlschrank. Man muss seine Mitbewohner immer sehr genau auswählen.

> carla: Wer will schon die Putzfrau für andere sein? Macht doch einen Putzplan. Dann ist alles klar.

> orlando: In unserer WG funktioniert alles ohne Putzplan. Wer gekocht hat, muss auch die Küche aufräumen. Und nach einer Party muss jeder mithelfen.

b | Welche Aufgaben hat man in einer WG? Suchen Sie und notieren Sie.

putzen, _____

c | Vergleichen Sie mit Ihrer Lernpartnerin / mit Ihrem Lernpartner.

- In einer WG muss man …
- Man muss auch …

➦ AB 14–16

> **Das Modalverb *müssen*: Aufgaben und Pflichten**
>
> Ich **muss** jeden Tag kochen.
> **Musst** du auch kochen?
> Er / Sie **muss** das Zimmer aufräumen.
> **Müssen** wir heute lernen?
> Ihr **müsst** putzen.
> Sie **müssen** helfen.
>
> Was **müssen** Sie?

15 Alle oder keiner?

a | Was wollen alle? Was will keiner? Ergänzen Sie aus dem Chat.

Keiner will _____ , aber alle wollen _____

_____   _____

> **Indefinitpronomen**
>
> **Keiner** will aufräumen.
> **Alle** wollen feiern.
> **Jeder** muss mithelfen.

 b | Finden Sie eigene Beispiele. ➦ AB 17

16 Ihre Aufgaben

a | Was müssen Sie in Ihrer Familie / in Ihrer WG / … tun? Kreuzen Sie an und ergänzen Sie.

☐ Geschirr spülen

☐ das Auto waschen / tanken

☐ die Spülmaschine ausräumen

☐ kochen

☐ das Bad sauber machen

☐ die Blumen gießen

☐ die Küche aufräumen

☐ etwas reparieren

☐ den Müll raus- / runterbringen

☐ _____

b | Vergleichen Sie in der Gruppe.

- Müssen Sie / Musst du die Küche aufräumen?
- Ja, ich muss die Küche aufräumen.
- Und wie oft?
- Jeden Tag!

- Müssen Sie / Musst du die Kinder von der Schule abholen?
- Nein, das muss ich nicht / das macht meine Frau / …

> **Wie oft?**
>
> jeden Tag
> jede Woche
> einmal in der Woche
> zweimal im Monat
> dreimal im Jahr

17 Ich auch? Nein, ich nicht!

2_7 a | Ich- und Ach-Laute klingen verschieden. Hören Sie.

Ich möchte kochen.
Ich auch! Ich auch! Ich auch!
Ich nicht! Ich nicht! Ich nicht!

> **Aussprache Ich- und Ach-Laute**
>
> [ç] nach i, e, ä, ö, ü, ei, eu, äu, n, l, r, in -chen und -ig:
> ich, euch, Milch, billig, Mädchen, …
> - vorn im Mund sprechen
> - klingt hell
> - fast wie j
>
> [x] nach a, o, u, au:
> machen, auch, …
>
> - hinten im Mund sprechen
> - klingt dunkel
>
> Achtung bei *Ch* am Anfang: China [ç], aber Chor [k]

b | Probieren Sie es selbst aus – rufen Sie emotional im Chor:

Ich auch!

Ich nicht!

2_8 c | Wie klingt *ch*? Wie in *ich* oder wie in *auch*? Hören Sie und verbinden Sie bitte.

○ Küche ○
○ Raucher ○
○ Bücher ○
ich ○   ○ auch
○ kochen ○
○ lachen ○
○ möchte ○

↪ AB 18

18 Wer spült?

 a | Sehen Sie das Bild an. Was denken sie: Was ist das Problem?

2 ⊙_9 **b** | Stimmen Ihre Vermutungen? Hören Sie und kreuzen Sie an.

Kerstin möchte etwas trinken, aber ☐ es gibt keine Gläser.
☐ alle Gläser sind schmutzig.

Jan und Markus haben nicht gespült. Sie sagen, sie haben ☐ wenig Zeit.
☐ keine Lust.
☐ viel Arbeit.

Jan und Markus wollen den Putzplan ☐ morgen machen.
☐ gleich machen.

c | Welche Vorschläge macht Kerstin? Hören Sie noch einmal und markieren Sie.

Räumt doch endlich die Küche auf!
Kauft mehr Geschirr!
Macht einen Putzplan!
Spült doch zusammen!
Nehmt doch eine Putzfrau! ⮑ AB 19 – 20

> **Imperativ: *ihr*-Form**
>
> **Spült** doch zusammen!
> **Räumt** endlich die Küche **auf**!

19 Spiel: Wer muss was tun?

a | Spielen Sie in 3er-Gruppen. Schreiben Sie eine Liste von Aufgaben (z.B. die Hausaufgaben machen).

b | Formulieren Sie eine Anweisung (z.B. Macht die Hausaufgaben!). Die anderen würfeln und antworten:

⚀ Keine Zeit.   ⚁ Ich mach es morgen!
⚂ Keine Lust!   ⚃ Okay. Ich mach's.
⚄ Na gut!   ⚅ Ich will nicht. Kannst du das bitte machen?

Post von Lukas

a | Lesen Sie die Postkarte. Wo ist Lukas gerade?

Hallo ihr Lieben,

schöne Grüße aus Kyoto! Hier gibt es viele moderne Häuser, aber auch ganz hübsche traditionelle Häuser. Die Wohnungen sind sehr klein. Deswegen muss man das Bett am Tag zusammen- rollen und abends wieder auseinander- rollen. Man sitzt vor niedrigen Tischen auf Strohmatten. Die heißen Tatami. Und man muss immer die Schuhe ausziehen, bevor man ins Haus geht. Das ist Tradition und es ist sehr unhöflich, wenn man das nicht macht. Ich vermisse euch. Aber ich komme ja bald.
Lukas

Familie Vogel

Elisabethplatz 9

D-87654 Neustadt

b | Vergleichen Sie mit Deutschland und mit anderen Ländern. Was ist anders?
Sammeln Sie und sprechen Sie im Kurs.

Mieten oder kaufen?

Lesen Sie die Statistik.
Wie ist es in Deutschland?
Wie ist es in Ihrem Land /
in anderen Ländern?
Diskutieren Sie.

Die eigenen vier Wände

So viel Prozent der privaten Haushalte wohnen in ihren eigenen Wohnungen oder Häusern

Land	%
Ungarn	91 %
Spanien	86
Norwegen	85
Irland	82
Portugal	76
Polen	75
Belgien	73
Italien	71
Großbritannien	70
Schweden	65
Finnland	59
Österreich	57
Frankreich	56
Slowakei	55
Dänemark	53
Niederlande	53
Deutschland	41
Schweiz	36

Stand 2001   Quelle: Euroconstruct/ifo   © Globus 8327

▮ Projekt: Wohnen in . . .

Wie ist die Wohnsituation an Ihrem Wohnort und in der Umgebung?

▪ In welchen Stadtteilen ist die Miete hoch / niedrig?
▪ Welche Wohnungen sind besonders teuer?
▪ Was kostet ein Zimmer in einer WG?
▪ . . .

Recherchieren Sie in Zeitungen oder im Internet. Machen Sie Notizen, Fotos.

▮ Ein Gedicht: Hausspruch

2 ⊙ _10   a | Hören Sie und lesen Sie.
Wie verstehen Sie das Gedicht?

In meinem Haus,
da wohne ich,
da schlafe ich,
da esse ich.
Und wenn du willst,
dann öffne ich
die Tür
und lass dich ein.
In meinem Haus,
da lache ich,
da weine ich,
da träume ich.
Und wenn ich will,
dann schließe ich
die Tür
und bin allein.

von Gina Ruck-Pauquèt

    b | Was machen Sie in Ihrer Wohnung / in Ihrem Haus?
Schreiben Sie ein Gedicht.

7 Was ist denn los?

1 Arbeiten gehen oder zu Hause bleiben?

a | Sehen Sie die Fotos an. Wann bleiben Sie zu Hause? Kreuzen Sie an.

☐ Kopfschmerzen

☐ Schnupfen   ☐ Halsschmerzen   ☐ Rückenschmerzen

b | Vergleichen Sie mit Ihrer Lernpartnerin / Ihrem Lernpartner.

- Bei …schmerzen bleibe ich zu Hause.

- Bei … möchte ich zu Hause bleiben, aber …

- Manchmal habe ich …schmerzen. Aber ich gehe arbeiten | zum Deutschkurs | …

- Ich habe oft …, dann gehe ich zum Arzt | rufe ich eine Freundin an | …

- Mein Kind hat manchmal …, dann …

c | Gestalten Sie das leere Feld.   ➡ AB 1

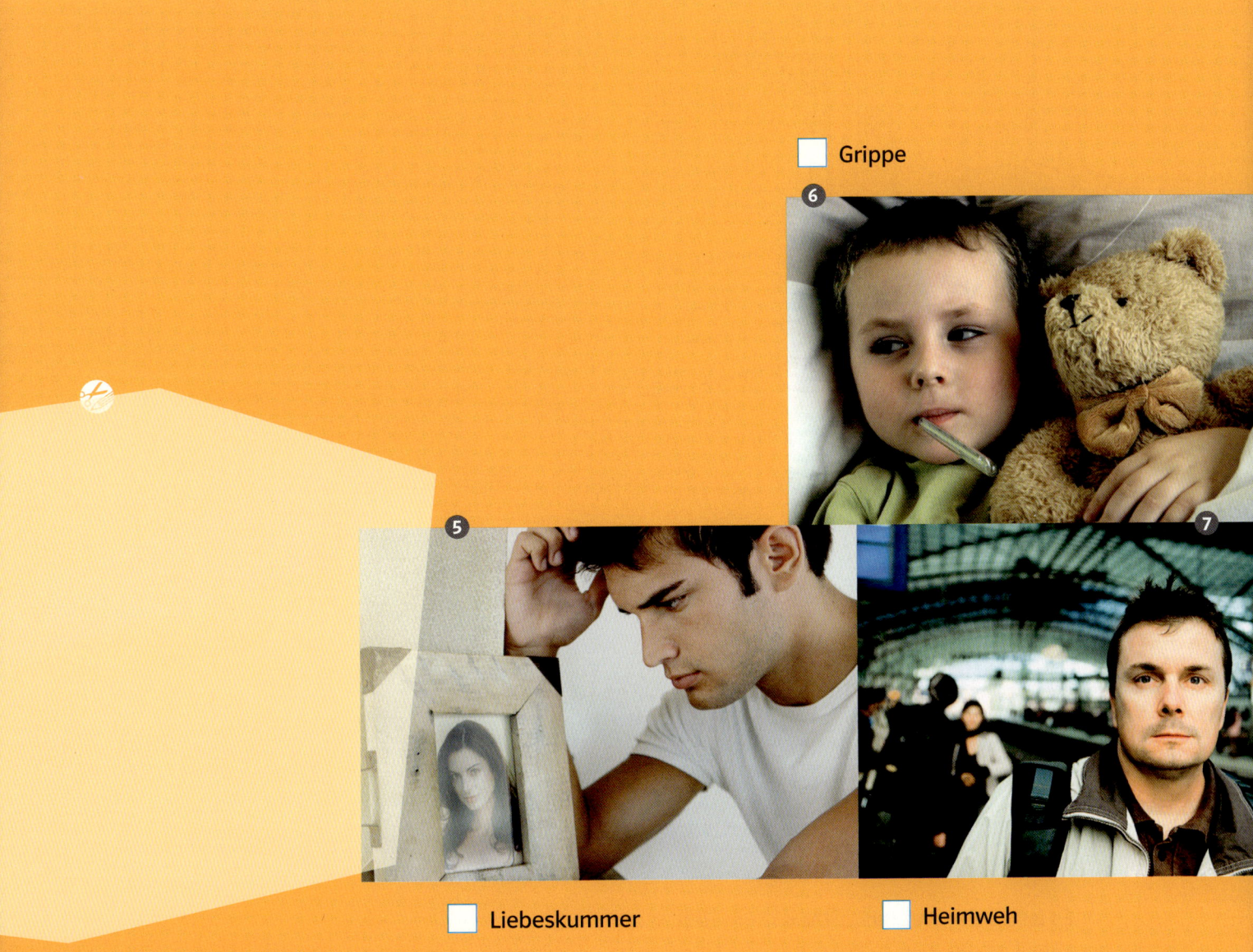

☐ Grippe

☐ Liebeskummer

☐ Heimweh

Kommunikative Lernziele:

- über das Befinden sprechen
- auf einen Anrufbeantworter sprechen
- sich krankmelden (per E-Mail und telefonisch)
- eine offizielle E-Mail schreiben
- die eigene Meinung formulieren
- Auskünfte beim Arzt geben und verstehen
- die wichtigsten Informationen auf Beipackzetteln verstehen

Zusatzmaterial: Beipackzettel (Aufgabe 15)

Wortschatz und Strukturen:

- Adjektive zum Befinden
- Körperteile und Krankheiten
- Modalverb *dürfen/nicht dürfen*: Erlaubnis und Verbot ausdrücken
- Temporalangaben: *vor, nach, zwischen*
- Adverbien der zeitlichen Abfolge: *zuerst, dann, ...*
- Aussprache [ts]

der Spiegel   die Krawatte   das Radio   die Schultasche   der Schreibtisch   der Wecker   das Bett

2   **Ich kann nicht!**

a | Was ist hier los? Sehen Sie die Bilder genau an. Ordnen Sie Wörter zu und ergänzen Sie.
Beschreiben Sie dann die Bilder.

> klingeln | anziehen | liegen | stehen | dunkel | hell | unordentlich | rot | ...

Es ist ... Der Wecker ... Max ... im Bett. Vielleicht ...
Lukas ... vor dem Spiegel. Er ... eine Krawatte ... Er ist ...

2 ⊙_11   **b |**   Wie fühlt sich Lukas? Wie fühlt sich Max? Hören Sie und kreuzen Sie an.

Lukas fühlt sich ☐ super. ☐ nicht so gut.   Max fühlt sich ☐ gut. ☐ schlecht.

Er ist ☐ besorgt. ☐ fröhlich. ☐ gestresst.   Er ist ☐ fit. ☐ müde. ☐ krank.

c | Was ist die Situation? Hören Sie noch einmal und fassen Sie kurz zusammen.

Lukas hat └─────────────────┘   Er muss └─────────────────┘

Max ist └─────────────────┘   Er kann nicht └─────────────────┘

d | Lesen Sie. Was sagt Lukas, was sagt Max? Verbinden Sie bitte.

○ Ich kann nicht. ○

○ Mach jetzt keinen Quatsch! ○

○ Mir geht's nicht gut. ○

○ Was ist denn los? ○

○ Ich weiß nicht. ○

○ Hast du Fieber? ○

○ Wo tut's denn weh? ○

○ Oh je, du Armer! ○

2 🔊_12 **e |** Hören Sie die Sätze. Markieren Sie das betonte Wort.
Spielen Sie dann das Gespräch.

> **Über das Befinden sprechen**
>
> Ich fühle mich krank.
> Ich habe Kopfschmerzen.
>   Halsschmerzen.
>   Bauchschmerzen.
> Mein Kopf / Mein Hals tut weh.
> Ich habe Fieber.

3 Wie fühlen Sie sich?

a | Welche Adjektive kennen Sie schon? Notieren Sie.

Ich fühle mich

2 🔊_13 **b |** Hören Sie. Wählen Sie dann einen Satz und sprechen Sie sehr emotional.

☺   ☹

Ich fühle mich gut!   Das freut mich!   Mir geht es miserabel!   Ach, du Arme / Armer!

Ich fühle mich wunderbar! Das ist schön!   Ich bin kaputt!   Was ist denn los?

Mir geht es super!   Prima!   Ich fühle mich schlecht! Oh, das tut mir leid!

 c | Wie fühlen sich die Personen? Ergänzen Sie die Sprechblasen.

 d | Vergleichen Sie. Lesen Sie Ihre Dialoge sehr emotional vor.   ➥ AB 2
                                                                                    ➥ IS 7/1

4 Mein Sohn, dein Sohn

a | Lukas ruft Lisa an. Was glauben Sie: Was sagt Lisa und was sagt Lukas? Machen Sie Notizen und spielen Sie das Telefongespräch.

2 ●_14 b | Hören Sie das Telefongespräch. Kommt Lisa nach Hause?

c | Fassen Sie die Situation zusammen. Bilden Sie so viele Sätze wie möglich. Vergleichen Sie mit Ihrer Lernpartnerin / Ihrem Lernpartner.

Lukas ○	○ muss (nicht) ○	○ bei Max bleiben.
Lisa ○	○ kann (nicht) ○	○ zu seinem Termin gehen.
Max ○	○ will (nicht) ○	○ nach Hause kommen.
	○ möchte (nicht) ○	○ arbeiten gehen.
		○ in die Schule gehen.
		○ zum Arzt.

> **Modalverb _dürfen / nicht dürfen_: Erlaubnis / Verbot**
>
> Ich **darf** hier telefonieren.
> Du **darfst** nicht rauchen.
> Das Kind **darf** nicht allein bleiben.
> Wir **dürfen** Musik hören.
> Ihr **dürft** hier einsteigen.
> Kinder **dürfen** hier Fußball spielen.
>
> Sie **dürfen** kein Eis essen.

5 Verboten, nicht verboten?

a | Hören Sie das Telefongespräch noch einmal. Wo ist Lisa? Darf sie dort telefonieren oder ist es verboten?

b | Was darf man im Bus nicht? Sehen Sie die Schilder an und ergänzen Sie die Sätze.

Man darf nicht	Man darf keinen Alkohol	Man darf	Man darf nicht mit Inlineskates
____	____	____	____

c | Was darf man im Bus? Sammeln Sie.

➥ AB 3–4

6 Und jetzt?

a | Was können Lukas und Max tun? Sammeln Sie Vorschläge und diskutieren Sie.

zu Hause bleiben ———— Lukas / Max kann ————

- Max kann doch …
- Nein, das geht nicht. Ein Kind kann nicht …

b | Was macht man in dieser Situation in Ihrem Land? Sprechen Sie.

7 Nicht können, wollen, müssen, dürfen!

a | Achten Sie auf die Betonung. Hören Sie und sprechen Sie nachdrücklich mit.

● ● ●   ● ● ●

A Ich kann nicht.   B Du kannst nicht.
Du willst nicht.   Ich will nicht.
Sie muss nicht.   Sie muss nicht.
Er darf nicht.   Er darf nicht.

C Oh, was denn?

AB Na, rate mal …

b | Spielen Sie das Gespräch mit Gesten wie auf dem Bild.

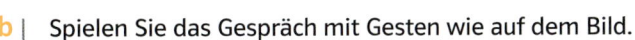

8   Im Schulsekretariat

2 🔘_16   **a** | Hören Sie. Welches Bild passt? Kreuzen Sie bitte an.

☐   Die Sekretärin hört den Anrufbeantworter ab.   ☐   Die Sekretärin telefoniert.

2 🔘_17   **b** | Hören Sie die Nachrichten. Welche verstehen Sie gut? Kreuzen Sie an.

☐   Nachricht 1   ☐   Nachricht 2   ☐   Nachricht 3   ☐   Nachricht 4

c | Hören Sie noch einmal und ergänzen Sie die Tabelle. Wo fehlen Informationen?

	Name	Vorname	Klasse	Problem
Nachricht 1				
Nachricht 2				Fieber
Nachricht 3				
Nachricht 4	Huber			

d | Sie sprechen auf einen Anrufbeantworter. Was ist wichtig? Wählen Sie aus und ergänzen Sie.

> schnell / langsam sprechen | laut / leise sprechen | Namen / Telefonnummer sagen

➥ AB 5

9   Ihre Nachricht auf dem Anrufbeantworter

2 🔘_18   Hören Sie den Anrufbeantworter und hinterlassen Sie eine Nachricht.

- Wählen Sie zuerst eine Situation: Sie sind krank, Sie rufen am Arbeitsplatz an. / Ihr Kind ist krank. Sie rufen in der Schule an.

- Planen Sie dann den Anruf. Machen Sie Notizen.

- Haben Sie ein Handy dabei? Rufen Sie Ihre Lernpartnerin / Ihren Lernpartner an. Melden Sie sich oder Ihr Kind krank. Hören Sie die Nachricht ab. Kann Ihre Lernpartnerin / Ihr Lernpartner alles verstehen? Üben Sie mehrmals.

10 Im Büro bei Bach & Co.

a | Sehen Sie die E-Mail an. Wer schreibt? An wen? Warum?
Markieren Sie die entsprechenden Stellen.

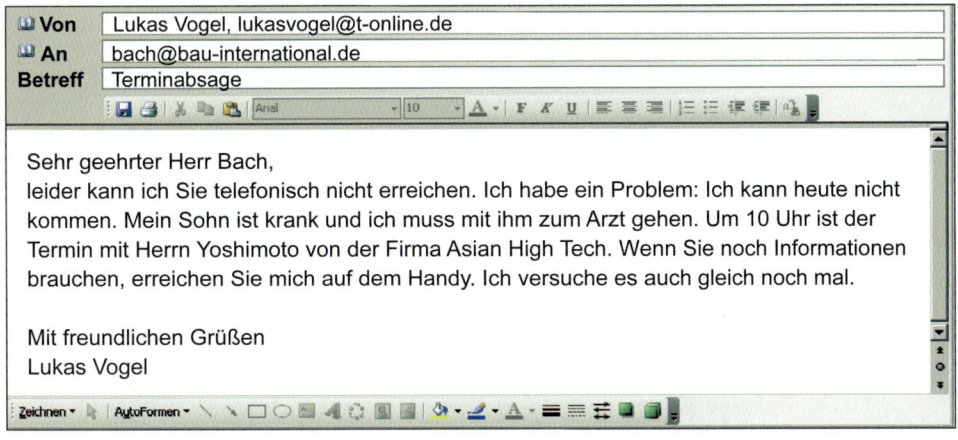

b | Lesen Sie die E-Mail. Was ist richtig? Kreuzen Sie bitte an.

1. ☐ Herr Bach ist der Chef von Lukas Vogel.
   ☐ Herr Bach ist der Geschäftspartner von Lukas Vogel.

2. ☐ Lukas hat ein Treffen mit Herrn Yoshimoto.
   ☐ Lukas möchte Herrn Yoshimoto anrufen.

3. ☐ Herr Bach braucht noch Informationen.
   ☐ Lukas ruft noch einmal an.

c | Was antwortet Herr Bach? Ordnen Sie die Textbausteine und schreiben Sie die E-Mail.

Mit freundlichen Grüßen
machen Sie sich keine Sorgen,
Frau Sandig übernimmt den Termin,
wir haben eine Lösung gefunden.
Sehr geehrter Herr Vogel,
Kommen Sie morgen wieder?
sie hat alle Informationen.
Geben Sie bitte kurz Bescheid.
Sigmund Bach

➡ AB 6–7

11 Meinungsumfrage: Wer bleibt beim Kind?

a | Lesen Sie. Was passt? Ordnen Sie die Meinungen zu.

	Die Frau muss	
	Der Mann muss	beim Kind bleiben.
	Beide können	

LESERBRIEFE

BEIM KRANKEN KIND BLEIBEN ODER ARBEITEN GEHEN?

Also für mich ist die Sache klar – kranke Kinder brauchen ihre Mütter. Frauen verstehen einfach besser, was Kinder haben. Wenn unser Kind weint, weiß meine Frau sofort: Hunger, Bauchweh, Langeweile. Ich stehe hilflos daneben und habe keine Ahnung. Brauchen wir einen Arzt oder nicht? Das kann meine Frau einfach viel besser entscheiden.
Joachim Nagel, Wien

Also meine Frau und ich, wir wechseln uns ab. Einmal bleibt sie zu Hause, einmal ich. Das ist unser Recht, da darf der Chef nichts sagen. Auch ein Vater muss sich um sein krankes Kind kümmern. Ich will immer für mein Kind da sein – auch wenn es krank ist oder Kummer hat. Sonst bin ich ja nur ein halber Vater.
Markus Stengel, Bielefeld

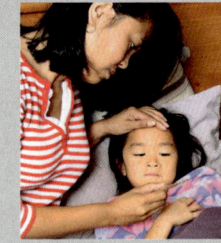

Ich habe drei Kinder, und eins ist immer krank. Ich arbeite nur halbtags, damit ich mich um die Kinder kümmern kann. Ich möchte gerne mehr arbeiten, aber was kann ich machen? Mein Mann arbeitet viel. Für seine Karriere ist es nicht gut, wenn er zu Hause bleibt. Einer muss in den sauren Apfel beißen – und das ist nun mal meistens die Frau. Die darf nicht an sich denken.
Maria Strobel, Potsdam

Frauen oder Männer – wer zu Hause bleibt, ist doch vollkommen egal. Hauptsache, das Kind ist nicht allein. Ab und zu fehlt doch jeder. Der eine hat Kopfschmerzen, der andere ein Problem mit der Heizung, der nächste hat ein krankes Kind. Man darf nur nicht zu oft fehlen.
Natalia Mikhailova per E-Mail

b | Markieren Sie den wichtigsten Satz in jeder Meinung. Vergleichen Sie dann mit Ihrer Lernpartnerin / Ihrem Lernpartner.

c | Wie ist Ihre Meinung? Suchen Sie Wörter und Ausdrücke in den Texten und machen Sie Notizen. Schreiben Sie dann einen Leserbrief. Ihre Notizen helfen dabei.

> Kranke Kinder brauchen …
>
> Das ist mein Recht.
>
> Für meine Karriere …

Ich finde, _____

_____

_____

_____

_____

d | Korrigieren Sie die Texte. Achten Sie auf Folgendes:

- Verstehen Sie den Leserbrief? Ist der Aufbau logisch?
- Grammatik: Passen die Verben zum Subjekt? Steht das Verb an der richtigen Stelle im Satz?
- Rechtschreibung: Sind Nomen großgeschrieben?

e | Machen Sie ein Meinungsbild an der Tafel. Was denkt die Mehrheit?

Die Frau muss beim Kranken Kind bleiben.	Der Mann muss beim Kranken Kind bleiben.	Beide Können beim Kranken Kind bleiben.	Sonstiges
III	III	I	Kinder müssen zu Oma und Opa gehen

➥ AB 8

12 Wählen Sie eine Aufgabe.

- Sie können nicht arbeiten oder in den Deutschkurs gehen. Schreiben Sie eine E-Mail.
- Lukas ruft Herrn Bach an und erreicht ihn. Spielen Sie das Telefongespräch.
- Beruf und Familie: Wie ist das bei Ihnen? Diskutieren Sie.

Dr. Yusuf Dürrmaier

Arzt für Allgemeinmedizin

Sprechstunde Mo–Fr 8:30–12 Uhr,
Mo, Di, Do 14–17:30 Uhr
alle Kassen

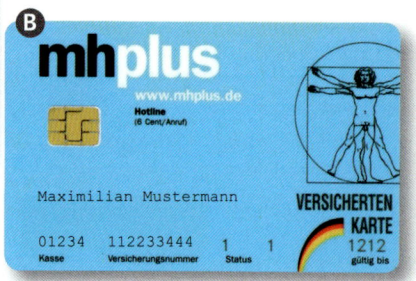

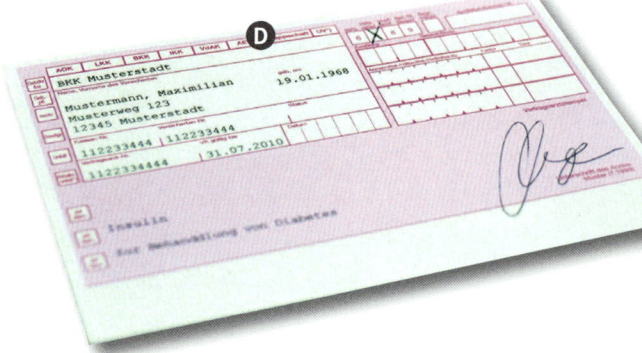

13   **Ärzte-Deutsch**

2 🔊 _19   **a** | Hören Sie und lesen Sie. Welcher Dialog passt zu welchem Bild? Ordnen Sie bitte zu.

1.
A   Das Rezept bekommen Sie vorn bei der
    Sprechstundenhilfe.
B   Danke schön.

2.
A   Darf ich arbeiten?
B   Nein, Sie müssen die ganze Woche zu
    Hause bleiben.
A   Oh je. Dann brauche ich eine Krankmel-
    dung.

3.
A   Waren Sie in diesem Quartal schon da?
B   Nein, noch nicht.
A   Dann bekomme ich 10 € Praxisgebühr.
    Nehmen Sie bitte im Wartezimmer Platz.

4.
A   Ich brauche noch eine Überweisung zum
    Hautarzt.
B   Ja, einen Moment bitte.

A	B	C	D	E	F	G

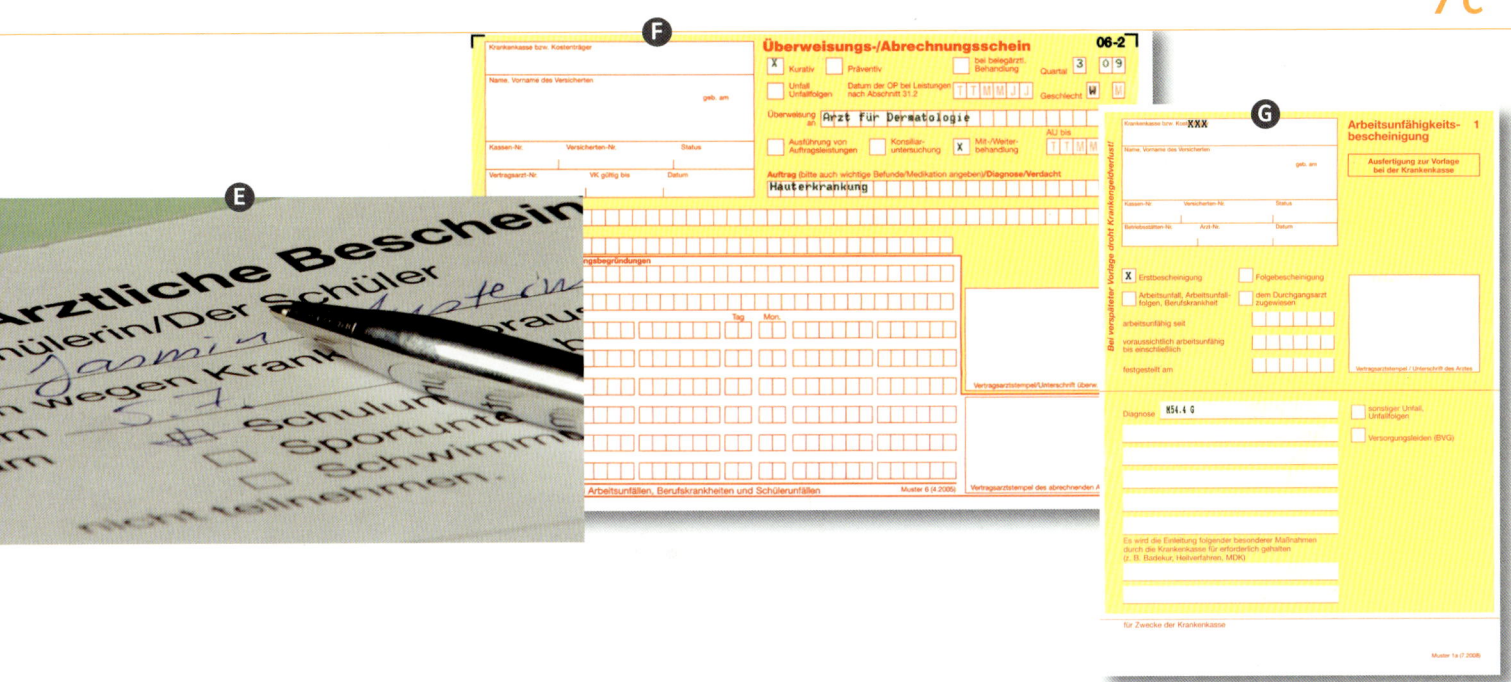

5.

A Hier ist dein Attest. Du kannst bis Freitag nicht in die Schule gehen.

B Sup… Oh, wie schade!

6.

A Ihre Versichertenkarte bitte.

B Die habe ich leider nicht dabei.

A Sie müssen sie in den nächsten Tagen vorbeibringen.

B Ja, mache ich.

7.

Guten Tag, hier spricht der automatische Anrufbeantworter der Praxis Dr. Dürrmaier. Sie rufen außerhalb unserer Sprechzeiten an. Wir haben montags bis freitags von 8:30 Uhr bis 12 Uhr und …

b | Wer bekommt was? Sortieren Sie bitte.

> die Praxisgebühr | das Rezept | die Versichertenkarte |
> der Überweisungsschein | das Attest | die Krankmeldung

Patient / Patientin	Sprechstundenhilfe

➥ AB 9–10   ➥ IS 7/2,3

14 Gute Besserung!

a | Sehen Sie das Bild an. Wo sind Max und Lukas?

b | Wen treffen sie dort? Hören Sie.

2 🔴_20

c | Was sagt der Arzt? Hören Sie noch einmal und wählen Sie aus.

1. ☐ Wo tut's denn weh?   ☐ Was fehlt dir denn?
2. ☐ Zieh bitte das T-Shirt aus und   ☐ Mach bitte den Mund auf.
   atme tief ein.
3. ☐ Du hast akute Grippe.   ☐ Du hast Schnupfen und eine Mandelentzündung.
4. ☐ Du musst heute und morgen im ☐ Du kannst morgen wieder in die Schule gehen.
   Bett bleiben.
5. ☐ Ich schreibe ein Medikament auf. ☐ Die Tabletten sind gegen die Halsschmerzen.

↳ AB 11–13

15 Vor oder nach dem Essen?

a | Wann muss man das Medikament einnehmen? Lesen Sie und markieren Sie bitte.

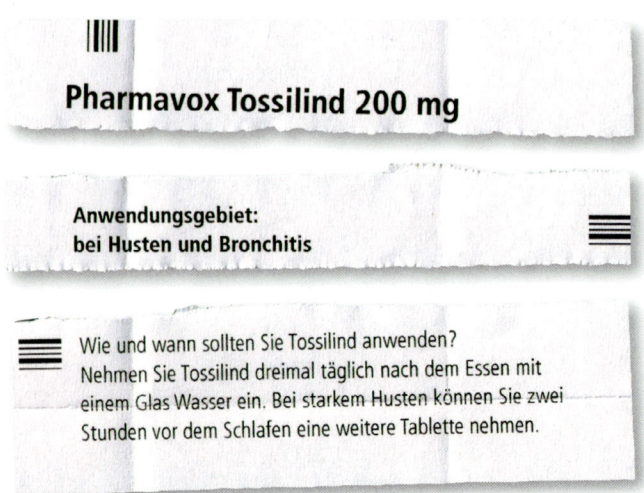

Pharmavox Tossilind 200 mg

Anwendungsgebiet:
bei Husten und Bronchitis

Wie und wann sollten Sie Tossilind anwenden?
Nehmen Sie Tossilind dreimal täglich nach dem Essen mit
einem Glas Wasser ein. Bei starkem Husten können Sie zwei
Stunden vor dem Schlafen eine weitere Tablette nehmen.

> **Temporalangaben: *vor, nach, zwischen***
>
> **vor** dem Essen
> **nach** dem Essen
> **zwischen** den Mahlzeiten

b | Bringen Sie Beipackzettel von zu Hause oder aus dem Internet mit.
Wann muss man die Medikamente nehmen? Vergleichen Sie.

↳ AB 14
↳ IS 7/4

16 Z – gar nicht kompliziert!

 a | Hören Sie. Gar nicht so einfach? Überlegen Sie, warum.

Zwei Ärzte aus **Zeitz** und aus **Pots**dam verschrieben **Zä**zilie **Zach**arias **zehn** Her**z**schmer**z**tabletten und Kurt Kur**z zwölf** Hal**s**schmer**z**tabletten **zw**eimal täglich **zw**ischen den Mahl**z**eiten.

Aussprache [ts]

Der Trick zum Z:
Üben Sie erst langsam, dann schneller:
recht + s = rechts
kurt + s = kurz

b | Wählen Sie ein Z-Wort und üben Sie zu zweit. Wer kann es ohne Fehler sprechen?

c | Zungenbrecher – haben Sie Lust? Sprechen Sie den Zungenbrecher von a und suchen Sie weitere Zungenbrecher mit Z im Internet. Bringen Sie Zungenbrecher aus Ihrer Muttersprache mit.   ➥ AB 15

17 Wie war dein Tag?

a | Was haben Lukas und Max gemacht?
Bringen Sie die Bilder in eine Reihenfolge und
notieren Sie zu jedem Bild Wörter und Ausdrücke.

Zuerst:

Dann:

Danach:

Zum Schluss:

 b | Schreiben Sie eine kleine Geschichte.

 c | Vergleichen Sie, korrigieren Sie.

 d | Wie war Ihr Tag? Erzählen Sie Ihrer Lernpartnerin / Ihrem Lernpartner.
   ➥ AB 16

Zeitliche Abfolge

zuerst
dann / danach
zum Schluss

◼ Ein Gedicht: Bahnhof

2 ⊙_22 **a |** Hören Sie und lesen Sie. Was fühlt der Mann?

Gino Chiellino

Bahnhof

I
In der Anonymität
der Bahnhöfe
wo
Warten für uns
ein Zuhause
ist
sprechen
wir
mit jedem
wie
auf dem Platz eines Dorfes

Aus: Mein fremder Alltag

II
Ich sitze
mit meiner schwarzen Mütze
auf dem Bahnhof
und lausche
der Sprache der Züge

◼ Streit

2 ⊙_23 **a |** Hören Sie und sprechen Sie leise mit. Achten Sie auf die betonten Wörter.

1.
A Ich will fernsehen | spielen | telefonieren | nach Hause gehen | …
B Du darfst aber nicht fernsehen.
A Ich will aber fernsehen.
B Nein, du darfst nicht.
A Doch, ich will!
B Du darfst aber nicht!
A Ich will aber!
B …

2.
A Ich will nicht aufstehen | essen | Rad fahren | zu Hause bleiben | …
B Du musst aber aufstehen.
A Ich will nicht aufstehen!
B Du musst aber.
A Ich will nicht.
B Du musst!
A Ich will aber nicht!
B …

b | Spielen Sie ein Streitgespräch mit Gesten. Variieren Sie. Wer gewinnt den Streit?

Ärztetipps

Machen Sie eine Liste: Welche Ärzte haben Sie, welche Ärzte brauchen Sie noch? Holen Sie sich Tipps im Kurs und suchen Sie im Internet oder im Telefonbuch.

Facharzt	Name	Adresse	Telefonnummer
Hausarzt			
Kinderarzt			
Zahnarzt			

FOKUS LANDESKUNDE

In Deutschland spricht man eher in der Familie oder mit Freunden über Krankheiten. Aber am Arbeitsplatz spricht man wenig über Gesundheitsprobleme. Die meisten Leute gehen mit Schnupfen und leichten Halsschmerzen arbeiten.

Internationale Hausmittel

Welche Hausmittel kennen Sie gegen Krankheiten? Machen Sie ein Poster.

Honig gegen Halsschmerzen

Wadenwickel gegen Fieber

Knoblauch gegen Bluthochdruck

8 Von Termin zu Termin

1 Ein voller Terminkalender

a | Lesen Sie den Kalender. Wem gehört er? Wie ist die Person? Spekulieren Sie.
Vergleichen Sie dann Ihre Ideen.

- Mann / Frau?
- Alter?
- Familienstand?
- Beruf?
- Hobbys?
- …

Ich glaube, die Person ist …

30.8.	Di 31.8.	Mi 1.9.	Do 2.9.
11⁰⁰ Kundenbesuch 14⁰⁰ Telefontermin mit der Firma Haag	7⁰⁰ Auto in die Werkstatt bringen 19⁰⁰ Fitnessstudio	9³⁰–16³⁰ Schulung „Kundenfreundliche Kommunikation"	10⁰⁰ Besprechung mit Frau Klein 19³⁰ Elternabend

b | Zu welcher Kategorie gehören die Termine? Sortieren Sie.

beruflich	privat

c | Welche beruflichen oder privaten Termine haben Sie nächste Woche?
Gestalten Sie das leere Feld mit Ihren Daten. Vergleichen Sie.

▪ **Nächsten Montag gehe ich zum Arzt | zum Frisör | …**
▪ **Am Dienstag habe ich einen Termin … | …**
▪ **Am Freitagabend treffe ich | besuche ich …**
▪ **Am Wochenende gehe ich ins Fitnessstudio | auf ein Geburtstagsfest | …**
   mache ich einen Ausflug | …

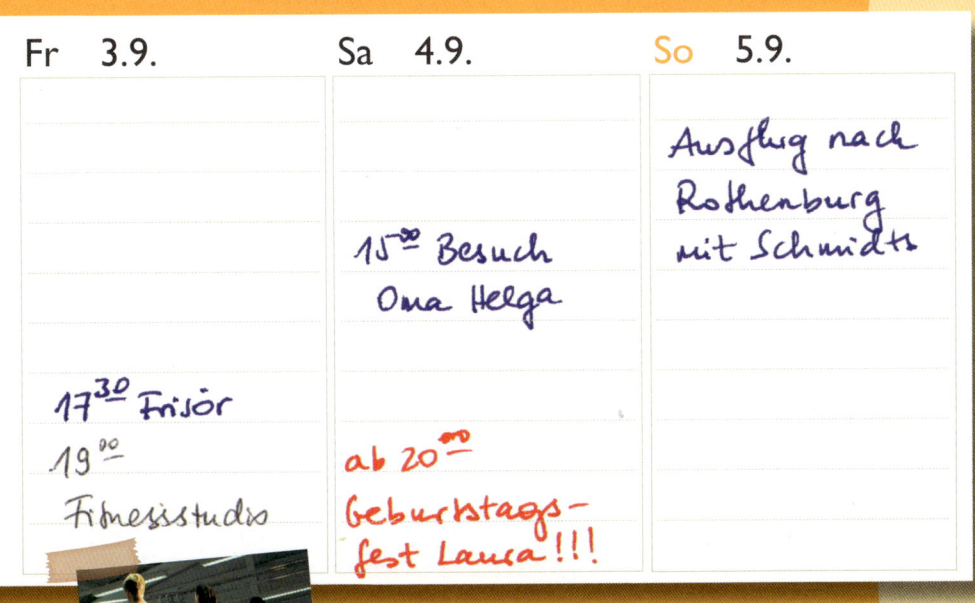

Fr 3.9.	Sa 4.9.	So 5.9.
		Ausflug nach Rothenburg mit Schmidts
	15⁰⁰ Besuch Oma Helga	
17³⁰ Frisör 19⁰⁰ Fitnessstudio	ab 20⁰⁰ Geburtstagsfest Laura!!!	

Kommunikative Lernziele:

▪ das Datum angeben
▪ Termine vereinbaren
▪ auf eine Einladung reagieren
▪ etwas begründen
▪ Schichttausch / Vertretung organisieren
▪ Smalltalk zu verschiedenen Themen
▪ eine Speisekarte lesen
▪ im Restaurant etwas bestellen und bezahlen
▪ jemandem das Du anbieten

Wortschatz und Strukturen:

▪ Ordinalzahlen: *der erste …, der zweite …*
▪ Temporalangaben: Monate, Jahreszahlen
▪ Personalpronomen im Akkusativ
▪ *nämlich*
▪ Speisen und Getränke
▪ Graduierung: *sehr, ziemlich, extrem, …*
▪ Indefinitpronomen: *alles, nichts, …*
▪ Wortakzent: Komposita
▪ Aussprache R-Laute

2   **Von Monat zu Monat**

2 🔵 _24   **a |**   Hören Sie die Monate. Wo ist der Wortakzent? Markieren Sie bitte.

Ju·li | Ja·nu·ar | Ok·to·ber | März | Feb·ru·ar | Ap·ril | No·vem·ber |
Ju·ni | Mai | Sep·tem·ber | De·zem·ber | Au·gust

b | Bringen Sie die Monate in die richtige Reihenfolge. Lesen Sie vor.

c | Kettenspiel: Jeder nennt zu einem Monat ein wichtiges Ereignis.

Im … habe ich Geburtstag. – Im … heirate ich! – Im … mache ich Urlaub! – Im … kaufe ich … –
Im … gehe ich ins Konzert von … – Im … mache ich einen Computerkurs. – …

➥ AB 1–2

3   **Heute ist der …**

December – Décembre – Dezember – Diciembre / January – Janvier – Januar – Enero						
27 Mo	28 Di	29 Mi	30 Do	31 Fr	1 Sa	2 So
				New Years Eve Saint-Sylvestre Silvester Nochevieja	New Year Nouvel An Neujahr Año Nuevo	

a | Lesen Sie den Kalender und verbinden Sie bitte.

Der siebenundzwanzigste Dezember ○   ○ ist ein Sonntag.

Der einunddreißigste Dezember ○   ○ ist ein Feiertag.

Der erste Januar ○   ○ ist ein Arbeitstag.

Der zweite Januar ○   ○ ist der letzte Tag im Jahr.

b | Der Wievielte ist heute? Ergänzen Sie.

Heute |_____| zweitausend |_____|

c | Notieren Sie das Datum in Ihrer Sprache. Vergleichen Sie.

|_____|

➥ AB 3–4

Das Datum angeben (1)

Heute ist …
1. 2. – der erste Februar / der **erste** Zwei**te**
3. 4. – der dritte April / der **dritte** Vier**te**
5. 6. – der fünfte Juni / der fünf**te** Sechs**te**
7. 8. – der siebte August / der **siebte** Ach**te**
9. 10. – der neunte Oktober / der neun**te** Zehn**te**
11. 12. – der elfte Dezember / der elf**te** Zwölf**te**
20. 12. – der zwanzig**ste** Zwölfte

1997 – **neunzehnhundert**siebenundneunzig
2010 – zweitausendzehn

4 Persönliche Daten

a | Wann war das? Sehen Sie die Fotos an und ordnen Sie die Sprechblasen zu.

Am 1.11.2000 habe ich mein Lokal aufgemacht.

Am 15.05.1992 bin ich nach Deutschland gegangen.

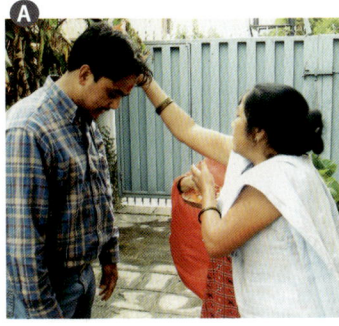

Am 6.02.2009 ist mein Sohn geboren.

Am 12.09.2003 habe ich geheiratet.

b | Welche Daten sind für Sie wichtig? Sprechen Sie.

- Am ... habe ich geheiratet.
- Am ... bin ich | ist mein Sohn | ist meine Tochter geboren.
- Am ... habe ich ... kennen gelernt.
- Am ... bin ich nach Deutschland gekommen.
- ...

➥ AB 5

5 Wann war denn das?

 2 _25 **a** | Wann hat sich das Ehepaar kennen gelernt?
Hören Sie.

b | Spielen Sie das Gespräch.

A Sag mal, wann war denn das?
B Am ersten Mai.
A Am ersten? Nein, am vierten.
B Am vierten? Nein, ich glaube, das war am siebten.
A Am siebten Fünften?
B Genau. Am siebten Mai neunzehnhundertsechzig.

➥ IS 8/1

Das Datum angeben (2)

Wann?
am ersten Mai
am vierzehnten April
am dreißigsten Siebten

im Juli
im August

6 | Mein Terminkalender

a | Wer hat welchen Kalender? Lesen Sie und ordnen Sie zu.

Haben Sie einen Terminkalender?

Jochen Laufer, Historiker

„Ich brauche keinen Kalender. Ich habe meine Termine im Kopf."

„Aber ja. Den habe ich immer in meinem Rucksack. Ohne Kalender geht es bei mir nicht."

Martin Müller, Koch-Azubi

„Natürlich. Er ist in der Küche, an der Wand. Da trägt die ganze Familie ihre Termine ein. So haben wir alles im Blick!"

Katharina Lobert, Hausfrau

„Mein Kalender ist ein Computerprogramm. Das finde ich sehr praktisch."

Christa Reichmann, Mathematiklehrerin

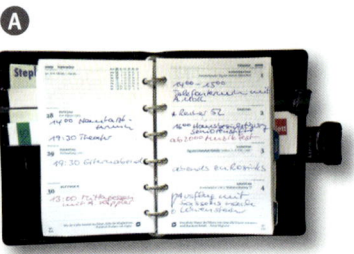

A

der Taschenkalender

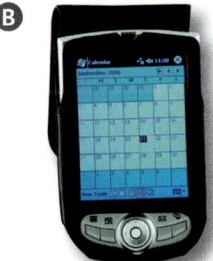

B

der elektronische Kalender

C

der Wandkalender

b | Haben Sie einen Kalender? Welcher Kalendertyp sind Sie? Erzählen Sie.

- Mein Handy ist mein Kalender.
- Ich schreibe alle Termine auf Notizzettel.

7 | R-Laute im Kalender

2 ◉_26 a | Hören Sie und achten Sie auf die R-Laute.

R klingt deutlich [r]

R klingt undeutlich [ɐ]

April	September
Freitag, 3. April	Donnerstag, 4. September
Renates Brille abholen	Peters Uhr abholen
dreißig rote Rosen vom Markt	Klavierstunde bei Peter
Renate hat Geburtstag!!!	Theater mit Mutter

b | Hören Sie noch einmal und sprechen Sie nach.

2 🔵 _27 **c |** Deutlich oder undeutlich? Hören Sie und kreuzen Sie an. Lesen Sie dann vor.

deutlich	undeutlich

Vater besuchen
Feiertag
Radio reparieren
Urlaub am Meer
Brief schreiben
Rudi heiratet

> **Aussprache R-Laute**
>
> - nach langen Vokalen und in *-er* wie ein Vokal [ɐ]: Uhr, Mutter
> - sonst wie ein Konsonant [r]: rot, Brille (aber auch hier sehr schwach, fast wie *ch* in *auch*)
>
> Der Trick zum deutlichen R – üben Sie so: … auch rot

8 Einen Termin machen oder einen Termin absagen

2 🔵 _28 **a |** Wer macht was? Hören Sie und kreuzen Sie an.

	macht einen Termin	sagt einen Termin ab	macht einen neuen Termin
Anruf 1			
Anruf 2			

b | Wann sind die endgültigen Termine? Hören Sie noch einmal und notieren Sie.

 c | Sie möchten einen Termin machen. Welche Redemittel sind wichtig? Sortieren Sie bitte.

> Einen Moment bitte. | Können Sie den Termin noch einmal wiederholen? |
> Wie bitte? | Auf Wiederhören. | Dann bis zum … | Hallo. | Am … sagen Sie? |
> Ich sehe mal nach. | Hier ist … | Wie war Ihr Name? | Ich möchte einen Termin.

Gespräch anfangen	nachfragen	Zeit gewinnen	Gespräch beenden

d | Sie brauchen einen Termin (Frisör / Autowerkstatt / Arzt / …). Machen Sie Notizen für ein Telefongespräch. Haben Sie ein Handy dabei? Spielen Sie ein Telefongespräch.

➥ AB 6
➥ IS 8 / 2,3

9 **Immer ich!**

a | Sehen Sie das Bild an. Wie ist die Stimmung? Spekulieren Sie.

2 🔘 _29 **b** | Über welche Termine sprechen Lisa und Lukas? Hören Sie und markieren Sie.

ein Arzttermin | ein Elternabend | ein Treffen mit Freunden | ein Geschäftsessen |
ein Kegelabend | ein Kundentermin

c | Hören Sie noch einmal. Ordnen Sie dann den Dialog.

> Kannst du da? | Okay, schon gut. | Aber einer von uns muss da hin. | Immer muss ich
> meine Termine verschieben! | Nein, da habe ich einen Kundentermin. | Tut mir leid,
> ich kann doch nichts dafür. | Ich weiß, aber ich kann da nicht.

Lisa: Am Mittwoch ist Elternabend.

Lukas:

Lisa:

Lukas:

Lisa:

Lukas:

Lisa:

d | Lesen Sie den Dialog emotional vor. Wer kann es sehr nett? Und wer kann es richtig wütend?
Stimmen Sie ab.

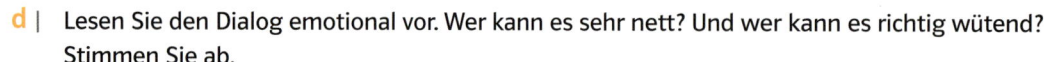
35

einhundertsechsunddreißig   8 Von Termin zu Termin | 8 A_Wann haben Sie Zeit?

10 Einladungen

a | An wen sind die Einladungen?
Ergänzen Sie die Anrede.

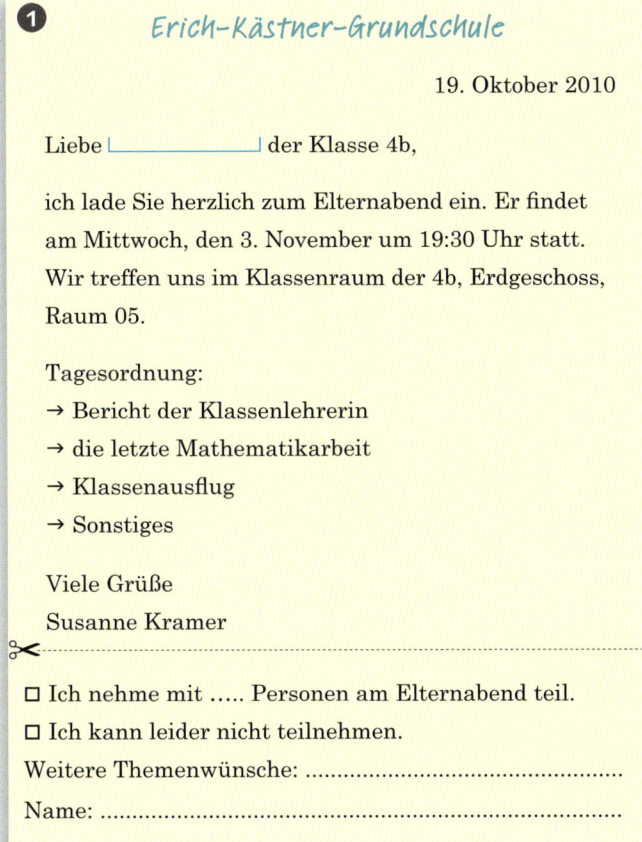

❶ Erich-Kästner-Grundschule

19. Oktober 2010

Liebe └─────────┘ der Klasse 4b,

ich lade Sie herzlich zum Elternabend ein. Er findet
am Mittwoch, den 3. November um 19:30 Uhr statt.
Wir treffen uns im Klassenraum der 4b, Erdgeschoss,
Raum 05.

Tagesordnung:
→ Bericht der Klassenlehrerin
→ die letzte Mathematikarbeit
→ Klassenausflug
→ Sonstiges

Viele Grüße
Susanne Kramer

✄--

☐ Ich nehme mit ….. Personen am Elternabend teil.
☐ Ich kann leider nicht teilnehmen.
Weitere Themenwünsche: …………………………………
Name: …………………………………………………

❷ Erich-Kästner-Grundschule

4. November 2010

Liebe └─────────┘,

ich lade euch zu unserem Klassenfest am 20. November
ein. Wir feiern ab 15 Uhr im Klassenraum. Wer bringt
Tee mit? Wer backt einen Kuchen? Füllt bitte den
Abschnitt unten aus.

Eure Klassenlehrerin
Susanne Kramer

✄--

☐ Ich bringe Tee mit.
☐ Ich backe einen Kuchen.
Name: ……………………………………………………

b | Was? Wann? Wo? Lesen Sie und markieren Sie die Schlüsselinformationen.

c | Füllen Sie den Abschnitt in Brief 1 unten aus. Ergänzen Sie Themenwünsche.

➡ AB 7–10
➡ IS 8/4

Personalpronomen im Akkusativ

Ich lade **dich** ein.
Du lädst **mich** ein.
Wir laden **ihn / sie** ein.
Wir laden **euch** ein.
Ladet ihr **uns** ein?
Wer lädt **sie** ein?

Ich lade **Sie** herzlich ein.

11 Wählen Sie eine Aufgabe.

▪ Welche Daten sind in Ihrem Leben wichtig? Schreiben Sie und gestalten Sie eine Seite.

▪ Sie haben eine Einladung bekommen, aber Sie können nicht hingehen. Schreiben Sie eine kurze Absage.

▪ Sie möchten zu dritt Deutsch lernen. Finden Sie einen Termin.

▪ Ich habe am Dienstagnachmittag Zeit. Können Sie / Könnt ihr um … Uhr?
▫ Da kann ich leider nicht.
○ Da habe ich auch keine Zeit, da muss ich …
▪ Geht es am Mittwoch um …?

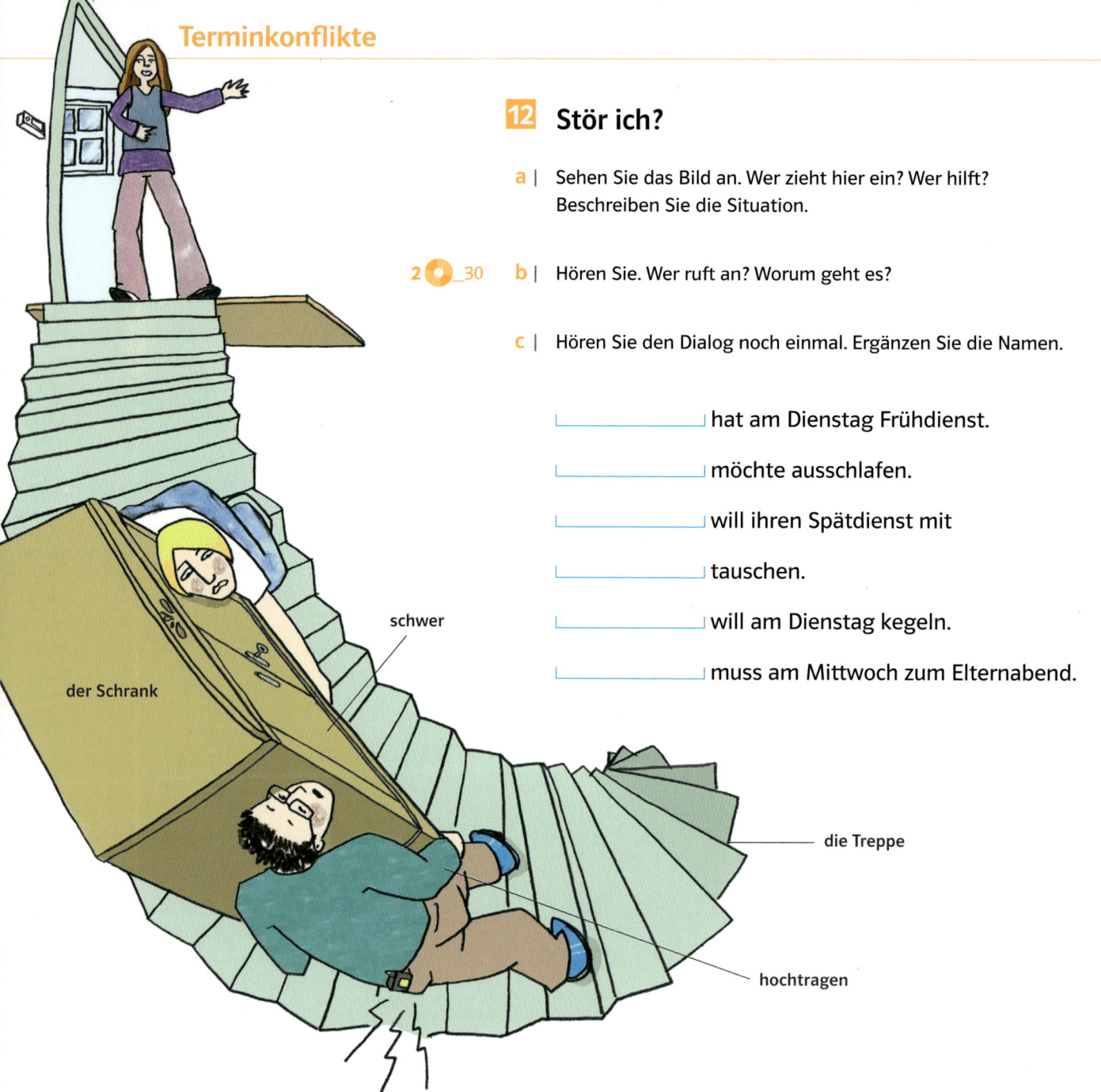

12 Stör ich?

a | Sehen Sie das Bild an. Wer zieht hier ein? Wer hilft?
Beschreiben Sie die Situation.

2 ⊙ _30 b | Hören Sie. Wer ruft an? Worum geht es?

c | Hören Sie den Dialog noch einmal. Ergänzen Sie die Namen.

|_____| hat am Dienstag Frühdienst.

|_____| möchte ausschlafen.

|_____| will ihren Spätdienst mit

|_____| tauschen.

|_____| will am Dienstag kegeln.

|_____| muss am Mittwoch zum Elternabend.

schwer

der Schrank

die Treppe

hochtragen

13 Den Dienst tauschen

Lesen Sie die E-Mail von Frau Becker. Was hat Lisa Vogel geschrieben?
Schreiben Sie die E-Mail mithilfe des Notizzettels.

E-Mail an Stationsschwester
2.11.: Dienst tauschen mit
M. Neumann
(Spätdienst → Frühdienst)

📖 Von	b.becker@klinikumneustadt.de
📖 An	lisvogel@t-online.de
Betreff	Diensttausch

Hallo Frau Vogel,
Sie können den Dienst gern mit Herrn Neumann tauschen, das ist kein Problem.

Viele Grüße
Bettina Becker
Stationsschwester

14 Hilfe von Kollegen

a | Lesen Sie.

> Können wir am Freitag die Schicht tauschen? Da haben meine Frau und ich nämlich Hochzeitstag!

> Ich muss das dringend zur Post bringen. Können Sie mich einen Moment am Telefon vertreten?

> Können Sie den Brief schreiben? Ich muss nämlich gleich gehen. Ich habe einen Arzttermin.

> **Etwas begründen:** *nämlich*
>
> Ich kann leider nicht kommen.
> Ich muss **nämlich** zum Arzt.

b | Markieren Sie die Begründungen.

c | Was sagen Sie zu Ihren Kolleginnen / Kollegen? Lesen Sie und formulieren Sie eine Bitte.

1. Sie sind Taxifahrer / Taxifahrerin. Sie haben Nachtschicht, aber Ihr Kind ist krank.
2. Sie sind Sprechstundenhilfe. Sie müssen kurz ins Labor.
3. Sie sind Sekretärin. Sie müssen noch eine Einladung schreiben, aber Sie haben starke Kopfschmerzen und möchten nach Hause gehen.

d | Sortieren Sie bitte die Antworten.

> Klar, kein Problem. | Tut mir leid, ich habe keine Zeit. | Selbstverständlich. |
> Ich weiß nicht. Ich muss erst im Kalender nachsehen. | Aber ja, das mache ich gern. |
> Da kann ich leider auch nicht.

+	–	?

e | Spielen Sie Dialoge: Suchen Sie eine Vertretung oder tauschen Sie.

→ AB 11

8 C   Nach der Arbeit

15 Im Gartenlokal

a | Sehen Sie das Bild an.
Was passiert hier alles? Sammeln Sie.

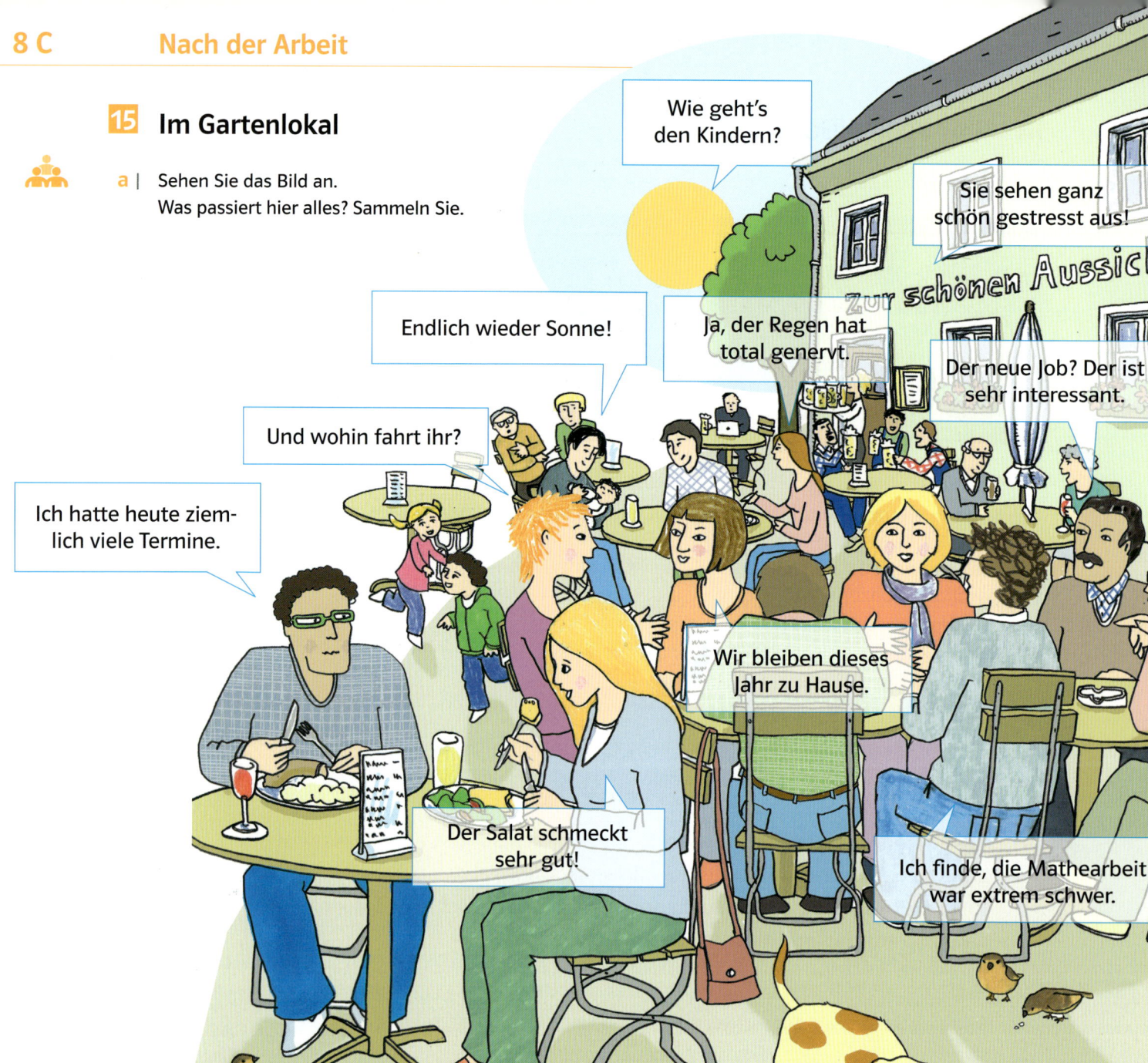

> Wie geht's den Kindern?

> Sie sehen ganz schön gestresst aus!

> Endlich wieder Sonne!

> Ja, der Regen hat total genervt.

> Der neue Job? Der ist sehr interessant.

> Und wohin fahrt ihr?

> Ich hatte heute ziemlich viele Termine.

> Wir bleiben dieses Jahr zu Hause.

> Der Salat schmeckt sehr gut!

> Ich finde, die Mathearbeit war extrem schwer.

b | Über welche Themen sprechen die Leute? Lesen Sie die Sprechblasen und ordnen Sie zu.

> Wetter | Arbeit | Schule | Familie | Urlaub | Essen

Eine Aussage verstärken

+   Sie sehen **ganz schön** gestresst aus.
+   Ich bin **ziemlich** müde.
++   Der Job ist **sehr** interessant.
+++   Der Regen hat **total** genervt.
+++   Die Mathearbeit war **extrem** schwer.

c | Wählen Sie ein Thema und sammeln Sie Redemittel.
Spielen Sie kleine Szenen.

Das Essen ist sehr lecker. | Die Lehrerin ist total nett. |
Das Wetter war extrem schlecht. | Die Arbeit ist ziemlich stressig. | …

➡ AB 12

16 Speisen und Getränke

SPEISEN		€
Bratwurst mit Brot		3,50
Halbes Grillhähnchen		5,60
Paniertes Schnitzel mit Kartoffelsalat		6,80
Portion Pommes		1,90
Salatteller mit Käse oder Schinken		6,70
Brezel		0,80
Apfelkuchen	Stück	2,50
Eis (Schokolade, Vanille, Erdbeere)	Kugel	0,80
	mit Sahne	1,00

GETRÄNKE	l	€
Mineralwasser	0,5	2,00
Apfelsaft	0,2	1,70
	0,4	2,80
Cola	0,33	1,80
Weizenbier	0,5	2,70
Pils	0,3	2,20
	0,4	2,80
Rotwein	0,2	2,50
Weißwein	0,2	2,50
Tasse Kaffee		1,80

a | Lesen Sie die Speisekarte. Notieren Sie jeweils drei Beispiele.

warm: *Kaffee*

kalt: *Salat*

alkoholisch:

nicht alkoholisch:

süß:

salzig:

b | Was fehlt? Ergänzen Sie Ihre Lieblingsgetränke oder Lieblingsspeisen.

2 _31 c | Was bestellen die Personen? Hören Sie und sprechen Sie nach.

> Ich möchte …

> Ich nehme …

> Ich hätte gern …

Bratwurst | Putenschnitzel | Grillhähnchen | Weißwein | Rotwein |
Weizenbier | Apfelsaft | Mineralwasser | Vanilleeis

d | Bestellen Sie die Speisen aus c nachdrücklich und klopfen Sie
bei der betonten Silbe. Kombinieren Sie auch weiter.

- Apfelsaft, Apfelwein, …
- Vanilleeis, Erdbeereis, …

➡ AB 13 – 14

Wortakzent

Bei Nomen aus zwei Wörtern liegt der Akzent
auf dem ersten Wort: rot + Wein → Rotwein

17 Bestellen und bezahlen

a | Sehen Sie das Foto an.
Was sagen die Personen?

2 ○_32 **b |** Bringen Sie die Dialoge in die richtige Reihenfolge. Hören Sie dann zur Kontrolle.

1.

	Und was nehmen Sie bitte?
	Ich hätte gern einen Apfelsaft und einen Salatteller.
	Groß oder klein?
	Mit Schinken?
1	Was darf es sein?
	Groß bitte! Ich habe Durst!
	Möchten Sie auch etwas essen?
	Nein, mit Käse bitte.
	Ich nehme ein Pils.
	Danke, ich möchte nichts.

2.

1	Die Rechnung bitte!
	Ja, danke. Es war nur zu viel.
	Geht es zusammen oder getrennt?
	Ich hatte noch ein Pils.
	Das macht dann 11,20 Euro.
	Alles zusammen bitte.
	Sofort. Hat es Ihnen geschmeckt?
	Danke und noch einen schönen Abend.
	Also, sie hatten einen Salat mit Käse und einen Apfelsaft. War das alles?
	12 Euro. Stimmt so.

> **Indefinitpronomen**
>
> Möchten Sie **etwas** essen?
> Danke, ich möchte **nichts**.
> Es war zu **viel**.
> Ist das **alles**?

c | Wer sagt was? Notieren Sie bitte wichtige Redemittel.

	Kellner / Kellnerin	Gast
bestellen		
bezahlen		

d | Wählen Sie von der Speisekarte auf S. 141. Spielen Sie Dialoge.

⇨ AB 15

18 Gute Idee!

a | Was bestellen Lisa und Annette Frey?
Hören Sie und notieren Sie bitte.

b | Was denken Sie: Warum bietet
Lisa Vogel Annette Frey das Du an?

- Lisa findet Annette Frey …
- Sie sind gleich alt.
- Max und Paul …

Wollen wir uns nicht duzen?

c | Hat Ihnen schon einmal jemand das Du angeboten?
Erzählen Sie.

19 Duzen oder siezen?

a | Lesen Sie. Gibt es den Unterschied „duzen / siezen" in Ihrer Sprache?

Siezen in Deutschland

Früher war die Sache klar: Man hat sich gesiezt. Doch das Siezen kommt immer mehr aus der Mode – heute ist Duzen vor allem bei jungen Leuten cool. Im Berufsleben gilt zwar meist immer noch das Sie, bei einigen Firmen aber, wie IKEA zum Beispiel, wird sogar der Kunde geduzt.

Trotzdem gibt es für viele Leute immer noch Regeln: 1. der Ältere bietet dem Jüngeren das Du an; 2. die Frau dem Mann; 3. der Vorgesetzte seinem Mitarbeiter.
Und nicht vergessen: Das Sie hat auch Vorteile. Es schafft Distanz und das ist nicht immer schlecht.

b | Wen duzen Sie, wen siezen Sie in Deutschland? Wen möchten Sie gern duzen? Sprechen Sie.

➥ AB 16

Kalender international

Gestalten Sie einen Kalender in allen Kurssprachen.

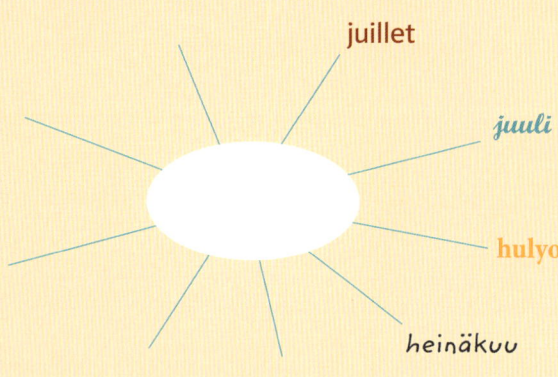

juillet

juuli

hulyo

heinäkuu

Verdrehte Welt

a | Lesen Sie den Text der Berliner Autorin Monika Maron. Welche Überschrift passt?

☐ Keine Zeit!   ☐ Immer zu spät!   ☐ Alles ausverkauft!

> Wir müssen uns beeilen, immerzu beeilen. Zum Wurstladen, zur Sparkasse, ins
> Büro, in den Kindergarten, zur S-Bahn. Überall können wir zu spät kommen. Das
> Geld ist ausverkauft, die Sparkasse abgefahren, der Chef hat geschlossen, das
> Kind weint.
>
> Aus: Monika Maron, Flugasche

b | Suchen Sie die Verben im Text. Was ist hier verdreht? Warum?

ausverkauft | abgefahren | geschlossen

Projekt: Lokale an Ihrem Wohnort

- Welche Lokale gibt es an Ihrem Wohnort / in Ihrem Stadtviertel? Recherchieren Sie im Telefonbuch, im Internet, …
- Wählen Sie ein Lokal aus. Was steht auf der Speisekarte?
- Suchen Sie einen Termin und besuchen Sie gemeinsam das Lokal.

FOKUS LANDESKUNDE

Wenn man nicht ausdrücklich eingeladen wurde, zahlt man im Restaurant getrennt. Jeder zahlt nur das, was er bestellt hat, und gibt Trinkgeld.

Ein Gedicht: Umgangsformen

 2 _34   Hören Sie und lesen Sie das Gedicht.

Mich ichze ich.

Dich duze ich.

Sie sieze ich.

Uns wirze ich.

Euch ihrze ich.

Sie sieze ich.

Ich halte mich an die Regeln.

Kurt Marti
Aus: Wiemer: Bundesdeutsch.
Lyrik zur Sache Grammatik.

9 Wunschlos glücklich?

1 **Viele Wünsche**

 a | Sehen Sie die Collage an. Was kennen Sie? Ordnen Sie die Wörter zu. Raten Sie eventuell.

der iPod, -s	die Digitalkamera, -s	das Sofa, -s	die Blume, -n
der DVD-Player, -	die Lederjacke, -n	die Badehose, -n	der Kinderwagen, -
das Handy, -s	die Sportschuhe	das Fahrrad, ⸚er	das Parfüm, -e
der Drucker, -	der Schmuck	der Fußball, ⸚e	
der Fernseher, -	die Waschmaschine, -n	die Tasche, -n	

b | Was brauchen Sie? Was wünschen Sie sich? Sprechen Sie mit Ihrer Lernpartnerin / Ihrem Lernpartner.

▪ Ich hätte gern einen iPod.

▫ Ja, ich auch. Dann kann ich immer meine Lieblingsmusik hören.

▪ Ich brauche eine Waschmaschine. Meine ist kaputt.

▫ Ja, aber eine Waschmaschine ist bestimmt teuer.

c | Welche Wünsche haben Sie noch? Wählen Sie aus und ergänzen Sie. Gestalten Sie das leere Feld.

> Gesundheit | Besuch von … | Freunde | Arbeit | Kinder | …

- Ich wünsche mir …
- Ich wünsche mir mehr Zeit für …

➥ AB 1

Kommunikative Lernziele:

- Wünsche äußern
- über Kosten und Ausgaben sprechen
- Stellenanzeigen wichtige Informationen entnehmen
- Eingabeschritte verstehen (Geldautomat, Internetbestellung)
- Einkaufs- und Beratungsgespräche führen
- Produktinformationen erfragen
- sich höflich ausdrücken

Wortschatz und Strukturen:

- Kaufhausprodukte
- trennbare und nicht trennbare Verben
- Verben mit Dativ: *helfen, gefallen*
- Verben mit Dativ und Akkusativ: *zeigen, empfehlen, geben, schenken*
- Personalpronomen im Dativ
- Fragewort *welcher, welches, welche*
- Artikel als Demonstrativpronomen: *der, das, die*
- englische Wörter im Deutschen

Zusatzmaterial: Stellenanzeigen (Aufgabe 7)
Werbeprospekte (Aufgabe 10)

2 Alle neune!

a | Sehen Sie die Bilder an und bringen Sie sie in eine Reihenfolge.
Wie ist die Stimmung? Was machen die Personen? Worüber sprechen sie?

2 🔊 _35 b | Hören Sie und vergleichen Sie mit Ihren Vermutungen.

c | Was möchten, was brauchen die Personen? Hören Sie noch einmal und verbinden Sie.

Inés Montes ○	hätte gern	○ eine Sonnenbrille.
Der Mann von Inés Montes ○	möchte	○ eine Badehose.
Tomas, der Sohn von Inés Montes ○	braucht	○ eine Digitalkamera.
Sara, die Tochter von Inés Montes ○	will	○ Fußballschuhe.

d | Wo ist „zu Hause" für Frau Montes?   ➥ AB 2

3 Das wünsche ich mir!

2 🔊 _36 a | Hören Sie. Was klingt neutral, was emotional?
Zeigen Sie das passende Kärtchen.

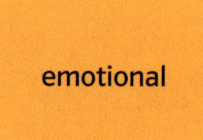

b | Hören Sie noch einmal und summen Sie mit. Sprechen Sie dann die Sätze nach. Achten Sie auf Emotionen.

c | Welche Wünsche haben Sie? Sprechen Sie emotional. Übertreiben Sie, setzen Sie auch Gestik und Mimik ein.

- ▪ Ich möchte … | Ich brauche … | Ich will … | Ich hätte so gern …
- ▪ Ich brauche nichts. Ich bin wunschlos glücklich.

4 Wofür gibt man in Deutschland Geld aus?

a | Lesen Sie das Quiz und raten Sie.

Durchschnittlich gibt eine Familie mit zwei Kindern in Deutschland 2.620 Euro im Monat aus. Aber wie setzen sich die Kosten zusammen?

1. Die Lebensmittelkosten (inklusive Getränke und Tabakwaren) liegen pro Monat …
- ○ unter 300 Euro.
- ○ zwischen 300 und 500 Euro.
- ○ über 500 Euro.

2. Eine deutsche Familie gibt im Monat für Wohnen inklusive Nebenkosten …
- ○ unter 500 Euro aus.
- ○ zwischen 500 und 1.000 Euro aus.
- ○ über 1.000 Euro aus.

3. Die durchschnittlichen Ausgaben für Kleidung und Schuhe liegen im Monat …
- ○ unter 100 Euro.
- ○ zwischen 100 und 200 Euro.
- ○ über 200 Euro.

4. Für Versicherungen zahlen Familien monatlich …
- ○ unter 50 Euro.
- ○ zwischen 50 und 100 Euro.
- ○ über 100 Euro.

5. Für Möbel, Haushaltsgeräte, Gebrauchsgegenstände geben Familien monatlich …
- ○ unter 100 Euro aus.
- ○ über 100 Euro aus.

6. Für Gesundheitspflege zahlen deutsche Familien pro Monat im Schnitt …
- ○ unter 100 Euro.
- ○ über 100 Euro.

7. Die Ausgaben für Mobilität (Benzin, Reparaturen, Fahrkarten usw.) liegen pro Monat …
- ○ unter 200 Euro.
- ○ zwischen 200 und 400 Euro.
- ○ über 400 Euro.

8. Im Schnitt zahlen Haushalte mit Kind monatlich für Telefon, Handy und Internet …
- ○ unter 100 Euro.
- ○ über 100 Euro.

9. Die Ausgaben für Freizeit (Hobbys, Bücher, Zeitungen, Vereinsbeiträge usw.) liegen …
- ○ unter 100 Euro.
- ○ zwischen 100 und 300 Euro.
- ○ über 300 Euro.

10. Pro Monat geben deutsche Familien für Betreuung / Bildung (Kita, Nachhilfe) der Kinder …
- ○ unter 100 Euro.
- ○ über 100 Euro aus.

b | Vergleichen Sie Ihre Lösungen. Lesen Sie dann auf S. 150 oben.

Lösung des Quiz:

1. Lebensmittel: 395,- € **2.** Wohnen: 824,- € **3.** Kleidung: 145,- € **4.** Versicherungen: 1.857,- € (pro Jahr)
5. Möbel und Haushaltsgeräte: 187,- € **6.** Gesundheitspflege: 72,- € **7.** Mobilität: 343,- € **8.** Kommunikation: 79,- €
9. Freizeit: 311,- € **10.** Betreuung und Bildung der Kinder: 39,- €

c | Was finden Sie überraschend, komisch, normal? Sprechen Sie.

- Eine deutsche Familie gibt im Durchschnitt viel Geld für … aus. Das finde ich …
- Für Kinderbetreuung und Bildung geben die Leute … Das finde ich …
- …

d | Wofür geben Sie persönlich oder Ihre Familie viel, wofür wenig Geld aus? Machen Sie Notizen und vergleichen Sie mit Ihren Lernpartnerinnen und Lernpartnern.

Dafür gebe ich viel Geld aus:

Dafür gebe ich wenig Geld aus:

Dafür spare ich: ➡ AB 3

➡ IS 9/1

5 Vergessen!

 **a |** Was hat Lisa vergessen?
Hören Sie und kreuzen Sie an.

- ☐ die Bankkarte
- ☐ die Geheimzahl
- ☐ das Portmonee

b | Was möchte Lisa, was möchte Frau Montes tun?
Hören Sie noch einmal und wählen Sie aus.

> Geld einzahlen | Geld abheben | Geld überweisen |
> das Handy aufladen | den Kontoauszug ausdrucken

6 Am Geldautomaten

a | Lesen Sie und nummerieren Sie in der richtigen Reihenfolge.

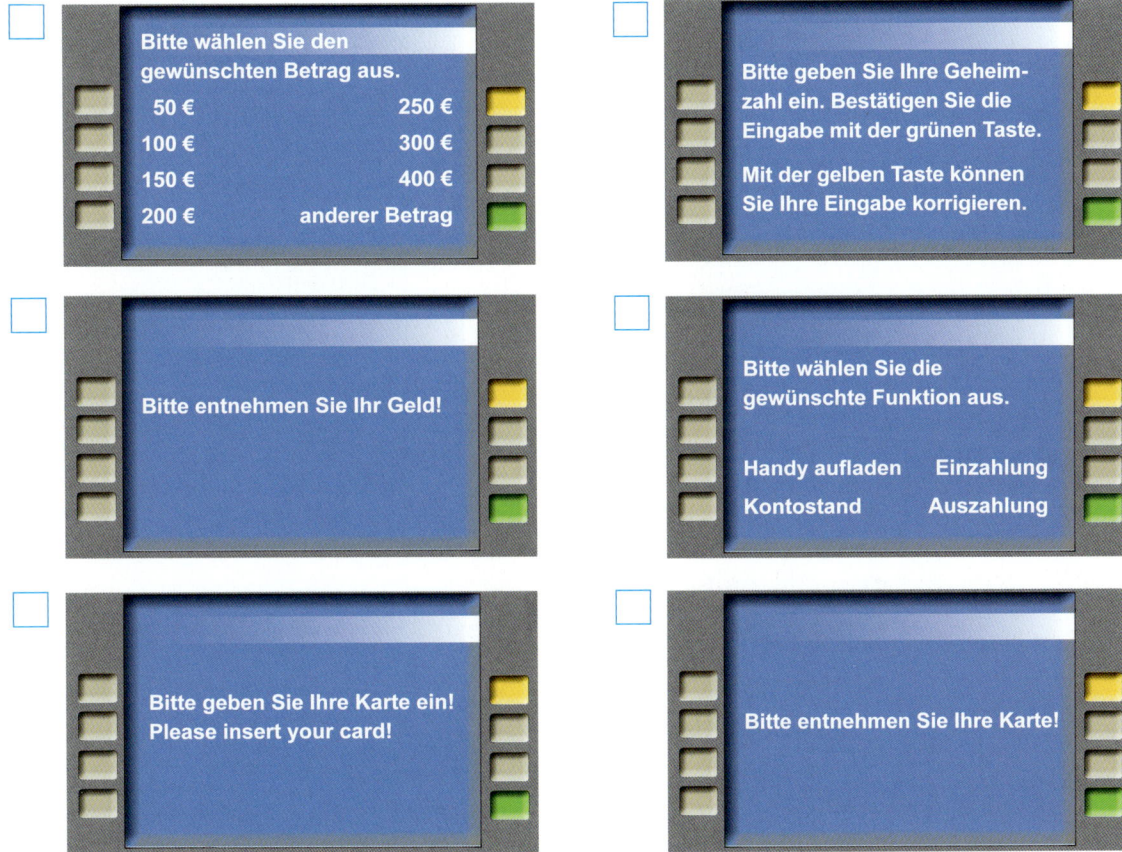

b | Ergänzen Sie die Verben. Welche sind trennbar, welche nicht?

die Karte ⌐_____⌐

die Geheimzahl ⌐_____⌐ und ⌐_____⌐

den Betrag / die Funktion ⌐_____⌐

das Geld / die Karte ⌐_____⌐

2 ○_38   **c |** Erklären Sie Ihrer Lernpartnerin / Ihrem Lernpartner nachdrücklich, was sie / er tun soll. Machen Sie zu jedem Wortakzent eine Geste. Hören Sie vorher ein Muster.

Die Karte **ei**ngeben.
Gewünschte Funktion **au**swählen.
Geheimzahl **ei**ngeben und best**ä**tigen.
Den gewünschten Betrag **au**swählen.
Karte und Geld entn**eh**men.
So, und nun wiederh**o**le / wiederh**o**len Sie!

➥ AB 4–7
➥ IS 9/2

Verben mit Präfix

trennbar:
abheben → Ich **hebe** Geld **ab**.
einzahlen
ausdrucken
aufladen
…
Der Wortakzent liegt auf dem Präfix.

nicht trennbar:
be**stä**tigen → Ich **bestätige** den Betrag.
ent**neh**men
be**zah**len
ver**ge**ssen
…
Der Wortakzent liegt auf dem Verbstamm.

7 Stellenanzeigen

a | Sehen Sie die Stellenanzeigen an. Wo findet man sie? Ordnen Sie zu.

- [ ] auf der Homepage der Agentur für Arbeit
- [ ] am Schwarzen Brett im Supermarkt
- [ ] in der Zeitung

SUCHE

Englisch-Privatlehrer,
ab sofort, 20 Euro/Stunde,
Tel. 0152/63972388

LINDEN-APOTHEKE

Wir suchen für unsere neue Filiale in der Löwenpassage zum 1.1.2010 eine

pharmazeutisch-technische Assistentin.

Wir bieten einen sicheren Arbeitsplatz und ein Einstiegsgehalt von 1.900 €.

Sie haben schon erste Berufserfahrungen und arbeiten selbstständig und kunden-orientiert?

Dann richten Sie Ihre Bewerbung an
Linden-Apotheke
Lindenstraße 22
49823 Eckstätten

◁ vorheriges Stellenangebot   △ zurück zur Ergebnisliste   ▷ nächstes Stellenangebot

Referenznummer	1045689382074
Stellenangebot	Hausmeister m/w
Arbeitgeber	Zeitarbeit Rundum
Stellenbeschreibung	Allrounder/in für Großobjekt in Altmarkt
Beginn der Tätigkeit	01.11.2010
Bezahlung	nach Vereinbarung
Rückfragen und Bewerbung an	Zeitarbeit Rundum

vormerken

b | Lesen Sie die Stellenanzeigen und notieren Sie:

	Beruf	Stundenlohn / Gehalt	Beginn
1			
2			
3			

c | Bringen Sie Stellenanzeigen aus der Zeitung / aus dem Internet mit und suchen Sie nach Informationen zu diesen Punkten. Welche Anzeige ist für Sie interessant?

➥ AB 8

8 Wie viel Netto bleibt vom Brutto?

a | Lesen Sie Teil A oder Teil B des Zeitungsartikels und beantworten Sie bitte die Fragen.

1. Wo arbeitet die Person? _____

2. Was ist sie von Beruf? _____

3. Wie viel verdient sie brutto? _____

4. Wie viel bekommt sie netto? _____

5. Ist sie mit ihrem Gehalt zufrieden? _____

Wie viel verdienen Sie?

Über Geld redet man nicht! Von wegen. Sabine Gammersbach und Gisela Fergo geben Auskunft. Ein Bericht von Joachim Reuter

A Sabine Gammersbach steht finanziell gut da. Sie ist 31 Jahre jung und fliegt den Airbus A 320 – von Köln nach Mallorca, nach Moskau, nach Istanbul oder auf die griechischen Inseln. Vier Strecken am Tag – vier Starts und vier Landungen. Immer im Wechsel mit dem Flugkapitän. Seit anderthalb Jahren arbeitet Sabine Gammersbach als Copilotin bei Germanwings. Sie verdient 5100 Euro brutto im Monat, plus eine Flugzulage in Höhe von etwa 500 Euro. „Netto bleiben mir rund 4000 Euro", sagt sie stolz und fügt hinzu: „Für einen Berufsanfänger ist das eine Menge Geld." Im Mai gab es sogar schon die erste Gehaltserhöhung von 300 Euro. Kaum im Beruf gestartet, gehört die Kölnerin zu den Spitzenverdienern unter Deutschlands Arbeitnehmern.

B Gisela Fergo, 53, ist Verkäuferin in einem Real-Markt im brandenburgischen Falkensee. Seit 36 Jahren arbeitet sie in diesem Beruf. Am Monatsende bekommt sie 1500 Euro, von denen unterm Strich 980 Euro übrig bleiben. Die letzte Gehaltserhöhung gab es vor zwei Jahren: plus ein Prozent. Sie hat eine 27,5-Stunden-Woche, würde aber gern mehr arbeiten. Bei 40 Stunden hätte sie rund 2180 Euro brutto. Doch die Firma stellt lieber Zeitarbeitskräfte, Studenten oder Schüler ein. Die sind billiger. „Viele meiner Kollegen haben zwei Jobs", sagt Frau Fergo. „Die leben wie auf der Flucht: rein ins Auto und von einem Geschäft ins andere." Gerecht bezahlt fühlt sie sich nicht.

b | Tauschen Sie die Texte und lesen Sie. Stimmen die Antworten Ihrer Lernpartnerin / Ihres Lernpartners?

c | Vergleichen Sie die Chancen der beiden Frauen. Diskutieren Sie.

- … verdient viel / wenig Geld im Monat. … hat eine / keine Gehaltserhöhung.
- Ich finde das (nicht) gut / gerecht / …

➡ IS 9 / 3, 4

9 Einfach googeln

a | Haben Sie schon einmal etwas im Internet gekauft? Was? Wo / Wie haben Sie es gefunden? Sprechen Sie über Ihre Erfahrungen.

b | Sehen Sie das Bild an. Was glauben Sie: Was bestellt Inés Montes im Internet? Wer hilft?

2_39 c | Hören Sie. Stimmen Ihre Vermutungen?

d | Wer sagt was? Hören Sie noch einmal und kreuzen Sie an.

	Inés Montes	Tomas
Das ist doch ganz leicht: einfach googeln.		
Guck mal, die hier sieht cool aus.		
Die da gefällt mir.		
Du hast Recht, die ist zu teuer.		
Ich gebe ‚Digicam Top Ten' ein.		
Klick die an!		
Was kann die noch?		
Und wo bestelle ich die jetzt?		

e | Was ist die Überraschung? AB 9

10 Welcher? Der da!

a | Sehen Sie die Produkte an. Ordnen Sie Eigenschaften zu und ergänzen Sie weitere.

> klein ↔ groß | schmal ↔ breit | schön ↔ hässlich | modern ↔ unmodern |
> praktisch ↔ unpraktisch | günstig ↔ teuer | einfach ↔ kompliziert | schick | …

b | Lesen Sie die Dialoge. Welches Produkt gefällt Ihnen? Sprechen Sie und zeigen Sie.

- *Der Fernseher* gefällt mir.
- *Welcher? Der* hier?
- Nein, *der* da, *der* ist klein und praktisch.

- *Welches Handy* gefällt Ihnen?
- *Das* da. Das ist …

c | Bringen Sie Werbeprospekte mit. Was gefällt Ihnen? Warum? Sprechen Sie.

➥ AB 10 – 12

Etwas näher definieren:
Fragewort und Demonstrativpronomen

Welcher Fernseher? – Der da!   (m)
Welches Handy? – Das da!   (n)
Welche Kamera? – Die da!   (f)

Welche DVDs? – Die da!   (Pl.)

11 Im Kaufhaus

2 ⏺_40   **a |** Was möchten die Personen kaufen? Hören Sie.

Situation 1: └──────────────────┘   Situation 2: └──────────────────┘

b | In welcher Situation hören Sie die Sätze? Hören Sie noch einmal und kreuzen Sie an.

	1.	2.
Was kann ich für Sie tun?	☐	☐
Kann ich Ihnen helfen?	☐	☐
Ich kann Ihnen … empfehlen.	☐	☐
Was kostet die denn?	☐	☐
Den haben wir gerade im Angebot.	☐	☐
Können Sie mir noch andere Modelle zeigen?	☐	☐
Ich zeige es Ihnen.	☐	☐
Die gefällt mir.	☐	☐
Die nehme ich.	☐	☐
Ich überlege es mir noch.	☐	☐

Verben mit Dativ

gefallen, helfen

Der Computer gefällt	**dem** Mann.	(m)
	dem Kind.	(n)
	der Frau.	(f)
	den Kunden.	(Pl.)

Verben mit Dativ und Akkusativ

zeigen, geben, empfehlen, schenken

Der Verkäufer zeigt dem Mann einen Drucker.
Er gibt dem Kind einen Prospekt.
Er empfiehlt der Frau eine Kamera.

c | Fassen Sie die Situationen zusammen.

Der Verkäufer	zeigt	dem Mann	einen / den Drucker.
Die Frau	empfiehlt	der Frau	eine / die Kamera.
Der Mann	schenkt	dem Enkel	verschiedene Modelle.
	kauft	dem Verkäufer	einen Prospekt.
	hilft		

➡ AB 13–15

Personalpronomen im Dativ

Kannst du **mir** helfen?
Ich kann **dir** nicht helfen.
Ich helfe **ihm / ihr** gern.
Hilf **uns** bitte!
Kann ich **euch** helfen?
Und wer hilft **ihnen**?

Kann ich **Ihnen** helfen?

12 Rollenspiel

Wählen Sie eine Situation und spielen Sie einen Dialog.

- Eine Frau möchte eine Waschmaschine kaufen. Die Verkäuferin zeigt ihr verschiedene Modelle. Die Frau überlegt es sich noch einmal.

- Ein Mann möchte seinem Sohn ein Handy schenken. Der Verkäufer empfiehlt ihm ein Modell mit Kamera, Radio und MP3-Player. Das ist dem Mann zu teuer. Der Verkäufer zeigt ihm ein anderes Handy. Das gefällt dem Mann. Er kauft es.

13 Bonuscard mit Summerfun-Preisrätsel – Englisches im Deutschen

 **a** | Hören Sie mehrmals und lesen Sie mit.

Mit Bonuscard zum Sommerstart! Easy shopping mit tollen Rabatten und mit „Summerfun-Preisrätsel".

1. Preis: Computer mit 932 Gigabyte-Festplatte und vielen Extras – da ist das Spiel ein Vergnügen!
2. Preis: Office-Notebook mit 17-Zoll Display – fürs Büro und unterwegs.
3. Preis: Handy mit Touchscreen – für den angenehmen Touch.
4.– 10. Preis: je ein MP3-Player in coolen Sommerfarben!

Holen Sie sich den Sommer! Mit der neuen Bonuscard.

 **b** | Hören Sie die englischen Wörter und sprechen Sie nach.

Bonuscard | Computer | Gigabyte | Notebook |
Display | Touchscreen | Player | cool

➡ AB 16

Englische Wörter im Deutschen

Die Aussprache ist ähnlich wie im Englischen.
Vor allem die Vokalbuchstaben spricht man anders aus als im Deutschen,
z. B. in **Byte** , **Notebook**.
Auch manche Konsonanten klingen anders,
z. B. in **Tou**chscreen.

14 Können Sie mir bitte helfen?

2 💿 _43 a | Sehen Sie die Bilder an und hören Sie. Welcher Dialog passt zu welchem Foto? Ordnen Sie zu.

A	B	C

b | Hören Sie noch einmal. Was hören Sie? Wählen Sie aus.

1.
☐ Wollen Sie bar oder mit Karte zahlen?　　☐ Bar oder mit Karte?
☐ Danke. – Bitte.　　　　　　　　　　　　☐ Vielen Dank. – Bitte schön.

2.
☐ Können Sie mir das bitte als Geschenk einpacken?　　☐ Packen Sie das Geschenk bitte ein.
☐ Ja. Welches Papier wollen Sie?　　　　　　　　　　☐ Ja, gerne. Welches Papier darf es sein?

3.
☐ Entschuldigung, wo finde ich Computer?　　☐ Wo finde ich Computer?
☐ Vielen Dank. – Auf Wiedersehen.　　　　　☐ Vielen Dank. – Gern geschehen.
　　　　　　　　　　　　　　　　　　　　　　　Auf Wiedersehen.

c | Was macht diese Redemittel höflich? Markieren Sie bitte.　　　　⮕ AB 17

15 Der Ton macht die Musik.

2 ●_44

a | Lesen Sie und hören Sie. Welche Variante klingt höflich? Warum?

Kunde:	Hallo. Kann ich Sie etwas fragen?
Verkäuferin:	Ja.
Kunde:	Ich brauche einen Fernseher. Welchen können Sie mir empfehlen?
Verkäuferin:	Nehmen Sie den, der ist gut und günstig, 499 Euro.
Kunde:	Ich überlege es mir noch einmal.
Verkäuferin:	Kein Problem.
Kunde:	Auf Wiedersehen.

> **Höfliches Sprechen**
>
> Beim neutralen / unfreundlichen Sprechen ändert sich die Melodie im Satz nur wenig. Beim höflichen / freundlichen Sprechen steigt die Melodie oft und stark.

b | Hören Sie noch einmal die höfliche Variante. Summen Sie mit.

c | Schreiben Sie einen höflichen Verkaufsdialog. Lesen Sie ihn dann mit Ihrer Lernpartnerin / Ihrem Lernpartner vor. Wer kann es am höflichsten?

Verkäufer: _____

Kunde: _____

Verkäufer: _____

Kunde: _____

Verkäufer: _____

Kunde: _____

Verkäufer: _____

Kunde: _____

16 Wählen Sie eine Aufgabe.

- Suchen Sie Mitspieler für ein Memory. Zeichnen Sie auf 10 Zettel 10 Dinge, die man in einem Kaufhaus kaufen kann. Schreiben Sie auf 10 weitere Zettel die Wörter mit Artikel und Plural. Spielen Sie und sprechen Sie dabei.

- Sie möchten ein Handy / eine Waschmaschine / einen Fernseher / … kaufen. Recherchieren Sie im Internet. Suchen Sie nach Angeboten.

- Bringen Sie Prospekte mit. Suchen Sie darin nach englischen Wörtern. Wer kennt die Aussprache?

Euro, Franken, Dollar, . . .

Wie heißt die Währung in Ihrem Land? Machen Sie eine Kursliste. Welche davon kennen Sie?

FOKUS LANDESKUNDE

In Deutschland ist es nicht üblich, bei Bekannten größere Summen Geld zu leihen. Wenn man sich ein paar Euro geliehen hat, gibt man es am nächsten Tag zurück.
In Geschäften zahlt man bar, mit EC-Karte oder mit Kreditkarte.

Einkaufen in meiner Stadt

Notieren Sie Geschäfte und Kaufhäuser in Ihrer Stadt. Vergleichen Sie im Kurs und geben Sie sich Tipps.

Geschäft / Kaufhaus	Produkte	Adresse	Service ☺ ☹ ☺	Preise ☺ ☹ ☺

Ein Lied: Ich wünsch dir was

a | Lesen Sie den Refrain. Was wünschen Sie einer lieben Person? Sammeln Sie.

Und egal was du auch machst,
mach es gut – bis bald.
Ich wünsch dir was …
Ich wünsch dir was …
Ich wünsch dir was …
War schön, dich hier zu sehn.
Und was immer du auch machst,
bis wir uns wieder sehn,
wünsch ich dir was …
ich wünsch dir was …
ich wünsch dir was …

Kloss, Stefanie / Novak, Andreas / Stolle, Johannes / Stolle, Thomas
10 vor 10 Edition
Arabella Musikverlag GmbH, Berlin

2 🔘 _45   b | Hören Sie jetzt das Lied der Band Silbermond.

10 Viele Grüße!

1 Sie haben Post!

a | Sehen Sie die Postkarten an. Was passt zusammen?

b | Was haben die Personen geschrieben? Ordnen Sie zu.

☐ Glückwunsch zum Geburtstag
☐ Gute Wünsche zu Weihnachten / Neujahr
☐ Grüße aus der alten Heimat
☐ Gute Besserung

1
Feliz Navidad!
Joyeux Noël!
Sretan Bozic! *Craciun fericit!*
Seng Dan Fai Lok!
Frohe Weihnachten!
Buon Natale! *Shubh Naya Baras!*
Schéi Krëschtdeeg!
Kala Christougenna! *Nollaig Shona Dhuit!*
Merry Christmas
Pozdrevlyayu s prazdnikom Rozhdestva!
God Jul! *Vrolijk Kerstfeest!*
Shinnen omedeto!
Mele Kalikimaka!
Boas Festas!

B

Lieber Herr Kowalski,
wir wünschen Ihnen und Ihrer Familie
frohe Weihnachten und viel Glück,
Gesundheit und Erfolg im neuen Jahr.

Elisabeth und Arno Schneider

A

Hallo Katja,
herzliche Grüße aus
Salzburg. Hier ist es sehr
schön! Schade, dass du
nicht dabei sein kannst.
Hoffentlich bist du bald
wieder gesund. Gute
Besserung und viele
Grüße von uns allen

Nicole, Simone und Heike

C

Liebes Robin,
wir gratulieren dir ganz herzlich
zum Geburtstag und wünschen dir
alles Gute. Feiere schön mit deinen
Freunden und hab viel Spaß!
Ist unser Geburtstagsgeschenk
schon angekommen?
Hoffentlich gefällt es dir.

Paula und Frank

C | Von wem / Woher bekommen Sie Post? An wen schreiben Sie? Gestalten Sie das leere Feld und erzählen Sie.

- Ich bekomme oft Briefe | Postkarten von meiner Familie | von meinen Freunden | zu Weihnachten | …
- Manchmal bekomme ich Post aus … Da wohnt …
- Ich schreibe Briefe | Karten an …
- Ich schreibe keine Briefe. Ich schreibe lieber E-Mails oder ich rufe an.

➥ AB 1

2

HAPPY BIRTHDAY

4

D

Lieber Denis,
Viele Grüße aus Kasachstan.
Ich zeige Julia meinen
Heimatort, und wir besuchen
meine Verwandten und
Freunde. Es ist ein seltsames
Gefühl. Für mich ist alles
vertraut und für Sie neu
und fremd – die Land-
schaft, die Leute, die Sprache.
Es grüßt dich ganz
herzlich.
Marat

3

Kommunikative Lernziele:

- den Urlaub planen
- eine Abwesenheitsnotiz schreiben
- Fahrpläne lesen
- am Bahnhof wichtige Informationen verstehen
- etwas begründen
- die Notrufnummer anrufen
- eine Urlaubsgeschichte erzählen
- über das Wetter sprechen
- eine Postkarte schreiben

Wortschatz und Strukturen:

- Aktivitäten im Urlaub
- Temporalangaben im Akkusativ
- Präpositionen mit Akkusativ oder Dativ: *in, an, auf*
- geografische Namen
- *weil*-Satz
- Modalverben im Präteritum
- unpersönliche Ausdrücke mit *es*
- Pausen in Sätzen
- Aussprache H-Laute

Zusatzmaterial: Urlaubsfotos (Aufgabe 18)

2 **Ich hab's eilig!**

☐ Lisa

☐ Inés

☐ Jan

☐ Markus

☐ der Briefträger

2 💿_46   a | In welcher Reihenfolge hören Sie die Personen? Nummerieren Sie bitte.

b | Hören Sie noch einmal. Was passt? Kreuzen Sie an.

Lisa Vogel	Inés Montes	
		… bringt den Wohnungsschlüssel.
		… gießt in der Urlaubszeit die Blumen bei der Nachbarin.
		… fährt übermorgen in Urlaub.
		… fährt am 10. August in Urlaub.
		… muss ihre Urlaubsvertretung organisieren.
		… muss noch das Auto in die Werkstatt bringen.

c | Sammeln Sie Informationen zu allen Personen, die Sie gehört haben.

kommt aus …

Inés Montes

d | Schreiben Sie einen Steckbrief zu einer Person. Präsentieren Sie Ihre Texte im Kurs.

3 Urlaubsplanung am Arbeitsplatz

a | Wann muss man das machen? Sortieren Sie bitte.

– Urlaubsantrag ausfüllen
– Blumen gießen
– Telefon umstellen
– Abwesenheitsmail schreiben
– Arbeitstisch aufräumen
– Urlaubsvertretung organisieren
– Kollegen informieren

Temporalangaben im Akkusativ

wann?
einen Tag
eine Woche   vor dem Urlaub
einen Monat

einen Monat vor dem Urlaub:

einen Tag vor dem Urlaub:

b | Was müssen Sie machen? Notieren Sie und vergleichen Sie mit Ihrer Lernpartnerin / Ihrem Lernpartner. Benutzen Sie eventuell auch ein Wörterbuch.

➥ AB 2

4 Nicht erreichbar

a | Was ist das? Lesen Sie und kreuzen Sie an.

☐ eine Krankmeldung
☐ eine Bitte
☐ eine Abwesenheitsmail

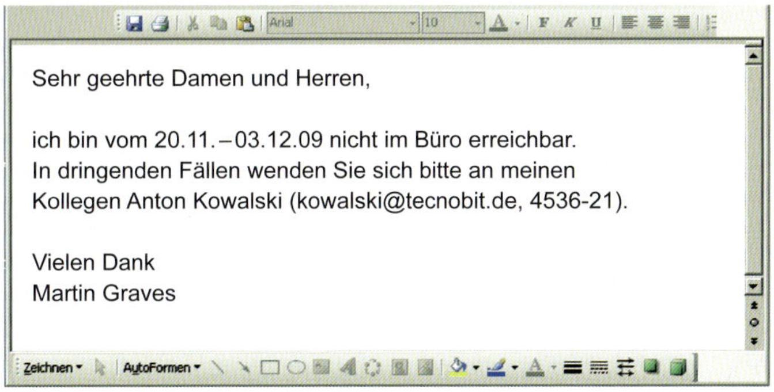

Sehr geehrte Damen und Herren,

ich bin vom 20.11.–03.12.09 nicht im Büro erreichbar.
In dringenden Fällen wenden Sie sich bitte an meinen
Kollegen Anton Kowalski (kowalski@tecnobit.de, 4536-21).

Vielen Dank
Martin Graves

2_47 b | Hören Sie die Abwesenheitsmeldungen. Notieren Sie die Informationen.

Firma	wann nicht erreichbar?	was tun?
Tecnobit	nach 18 Uhr	
Wagner & Söhne		eine Nachricht hinterlassen
Anwaltskanzlei Dr. Schwarz		

c | Schreiben Sie eine Abwesenheitsmeldung. Nehmen Sie sie auf.

➥ AB 3

5   München – Split: fliegen oder fahren?

a | Wie lange braucht man von München nach Split? Lesen Sie und vergleichen Sie.

- Mit dem Zug … braucht man …
- Mit dem Bus …
- Mit dem Auto …
- Mit dem Flugzeug …

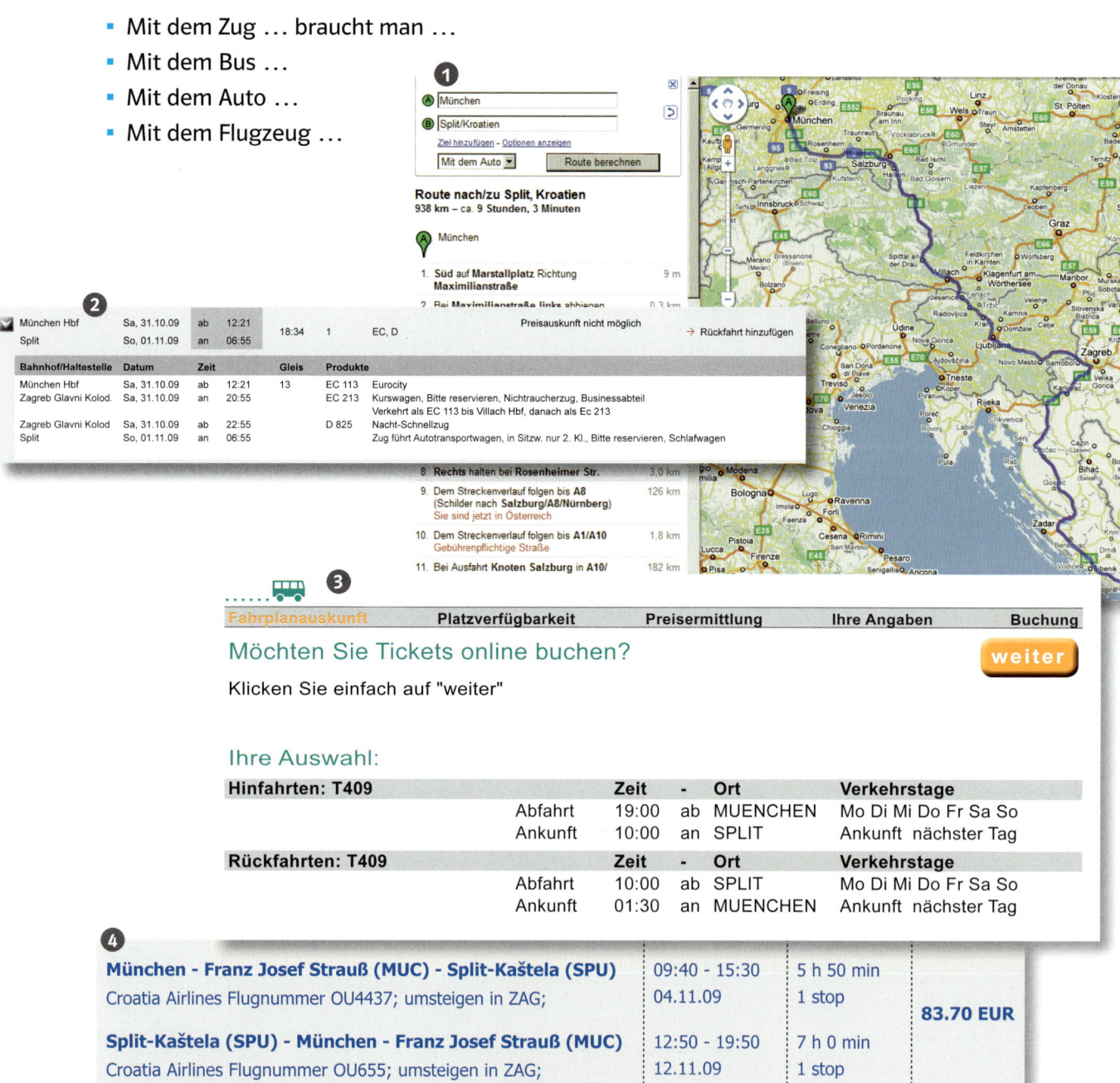

b | Lesen Sie die Fahrpläne genau und beantworten Sie die Fragen.

1. Wo muss man mit dem Zug umsteigen?
2. Von welchem Gleis fährt der EC 113 ab?
3. Wann kommt der Bus in Split an?
4. Was kostet ein Flugticket von München nach Split?
5. Wie viel Kilometer sind es von München nach Split?   ⮎ AB 4

6 Wie reisen Sie?

a | Lesen Sie die Beiträge aus dem Internet. Welche Argumente finden Sie für die Verkehrsmittel?
Markieren Sie im Text und ergänzen Sie die Tabelle.

> Am liebsten fahre ich mit der Bahn, auch wenn die Züge manchmal sehr voll sind. Eine Bahnfahrt ist nicht so anstrengend, weil man bei der Fahrt lesen oder schlafen kann. Und man kann im Speisewagen etwas essen. Ich gucke gern aus dem Fenster und träume.

> Ich nehme immer den Bus nach Split, weil es günstig ist und schnell geht. Ich fahre die Nacht durch. Im Bus ist es zwar ein bisschen eng und unbequem, aber ich kann inzwischen wirklich gut schlafen. Ich schlafe abends ein und bin morgens schon in Split.

> Meine Familie und ich – wir fahren auf jeden Fall mit dem Auto, weil wir immer viel Gepäck dabei haben. So viel können wir mit der Bahn oder mit dem Flugzeug gar nicht mitnehmen. Außerdem müssen wir oft anhalten, die Kinder sind ja noch klein.

> Meistens fliege ich nach Zagreb, weil es schnell und bequem ist. Dort nehme ich dann den Bus nach Split. Die Fahrt von München nach Split ist mit dem Auto einfach zu weit. Ich muss ja alleine fahren und das ist mir zu anstrengend. Jetzt gibt es zum Glück die Billigflieger, die man ganz einfach im Internet buchen kann.

Bahn	Bus	Auto	Flugzeug
- es ist nicht so anstrengend		- man kann viel Gepäck mitnehmen	

b | Welche Argumente gibt es noch? Ergänzen Sie die Tabelle und vergleichen Sie.

c | Suchen Sie Begründungen mit *weil*-Sätzen im Text. Wo steht das Verb? Markieren Sie.

d | Wie reisen Sie? Warum?

▪ Ich nehme den Zug, weil ich gern …

 AB 5–6
IS 10/1

Etwas begründen: *weil*-Satz

Ich reise oft mit dem Bus, **weil** es günstig **ist**.

7 Umfrage: Wie reisen Sie?

2 ⊙ _48 **a |** Hören Sie und lesen Sie. Wo sind kleine Pausen (/) und wo sind größere Pausen (//)? Markieren Sie wie im Beispiel.

Reporter: Ich stehe hier mitten in Köln. Ich möchte wissen, wie die Menschen gern reisen. Also … Wie reisen Sie?

A Ich nehme / am liebsten / das Auto, // weil es schnell / und bequem ist. //

B Ich fahre lieber mit dem Zug, weil es nicht so anstrengend ist.

C Ich nehme meistens das Fahrrad, weil es gesund und billig ist.

D Ich reise gern mit dem Bus, weil es günstig und bequem ist.

b | Hören Sie noch einmal. Welche Wörter sind zwischen den Pausen betont? Markieren Sie bitte.

c | Lesen Sie die Sätze vor.

d | Wie reisen Sie? Schreiben Sie einen Satz mit Begründung. Markieren Sie Pausen und betonte Wörter. Lesen Sie sehr überzeugend und deutlich vor.

> **Wortgruppen: Pausen und Akzente**
>
> **Pausen:**
>
> Kurze Pausen sind möglich zwischen Wortgruppen.
> Pausen sind notwendig bei Satzzeichen (, . ? !).
>
> **Akzente:**
>
> In jeder Wortgruppe ist ein Wort betont.
> Das Wort in der letzten Wortgruppe ist meist am stärksten betont.

8 Durchsagen

2 ⊙ _49 **a |** Wo ist das? Hören Sie und ordnen Sie zu. Achten Sie auf die Geräusche.

|⎿____⏌| im Zug |⎿____⏌| am Schalter |⎿____⏌| am Gleis

b | Hören Sie noch einmal. Ergänzen Sie die Informationen.

1. Der Regionalzug von München nach |⎿_____⏌| fährt um 8:43 Uhr von Gleis |⎿____⏌|.

2. Der Zug kommt mit |⎿_____⏌| Minuten Verspätung in Hamburg an.

3. Eine Fahrkarte nach Regensburg kostet |⎿_____⏌| Euro.

4. Der Reisende nach Frankfurt muss in |⎿_____⏌| umsteigen.

5. Der Platz ist ab |⎿_____⏌| reserviert.

➥ AB 7

Abfahrt Departure / Départ				
Zeit Time/Temps	Über via		Ziel Destination	Gleis Platform/Voie
10:09 ICE 918	Friedberg		Marburg (Lahn)	9
10:10 FKE 82318	Frankfurt-Höchst - Kelkheim		Königstein(Taunus)	23 / 14
10:12 ICE 918	Frankfurt Süd - Frankfurt Hbf		Frankfurt Flughafen	9
11:13 RE 36011			Mannheim	15
12:02 FKE 82320				

Gleis 5

Gleis 7

9 Auf Stöckelschuhen

a | Sehen Sie das Bild an. Was glauben Sie: Was passiert?

▪ Ich glaube, der Zug … | der Koffer … | Max … | … stürzt | …

2 ⏺_50 b | Hören Sie. Stimmen Ihre Vermutungen?

c | Hören Sie noch einmal und beantworten Sie die Fragen.

1. Warum ist Lisa gestresst? 2. Warum ist Max besorgt? 3. Warum will Lisa Lukas anrufen?

10 Notruf

a | Lesen Sie. Suchen Sie die Antwort auf die Fragen:
Wo funktioniert der Notruf 112? Was kostet er?

Euro-Notruf 112

Der Euro-Notruf 112 ist die EU-weite Notrufnummer, sie funktioniert tariffrei. Den Euro-Notruf 112 kann man vom Festnetz aus, aber auch vom Handy aus wählen. Die Notrufnummer gibt es seit 1991. Der Euro-Notruf 112 gilt in 37 Ländern.

Andorra, Belgien, Bulgarien, Dänemark, Deutschland, Estland, Färöer, Finnland, Frankreich, Griechenland, Großbritannien, Irland, Island, Italien, Lettland, Liechtenstein, Litauen, Luxemburg, Malta, Monaco, Niederlande, Österreich, Polen, Portugal, Rumänien, San Marino, Schweden, Schweiz, Serbien, Slowakische Republik, Slowenien, Spanien, Tschechische Republik, Türkei, Ungarn, Vatikan, Zypern

b | Spielen Sie einen Notruf.

▪ Wählen Sie eine Situation: Vor Ihrem Haus ist ein Fahrradfahrer gestürzt. Sein Arm ist gebrochen./
Sie sehen einen Streit in der U-Bahn. Die Situation ist gefährlich.

▪ Sie wollen die Polizei anrufen. Was sagen Sie? Was fragt der Polizist/die Polizistin? Machen Sie Notizen.

▪ Spielen Sie den Dialog.

11 Pannen im Urlaub

a | Sehen Sie die Fotos an. Was ist passiert? Sammeln Sie Ideen.

Inge Stoll

Pablo Hernández und seine Familie

b | Wählen Sie eine Person. Ordnen Sie die Textteile zu einer Geschichte.

> Im Sommer wollte ich nach Mallorca. Nach der Landung musste ich eine halbe Stunde am Gepäckband warten.

> Vor fünf Jahren sind wir zu meiner Schwester nach Kiel gefahren. Wir wollten mit dem Auto fahren, weil wir viel Gepäck hatten.

A   Dann bin ich ins Hotel gefahren. Es war sehr heiß, aber ich konnte nicht baden, weil mein Badeanzug im Koffer war.

D   Ich musste zur nächsten Tankstelle laufen. Zwei Stunden später konnten wir dann weiterfahren.

B   Alle Passagiere haben ihr Gepäck bekommen, nur mein Koffer war nicht da. Also musste ich zum Schalter und den Koffer beschreiben.

E   Erst am nächsten Tag konnte ich ihn an der Rezeption abholen.

C   Wir waren schon sechs Stunden unterwegs, da ist das Auto plötzlich stehen geblieben. Unser Tank war leer.

F   Meine Frau war fix und fertig. Die Kinder wollten aussteigen, aber sie durften natürlich nicht auf der Straße spielen. Zum Glück hatte ich einen Benzinkanister dabei.

2 ●_51 c | Ist Ihre Lösung richtig? Hören Sie.

d | Markieren Sie die Modalverben im Text. Was stellen Sie fest?

e | Erzählen Sie noch einmal, was passiert ist.

Frau Stoll	wollte	nach Mallorca | mit dem Auto fahren | …
Herr Hernández	konnte	nicht baden | (nicht) weiterfahren | …
	musste	zur Tankstelle | den Koffer beschreiben | …

> **Etwas in der Vergangenheit erzählen**
> **Modalverben im Präteritum**
>
> Ich **musste** auf die Polizei warten.
> Wir **konnten** nicht weiterfahren.
> Die Kinder **wollten** aussteigen, aber
> sie **durften** nicht.

➡ AB 8–9

12 Ihre Geschichte

Beschreiben Sie eine Panne, die Sie erlebt haben.
Machen Sie zuerst Notizen zu den W-Fragen,
erzählen Sie dann im Kurs.

- Wann?
- Wo?
- Was ist passiert?
- Wie konnten Sie das Problem lösen?

> vor zwei Jahren / im Sommer 2005 / letztes Jahr / …
>
> im Urlaub / in Deutschland / zu Hause / …
>
> … war weg / … war kaputt / …
>
> Ich musste zur Polizei / zum Fundbüro / …

13 Alle machen Urlaub in Halle – Wörter mit und ohne H

2 _52   a | Wortpaare: Hören Sie und sprechen Sie leise mit.

alle – Halle | in – hin | alt – halt | und – Hund | Eis – heiß | Ende – Hände

2 _53   b | Welches Wort hören Sie? Markieren Sie. Lesen Sie erst die gehörten Wörter und dann die Wortpaare vor.

c | Schreiben Sie Antwortkärtchen und verteilen Sie sie. Spielen Sie. Einer fragt drei Personen:
Kommst du mit nach Halle? Jeder liest seine Antwort vor. Wer findet die zwei Mitfahrer?

Keine Zeit! Ich hab's eilig!	Ich habe Urlaub. Ich komme mit.
Ich habe nichts anderes vor. Ich komme mit.	Viel zu heiß! Ich habe keine Lust!
Ich kann nicht. Ich habe zu viel Arbeit.	Nein, ich habe Halsschmerzen.
Ach nein! Ich habe was anderes vor.	Ich will nicht nach Halle, ich will nach Essen.

Wörter mit [h] am Silbenanfang
beginnen mit einem Hauchen (wie
beim Lachen *haha*): Halle, heiß, wo-hin

Ein h nach Vokal zeigt einen langen
Vokal an und bleibt stumm: gehen

Wörter mit Vokal am Anfang
beginnen hart: |alle, |Eis

Der Trick zum [h]: Lachen
mit Vokalen *ha-ha-haben, hi-hi-hin*, …

Haha!

Hihi!

Hehe!

14 Urlaub mal anders

a | Lesen Sie den Zeitungsartikel. Welche Überschrift passt zum Text?

☐ Sprachunterricht auch im Urlaub
☐ Urlaub in der alten Heimat
☐ Die Türkei – das beliebteste Reiseziel bei Migranten

Die Verwandtschaft im Sommerurlaub in der alten Heimat zu besuchen, ist für die meisten Migrantenfamilien jedes Jahr eine Selbstverständlichkeit. Wer hat das nicht im Gedächtnis: endlose Autoschlangen, voll bepackt und mit mehreren Kindern auf der Rückbank in Richtung Bosporus?

Damit ist es vorbei. Heute fliegen die meisten, und auch das Ziel hat sich geändert.

„Früher haben wir immer fünf Wochen bei unserer Familie im Dorf verbracht. Unser Ziel war das Ländliche, die Verwandten in Anatolien. Die Idee, dass es in der Türkei ein Meer gibt, kannte ich als Kind gar nicht", erzählt Kenan Güngör. „Heute aber fahre ich ein, zwei Wochen zur Familie und dann ans Meer weiter". Der in Wien lebende Soziologe und Integrationsexperte Güngör ist eben vom Urlaub aus der Türkei zurück. Seine fünfjährige Tochter war mit ihm – und hat in fünf Wochen im Gespräch mit Großeltern, Nachbarn und anderen türkischen Kindern „intensiv Türkisch gelernt". Und das ganz mühelos und mit Freude. „Dadurch wird ihre Welt breiter", freut sich Güngör.

Sirvan Ekici, Gemeinderätin in Wien, schätzt in ihrer alten Heimat aber auch eine Art Freiheit, die ihre kleine Tochter in der Bundeshauptstadt nicht erleben kann. Dort, im Dorf „herrscht ein anderer Umgang mit Kindern. Dort fühlt sich jeder für die Kinder verantwortlich, auch wenn es nicht die eigenen sind."

Den Eindruck teilt auch Amira aus Bosnien. Wie jeden Sommer hat die geschiedene, allein erziehende Verkäuferin ihre beiden Kinder zu den Großeltern in ein Dorf bei Banja Luka geschickt. „Meine Kinder sollen wenigstens ein paar Wochen im Jahr sehen, wie man in Bosnien lebt", meint Amira.

b | Warum machen K. Güngör, S. Ekici und Amira Urlaub in ihrer alten Heimat? Markieren Sie die Schlüsselinformationen.

c | Machen Sie Urlaub in Ihrem Heimatland? Warum (nicht)? Sammeln Sie Gründe und sprechen Sie.

- Ich mache oft Urlaub in …, weil es günstig ist.
- Ich mache selten Urlaub in …, weil es kalt ist.
- …

15 Wohin oder wo?

a | Lesen Sie und markieren Sie die Lokalangaben. Was stellen Sie fest?

Kenan Güngör fährt jedes Jahr in die Türkei. Früher hat er vier Wochen bei seiner Familie im Dorf verbracht. Er und seine Familie waren nie am Meer. Jetzt fahren sie zwei Wochen zur Familie, dann fahren sie weiter ans Meer. Güngörs Tochter lernt in der Türkei die Sprache ganz mühelos.

Amira schickt ihre Kinder in ein Dorf bei Banja Luka. Dort können sie sehen, wie man in Bosnien lebt. Diese Freiheit können Kinder in der Stadt nicht erleben.

b | Sortieren Sie die Lokalangaben:
Richtung ↗ oder Standort ⊗?   ⮕ AB 10–12

Lokalangaben: Präpositionen mit Akkusativ oder Dativ

↗ **Wohin** fahren Sie in Urlaub?
    Ich fahre **in mein** Heimatland.
           ans Meer.
           auf die Insel Korfu.

⊗ **Wo** verbringen Sie den Urlaub?
    Ich verbringe den Urlaub **in meinem** Heimatland.
           am Meer.
           auf der Insel Korfu.

16 Ihr Urlaub

a | Was bedeutet für Sie Urlaub? Wählen Sie aus und ergänzen Sie.

am Strand liegen   baden   wandern   lesen   eine Sprache sprechen / lernen

Sehenswürdigkeiten besichtigen   ausschlafen   Fahrrad fahren   Verwandte / Freunde besuchen   einkaufen

b | Wo machen Sie Urlaub? Warum? Was machen Sie dort? Erzählen Sie.

- Ich fahre am liebsten nach …,
  weil ich dort … kann.
- Ich mache gern Urlaub in …
  Da gibt es …

⮕ IS 10 / 2, 3

Lokalangaben: Geografische Namen

Wohin?	Wo?
nach Griechenland / …	**in** Griechenland / …
in die Schweiz, **in die** Türkei	**in der** Schweiz, **in der** Türkei
in den Kosovo	**im** Kosovo
ans Mittelmeer	**am** Mittelmeer
auf die Kanarischen Inseln	**auf den** Kanarischen Inseln

17 Schönes Wetter heute!

a | Lesen Sie die MMS. Welcher Text passt zu welchem Foto? Ordnen Sie zu.

A

Die Sonne scheint, der Himmel ist blau, 30 Grad – endlich Badewetter! Alisa

B

Hier ist es kalt und windig. Und seit heute regnet es :(Wie ist es bei euch? Küsschen, Mama

C

Es ist kalt, aber sonnig und gestern hat es ganz viel geschneit!!! Wir fahren den ganzen Tag Schi. LG Stefan

D

Mal Sonne, mal Wolken, mal Regen, mal Schnee – das Wetter spielt verrückt! Tamara

b | In welcher Jahreszeit haben die Personen die MMS geschrieben?
Ergänzen Sie die Namen.

Frühling: _____ Sommer: _____ Herbst: _____ Winter: _____

c | Wie ist Ihre Erfahrung: Wie ist das Wetter in Deutschland? ➡ AB 13

> **Über das Wetter sprechen:**
> **unpersönliche Ausdrücke mit *es***
>
> Es ist warm / kalt.
> Es ist sonnig / windig.
>
> Es regnet.
> Es schneit.

18 Wählen Sie eine Aufgabe.

▪ Wie viele Jahreszeiten gibt es in Ihrem Land? Wie sind sie? Beschreiben Sie kurz.

Der Winter in … ist lang / kurz. Es ist … Im Sommer ist es oft / manchmal …

▪ Bringen Sie Urlaubsfotos mit. Erzählen Sie. Wo waren Sie? Was haben Sie gemacht?

Auf dem Foto bin ich in … Ich habe viel gebadet und …

▪ Wohin möchten Sie gern einmal reisen? Warum? Machen Sie eine Kursliste.

Anila	nach Peru	sie möchte in den Anden wandern

19 Post aus dem Urlaub

a | Lesen Sie die Postkarte.
Suchen Sie die wichtigsten
Informationen: wer? wo? wann? was?

Lieber Stefan,

herzliche Grüße von der Insel Amrum. Das Wetter ist okay und die Ferienwohnung ist gemütlich. Heute haben wir eine Schifffahrt nach Föhr gemacht. Es war ganz schön windig! Morgen wandere ich zum Leuchtturm. Das Wasser ist für August ziemlich kalt (17 °C!), aber wir baden trotzdem!! Viele Grüße und ich hoffe, wir sehen uns bald
deine Nicole

Stefan Rust
Bornholmer Str. 120
10439 Berlin

b | Sammeln Sie Ideen zu den Stichpunkten.
Schreiben Sie dann eine Postkarte.

Urlaubsort: _____   Hotel / Ferienwohnung: _____

Wetter: _____   Aktivitäten: _____

➥ AB 14

20 Urlaub mit Gips

a | Sehen Sie das Bild an. Was glauben Sie: Was wollen die Kinder? Sammeln Sie Ideen.

 2 ⏺ _54

b | Hören Sie. Stimmen Ihre Vermutungen?

c | Erfinden Sie eine Szene. Verwenden Sie mindestens drei Ausdrücke. Spielen Sie die Szene vor.

- Ach, ist das schön!
- Da kommt er / sie ja!
- Schon wieder …?
- Tut's noch weh?

- Hast du ihm / ihr … gegeben?
- Keine Ahnung, woher er / sie das hat!
- Warum wollen eigentlich alle …?

Internationale Touristenattraktionen

a | Was ist das beliebteste Reiseziel in Ihrem Heimatland?
Warum ist es so bekannt? Schreiben Sie einen Steckbrief.
Benutzen Sie dabei das Wörterbuch.

b | Sammeln Sie im Kurs und machen Sie eine Liste.

Land / Stadt	Sehenswürdigkeit	kurze Information
Ägypten	die Pyramiden	sind 5000 Jahre alt

Hallo, hier ist …

2 🔊_55   a | Hören Sie und raten Sie, wen der Anrufer anruft.

> Hallo! Hier ist Johann.

POLIZEI
Es gibt einen Autounfall.
Sie sprechen **aufgeregt**.

EIN KLEINES KIND
Sie sprechen **ganz
freundlich**.

TELEFONAUSKUNFT
Sie sprechen **neutral**.

**TAXIZENTRALE (morgens
um 3 Uhr)**
Sie sprechen sehr **müde**.

FREUNDIN / FREUND
Sie sprechen **verliebt**.

**UNFREUNDLICHE
NACHBARIN**
Sie sprechen **ärgerlich**.

b | Schreiben Sie Kärtchen und verteilen Sie sie. Sprechen Sie dann nach Anweisung.
Die anderen raten, welches Kärtchen Sie haben.

c | Spielen Sie die Gespräche weiter. Was kann man noch alles sagen?

Wichtige Rufnummern

Recherchieren Sie im Internet und machen Sie eine Liste von wichtigen Telefonnummern in Ihrer Stadt.

Polizei	
Feuerwehr	
Fundbüro	
Sperrnummer EC-Karte	

Projekt: Urlaub in meiner Stadt

Sie wollen / können nicht verreisen. Planen Sie einen Urlaub in Ihrer Stadt / in Ihrer Region:
Was wollten Sie in Ihrer Stadt schon immer unternehmen?

- Recherchieren Sie im Internet (z.B. www.muenchen.de/ferien, www.koeln.de/ferien).
- Machen Sie eine Liste von Aktivitäten, Daten, Preisen.
- Stellen Sie alle Informationen auf einem Plakat zusammen.
- Hängen Sie alle Plakate auf und vergleichen Sie.

 FOKUS LANDESKUNDE

In Deutschland haben die Arbeitnehmer mindestens
24 Tage Urlaub im Jahr.   ⇒ IS 10 / 4
Die Deutschen sind sehr reisefreudig. Beliebte Reiseländer
sind neben Deutschland Spanien, Italien und die Türkei.

1 Was hilft?

Sie schreiben einen Text. Was machen Sie wann? Lesen Sie. Schlagen Sie die Beispiele im Buch nach und suchen Sie weitere.

vor dem Schreiben	Thema / Grund: Warum schreibe ich?
	Textsorte: Was schreibe ich? KB 10 / 19
	Adressat: An wen schreibe ich? Wie spreche ich die Person an? AB 7 / 6
	Notizen machen: wichtige Wörter / Ideen zum Thema sammeln
	Stichpunkte in eine Reihenfolge bringen KB 8 / 13
	Textbausteine notieren KB 7 / 10
beim Schreiben	Stichpunkte zur Hand legen KB 7 / 11
	Entwurf schreiben, bei Unsicherheiten Wörterbuch benutzen
	Text überprüfen: Ist er logisch und verständlich? Was kann ich verbessern? KB 7 / 17
	Text überarbeiten: Inhalt, Grammatik, Rechtschreibung und Zeichensetzung KB 7 / 1
	Endfassung schreiben und noch einmal lesen
nach dem Schreiben	Text mit Modelltext / Text von anderen vergleichen
	um Feedback von anderen bitten
	Schreibprozess auswerten: Was geht schon gut, was ist noch schwierig, was geht schnell, wofür brauche ich (zu) viel Zeit?

2 Probieren Sie es aus.

Ihr Kind feiert am Samstag seinen Geburtstag. Sein Freund, Patrick Krause, war noch nie bei Ihnen zu Hause. Sie schreiben Patricks Mutter eine E-Mail an <u>krause@mobilmail.de</u> und beschreiben den Weg.

a | Machen Sie Stichpunkte.

An wen ist die Mail?

Was ist der Betreff?

Wie sprechen Sie Frau Krause an?

Was schreiben Sie als ersten Satz?

Wie beginnen Sie den Inhalt?

Was wollen Sie mitteilen?

Wie beenden Sie den Inhalt?

Wie beenden Sie die Mail?

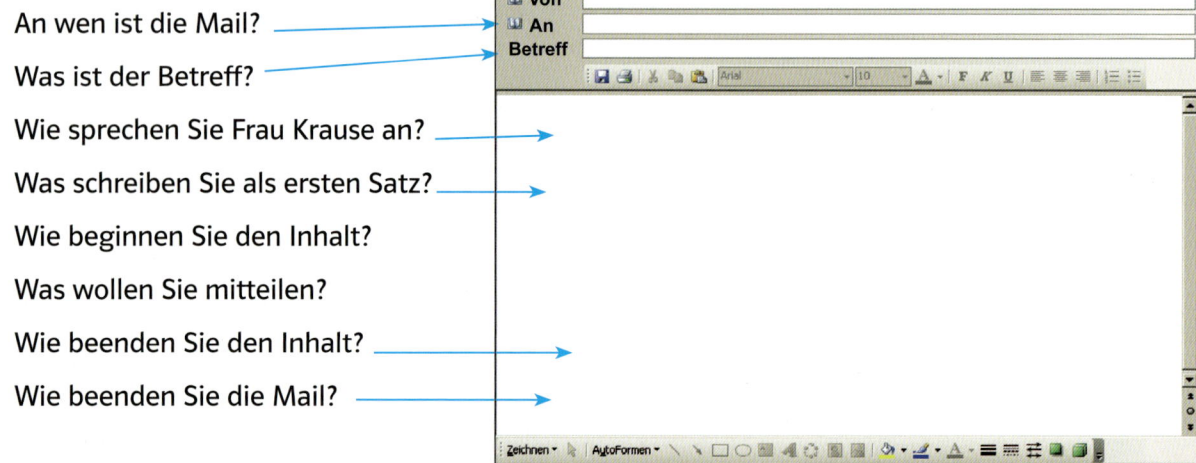

b | Notieren Sie jetzt Stichpunkte für die Wegbeschreibung.

→ S1 von Stadtmitte zum Bismarckplatz

→ 3 Haltestellen bis Paulusstraße

→ Fußweg 5 Minuten

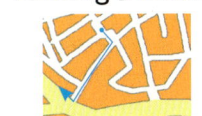

c | Schreiben Sie den Text als Entwurf. Lesen Sie dann den Text noch einmal und korrigieren Sie ihn. Nehmen Sie Aufgabe 1 zu Hilfe.

d | Vergleichen Sie Ihre Texte. Schreiben Sie zum Schluss eine Endfassung Ihres Textes.

e | Was trifft auf Sie zu? Kreuzen Sie an.

Ich kann den Text gut aufbauen. ☐ ja ☐ nein
Ich kann den Weg gut beschreiben. ☐ ja ☐ nein

Warum? Kreuzen Sie an und ergänzen Sie.

☐ Ich sehe mir andere E-Mails als Beispiel an. ☐ _____
☐ Ich notiere vorher wichtige Stichpunkte. ☐ _____
☐ Ich lese den Text noch einmal und überarbeite ihn. ☐ _____

3 Noch einmal Schritt für Schritt

Machen Sie ein Gerüst für den Text.

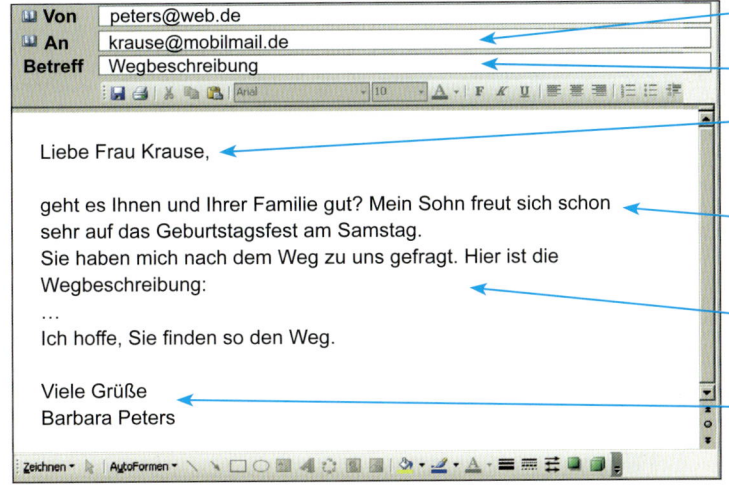

E-Mail-Adresse angeben

Betreff: Thema angeben

Anrede: Sie siezen Frau Krause, aber es ist eine private E-Mail.

erster Satz: Bei Bekannten ist ein persönlicher Satz nett.

Inhalt strukturieren: einleiten, beschreiben, beenden

Mail beenden: Grüße und Name

Wie beschreiben Sie den Weg?

zuerst	die S-Bahn bis …	nehmen
dann	in den Bus Nr. …	umsteigen
	bis …	fahren
	erst nach …, dann nach …	gehen

 FOKUS STRATEGIE

Vor dem Schreiben: Notizen machen, dem Text eine Struktur geben
Beim Schreiben: Notizen benutzen, Rechtschreibung, Grammatik und Aufbau prüfen
Nach dem Schreiben: alles noch einmal lesen, andere um Feedback bitten, Text überarbeiten

4 **Jetzt sind Sie dran.**

a | Was schreiben Sie oft, manchmal, nie auf Deutsch? Was möchten Sie schreiben? Berichten Sie.

> Postkarte | E-Mail | Brief an Ämter | Liebesbrief | Grußkarte | privater Brief |
> Anzeige | Nachricht auf Zettel | SMS | Formular | Gedicht | …

b | Bilden Sie zu den Textsorten Kleingruppen. Überlegen Sie sich ein Thema und schreiben Sie gemeinsam einen Text (z.B. einen Liebesbrief an einen berühmten Menschen, eine Glückwunschkarte zum 50. Geburtstag Ihres Chefs, einen Beschwerdebrief an den Vermieter).

5 **Schreibstrategien für Ihren Alltag**

Wo brauchen Sie Strategien zum Schreiben? Notieren Sie.

Wo? / An wen?	Was?	Welche Strategie(n)?
im Kurs		nach Feedback von anderen fragen
privat		
Freunde, Familie	Brief	
	Postkarte	
	SMS	
beruflich		Struktur planen
Chef	E-Mail	
Kollegen	Zettel mit Nachricht	
öffentlich		
auf dem Amt	Formulare	

1 Was hilft?

Sie haben ein wichtiges Gespräch. Was machen Sie wann? Lesen Sie. Schlagen Sie die Beispiele im Buch nach und suchen Sie weitere.

vor dem Sprechen	Grund und Gesprächspartner: Warum spreche ich? Mit wem spreche ich?
	Notizen machen: Stichpunkte / Fragen notieren KB 8 / 8
	Beginn planen: Wie beginne ich das Gespräch? Mit Smalltalk? KB 8 / 15
beim Sprechen	Reaktionen: Wie reagiert die Gesprächspartnerin / der Gesprächspartner?
	Was will sie / er wissen? Versteht sie / er alles?
	Situation: Will ich höflich sein oder neutral? Welche Redemittel passen?
	Wie ist die Satzmelodie? KB 9 / 14, 15
	Zeit gewinnen und nachfragen: Mit welchen sprachlichen Mitteln? KB 8 / 8
	Gestik und Mimik: Was kann helfen?
nach dem Sprechen	Ergebnis zusammenfassen und Verständnis überprüfen: Ziel erreicht?
	Alles verstanden? (mein Partner und ich)
	meine Fragen: Welche Wörter / Redemittel fehlen mir?

2 Probieren Sie es aus.

a | Sie müssen nächsten Montag von Gießen nach Dresden fahren. Das Zugticket ist teuer. Sie haben eine Mitfahrgelegenheit gefunden. Lesen Sie die Anzeige.

Angebot: Mitfahrer gesucht   « zurück   ✚ Merkzettel hinzufügen   🖨 Drucken

Strecke	**von Köln** über Gießen über Erfurt über Chemnitz **nach Dresden**	**Kontakt**	Name: Marco Franceschi Handy: 0178 3290989 E-Mail: mfranceschi@web.de
Datum	Datum 27.9.10 Uhrzeit 10:00 Uhr	**Details**	Raucher: nein Kosten: 5,- EUR / 100 km / Person
Freie Plätze	2	**Kommentar**	Wir fahren am Montag um 10 Uhr vom Hbf. Köln los. Anderer Ein- / Ausstieg: nur Autobahn möglich
			Bitte über Handy melden!

b | Sie wollen Marco Franceschi anrufen. Was sagen Sie? Was fragen Sie? Machen Sie Notizen.

c | Magda Reuter ruft Marco Franceschi an. Sie hat sich auch Notizen gemacht. Vergleichen Sie.

> Guten Tag, hier ist ...
>
> Ich rufe an, weil ich Ihre Anzeige für eine
> Mitfahrgelegenheit gelesen habe. (Sie!)
>
> Ist noch ein Platz frei?
>
> Kann ich ab Gießen mitfahren?
>
> Wann sind Sie da?
>
> Wie viel muss ich insgesamt zahlen?
>
> Wo kann ich einsteigen? Vielleicht Tankstelle
> (Reinhardtshain) auf der Autobahn?
>
> Wann?
>
> Welches Auto fahren Sie?
>
> Ich habe eine Gitarre!
>
> Ja: Vielen Dank und bis Montag!
>
> Nein: Schade, aber vielen Dank!

2 ◉_56 d | Sie hören jetzt das Telefongespräch. Wenn Marco etwas sagt, gibt es eine Pause. Sprechen Sie dann selbst. Beachten Sie die Reihenfolge auf dem Notizzettel. Reagieren Sie auf das, was Marco sagt.

2 ◉_57 e | Hören Sie jetzt, wie Magda Reuter reagiert. Notieren Sie alle wichtigen Informationen. Notieren Sie auch, wenn Sie etwas nicht verstehen. Vergleichen Sie Ihre Notizen.

f | Was trifft auf Sie zu? Kreuzen Sie an.

Ich kann nach allen wichtigen Informationen fragen. ☐ ja ☐ nein
Ich kann gut auf den Gesprächspartner reagieren. ☐ ja ☐ nein

TIPP

Beim Telefonieren Stift und Zettel zur Hand haben: Fragen, Antworten, wichtige Informationen notieren.

Warum? Kreuzen Sie an und ergänzen Sie.

☐ Ich notiere alle wichtigen Wörter und Sätze vorher. ☐ _____
☐ Ich mache beim Gespräch Notizen. ☐ _____
☐ Ich fasse am Ende alle Informationen zusammen. ☐ _____

3 Noch einmal Schritt für Schritt

Wen ...	**Warum ...**	**Wie ...**
... rufe ich an? (Name) Du / Sie? Bekannt? Was kann ich Persönliches sagen? Smalltalk?	... rufe ich an? Welche Fragen habe ich? Was möchte ich wissen / machen?	... sage oder frage ich das? Kenne ich alle wichtigen Wörter?
Was ...	**Was ...**	**Wann ...**
... will / sagt / fragt mein Gesprächspartner?	... mache ich, wenn ich etwas nicht verstehe?	... sage ich was? Was frage oder sage ich zuerst? Was dann? Was sage ich zum Schluss?

4 Jetzt sind Sie dran.

a | Welche Telefonate müssen Sie bald machen? Überlegen Sie sich zu zweit eine Situation oder
wählen Sie eine. Machen Sie Notizen für das Gespräch.

- Ihr Kind ist krank und kann nicht zum Training gehen. Rufen Sie den Handball-Trainer an.
- Sie haben Ihren Rucksack im Zug vergessen. Rufen Sie im Fundbüro an.
- Sie haben am Schwarzen Brett einen Zettel gefunden: Jemand möchte seine Küchenein-
  richtung an Selbstabholer günstig abgeben. Sie brauchen Herd und Kühlschrank.

b | Stellen Sie Ihre Stühle Rücken an Rücken.
Spielen Sie das Telefongespräch.

c | Geben Sie sich ein Feedback: Was war gut, was war nicht so gut? Sie können das Gespräch auch
aufnehmen. Hören Sie es dann gemeinsam an.

5 Kommunikationsstrategien für Ihren Alltag

Wo brauchen Sie Strategien zum Sprechen? Notieren Sie.

Wo? / Mit wem?	Was?	Welche Strategie(n)?
privat		
Nachbarn	Smalltalk	
Freunde	erzählen	Konnektoren benutzen: zuerst, dann, …
öffentlich		
Arztpraxis	Telefonat: Termin machen	Gespräch planen, Notizen machen
Amt		
Schule	Elternsprechtag, Elternabend	Fragen überlegen
beruflich		
Chef	Urlaub anfragen	
Kollegen	Schicht tauschen	

 FOKUS STRATEGIE

Vor dem Sprechen: Notizen machen, Stichpunkte ordnen
Beim Sprechen: wichtige Informationen notieren, auf Partner achten, nachfragen
Nach dem Sprechen: Ergebnis oder Fragen zusammenfassen

■ Gesprächssituationen

Sie möchten nach dem Befinden fragen.

> A Ach, guten Morgen, Herr … /
>   Frau … Wie geht es Ihnen?
> B Danke, ganz gut.
>   Und bei Ihnen, alles okay?
> A Ja, ja, sicher, alles prima.
> B Und die Kleinen?
> A Entschuldigung, was sagen Sie?
> B Die Kinder. Wie geht es Ihren
>   Kindern?
> A Ach so, ja: Danke, alles gut.
> B Schön, das freut mich.
> A Ja, dann. Ich muss …
>   Schönen Tag noch!
> B Danke, Ihnen auch, Herr … / Frau …

Sie möchten einen Vorschlag ablehnen.

> A Hi …! Wie geht's?
> B Tag … Geht so.
> A Hast du Stress?
> B Ja, viel Arbeit, wenig Freizeit.
>   Leider.
> A Ach so. Hm, was machst du heute
>   Abend? Gehen wir ins Kino / …?
> B Nee, keine Zeit. Tut mir leid.
> A Schade! Also dann! Tschüss.
> B Tschüss und viel Spaß!

Sie möchten nach dem Weg fragen.

> A Entschuldigung. Ich suche … Können
>   Sie mir helfen?
> B Hm, ja, Moment … Sie gehen hier
>   rechts und dann links … oder …
> A Entschuldigen Sie, können Sie das
>   bitte nochmal …
> B Ja, jetzt weiß ich: Hier zuerst rechts
>   und dann gleich links …
> A Okay, hier rechts, dann links.
> B Ja, genau, und da sehen Sie … schon.
> A Danke, vielen Dank!
> B Gern. Tschüss. / Wiedersehen.

☐ Redemittel – Bausteine

Begrüßen, sich vorstellen und Gespräch eröffnen	Jemanden ansprechen, um etwas bitten, etwas vorschlagen	Reaktionen
Hallo! Hi! Guten Tag! Tag! Guten Morgen! Guten Abend!	Entschuldigung! / Entschuldige! / Entschuldigen Sie (bitte)! Ist hier frei?	Bestätigung: Schön. / Das freut mich. Aha. / Interessant.
Mein Name ist … / Ich bin … / Ich bin Ihr Nachbar / Ihre Nachbarin.	Ich habe ein Problem. Kannst du mir helfen? Können Sie mir helfen?	Bedauern: Leider. / Schade.
Wie geht's? Alles okay? Wie geht es Ihnen?	Was machst du …? / Was machen Sie …? Gehen wir …? / Machen wir …?	Dank: Das ist nett. / Danke! / Vielen Dank! Auf Dank reagieren: Gern! / Kein Problem!

Sie möchten sich verabreden.

A Hallo! Wann machen Sie Pause?
B Um … Machen wir zusammen
Mittagspause?
A Ja, gern. Gehen wir in die Kantine?
B Was gibt es denn da heute?
A Ich glaube, …
B Das ist gut, ich mag …
A Also dann bis …
B Bis später, Herr / Frau …

Sie möchten etwas ausleihen.

A Guten Abend, … ich bin …, Ihr Nachbar /
Ihre Nachbarin. Ich wohne unten / oben.
B Guten Abend …
A Entschuldigen Sie, ich habe ein Problem.
Ich möchte …, aber ich habe kein …
B Kein Problem.
A Das ist nett. Vielen Dank.
B Gern. Tschüss.

Sie möchten Kontakt aufnehmen.

A Entschuldigen Sie bitte. Ist hier frei?
B Ja, sicher, bitte.
A Danke, das ist nett.
B Ach, süß. Ist das Ihr Baby / Kind?
A Ja, das ist …
B Wie bitte? Wie heißt die Kleine / der Kleine?
A …
B Aha, interessant. Schöner Name!
Na dann … Alles Gute!
A Danke! Wiedersehen!

Sie verstehen etwas nicht und fragen nach.

A Guten Tag, mein Name ist …
B Guten Tag, wie heißen Sie bitte? Können Sie
bitte buchstabieren?
A …
B Ah, ja, Herr … / Frau …, was kann ich für Sie tun?
A Ich möchte … / suche … / brauche …
Hmm, wie heißt das auf Deutsch?
B …
A Ich verstehe nicht. Noch einmal bitte!
B …
A Ah, okay. Ich verstehe … Dann vielen Dank.
B Gern. Auf Wiedersehen.
A Auf Wiedersehen.

Nachfragen

Wie bitte? / Ich verstehe nicht. /
Was sagst du? / Was sagen Sie?

Noch einmal bitte. /
Kannst du das bitte wiederholen / noch einmal sagen? /
Können Sie das bitte wiederholen / noch einmal sagen?

Wie heißt das auf Deutsch?

Kannst du das bitte buchstabieren?
Können Sie das bitte buchstabieren?

Gespräch beenden und sich verabschieden

Ich muss … / Also dann … /
Ja dann / Na dann …

Schönen Tag noch! /
Viel Spaß! / Alles Gute!

Tschüss! / (Auf) Wiedersehen! /
Bis später! / Bis bald!

Textsorten / Schriftliche Texte

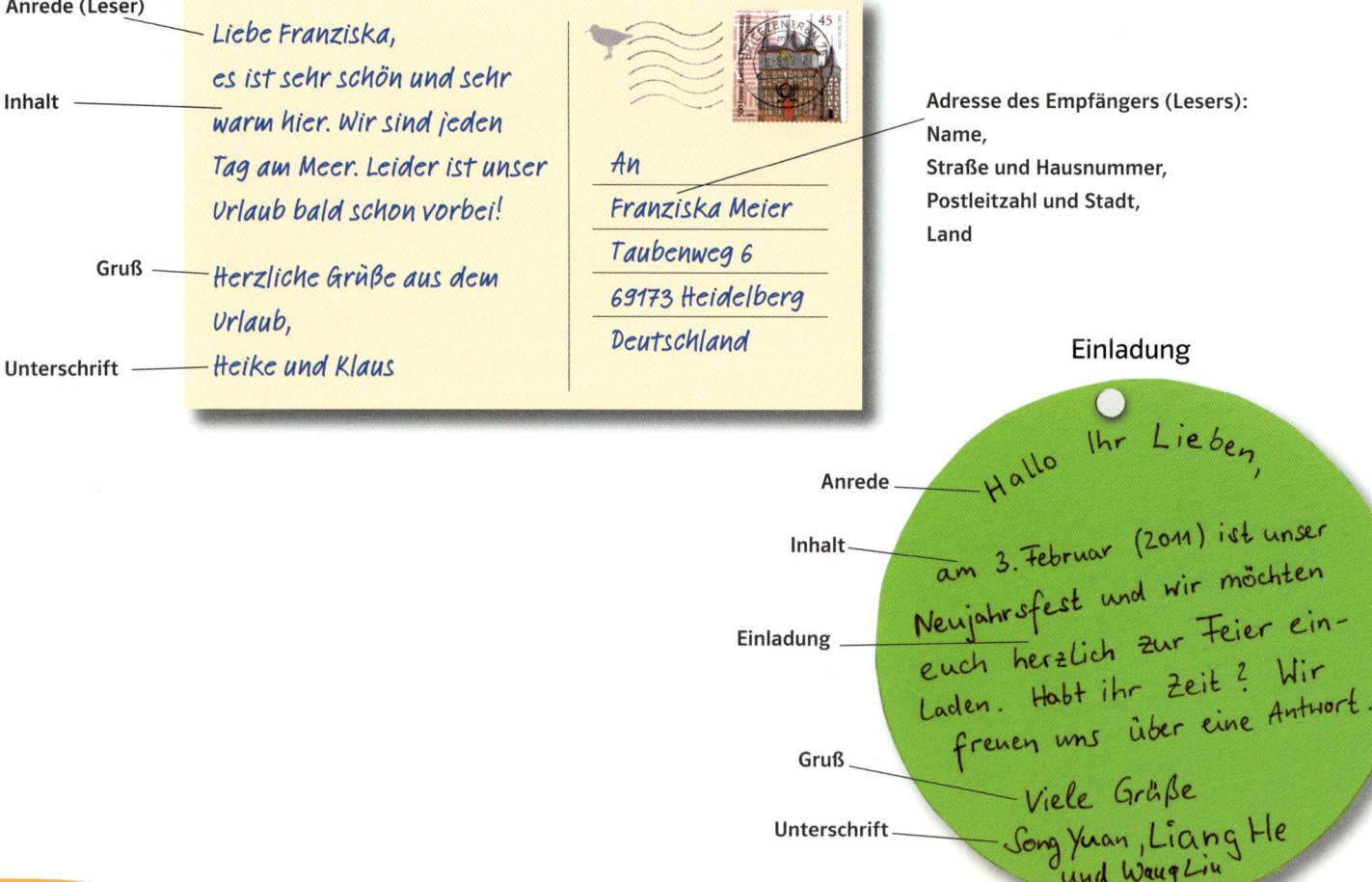

Notiz

Liebe Familie Kohler, — Anrede

wir sind nächste Woche nicht da. — Inhalt

Können Sie bitte nach unserer
Post sehen?

Herzlichen Dank und bis bald! — Dank / Wiedersehen

Ihre Nachbarn Mesut und Nahid Cetin — Unterschrift

Postkarte, Urlaubsgrüße

Anrede (Leser) — Liebe Franziska,

Inhalt — es ist sehr schön und sehr warm hier. Wir sind jeden Tag am Meer. Leider ist unser Urlaub bald schon vorbei!

Gruß — Herzliche Grüße aus dem Urlaub,

Unterschrift — Heike und Klaus

An
Franziska Meier
Taubenweg 6
69173 Heidelberg
Deutschland

Adresse des Empfängers (Lesers):
Name,
Straße und Hausnummer,
Postleitzahl und Stadt,
Land

Einladung

Anrede — Hallo Ihr Lieben,

Inhalt — am 3. Februar (2011) ist unser Neujahrsfest und wir möchten

Einladung — euch herzlich zur Feier einladen. Habt ihr Zeit? Wir freuen uns über eine Antwort.

Gruß — Viele Grüße

Unterschrift — Song Yuan, Liang He und Wang Liu

Textbausteine

Anrede

Hallo …
Liebe(r) … Liebe Familie …
Sehr geehrte(r) … Sehr geehrte Damen und Herren

Wünsche

Gute Besserung!
Herzlichen Glückwunsch! Alles Gute! Ich wünsche dir / euch / Ihnen alles Gute!
Schönen Urlaub!
Schöne / Frohe Feiertage!
Viel Glück / Erfolg!
Viel Spaß!

Einladung

… lade/n dich / euch zum … ein … möchte/n dich / euch herzlich einladen zum … … möchte/n gern mit dir / euch feiern / essen / ausgehen …
… lade/n Sie zum … ein … möchte/n Sie herzlich einladen zum … … möchte/n gern mit Ihnen feiern / essen / ausgehen …

E-Mail

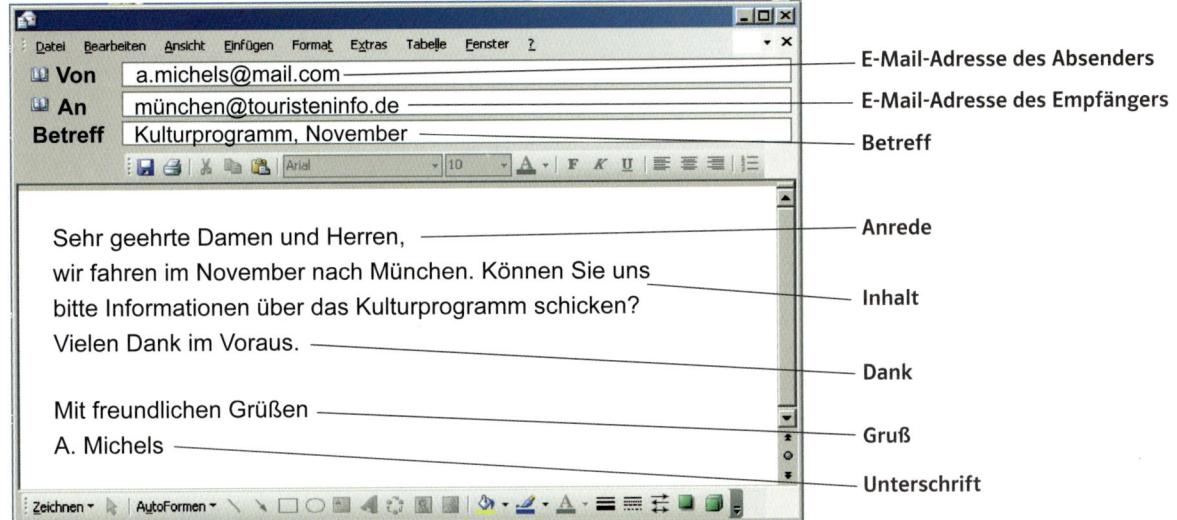

E-Mail-Adresse des Absenders

E-Mail-Adresse des Empfängers

Betreff

Anrede

Inhalt

Dank

Gruß

Unterschrift

SMS

Anrede

Inhalt

Gruß
Unterschrift

Gruß-/Glückwunschkarte

Anrede

Inhalt (hier: Wünsche)

Wiedersehen

Gruß

Unterschrift

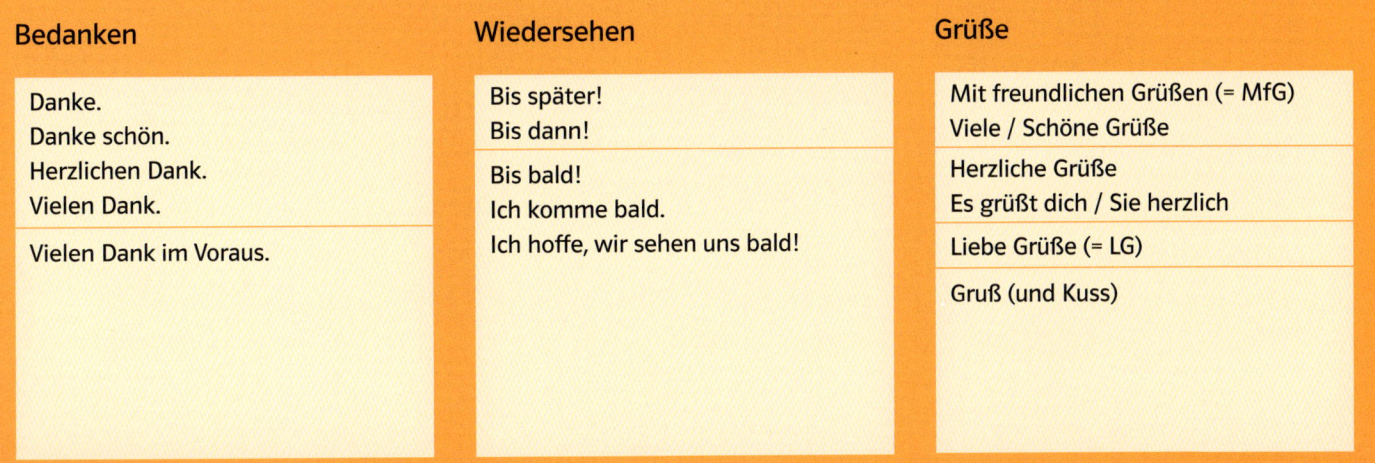

Bedanken

Danke. Danke schön. Herzlichen Dank. Vielen Dank.
Vielen Dank im Voraus.

Wiedersehen

Bis später! Bis dann!
Bis bald! Ich komme bald. Ich hoffe, wir sehen uns bald!

Grüße

Mit freundlichen Grüßen (= MfG) Viele / Schöne Grüße
Herzliche Grüße Es grüßt dich / Sie herzlich
Liebe Grüße (= LG)
Gruß (und Kuss)

1 Laute und Buchstaben

2 ⊙_58 **Vokale**

Buch-staben	Laute	Beispiele
A-Laute		
A a Aa aa Ah ah	[aː]	ja Staat Zahl
A a	[a]	Bank
E-Laute		
E e ee Eh eh	[eː]	woher Allee sehr
Ä ä Äh äh	[ɛː]	Präsens wählen
E e Ä ä	[ɛ]	nett ergänzen
-e/ e-	[ə]	bitte Begrüßung
-er/ er-	[ɐ]	vergleichen Nummer

Buch-staben	Laute	Beispiele
I-Laute		
I i ie ih y	[iː]	Berlin hier ihr Handy
I i	[ɪ]	bitte
O-Laute		
O o Oh oh oo	[oː]	Auto wohnen Zoo
O o	[ɔ]	kommen
U-Laute		
U u Uh uh	[uː]	super Uhr
U u	[ʊ]	Nummer

Buch-staben	Laute	Beispiele
Ö-Laute		
Ö ö Öh öh	[øː]	schön fröhlich
Ö ö	[œ]	Wörter
Ü-Laute		
Ü ü Üh üh Y y	[yː]	Tür Frühling typisch
Ü ü Y y	[ʏ]	tschüss sympathisch
Diphthonge		
Au au	[aʊ]	Frau
Äu äu Eu eu	[ɔʏ]	Häuser neu
Ai ai Ei ei	[aɪ]	Mai heißen

Konsonanten

Buch-staben	Laute	Beispiele
B b bb	[b]	Bank Hobby
-b	[p]	gelb
C c	[k] [ts]	Computer CD
Ch ch	[ç] [x]	sprechen Sprache
chs	[ks]	sechs
ck	[k]	backen
D d	[d]	Adresse
-d dt	[t]	Kind Stadt
F f ff	[f]	Fenster Kaffee
G g	[g]	gut
-g	[k]	Tag
-ig	[ç]/[k]	traurig
gs	[ks]	mittags
H h	[h]	heißen
h	-	wohnen

Buch-staben	Laute	Beispiele
J j	[j]	ja
K k	[k]	Klingel
ks	[ks]	links
L l ll	[l]	Land Allee
M m mm	[m]	Mann kommen
N n nn	[n]	Name Mann
ng	[ŋ]	Klingel
nk	[ŋk]	Bank
P p pp	[p]	Platz Tipp
Pf pf	[pf]	Kopf
Ph ph	[f]	Phonetik
Qu qu	[kv]	Qualität
R r rr	[ʁ]	Frau Herr
r	[ɐ]	hier

Buch-staben	Laute	Beispiele
S s	[z]	Sohn
s ss ß	[s]	Haus Adresse heißen
Sch sch	[ʃ]	schön
Sp sp	[ʃp] [sp]	Sport Prospekt
St st	[ʃt] [st]	Straße Post
T t tt Th th	[t]	Tür bitte sympathisch
-tion ts tz	[ts]	Lektion rechts Platz
V v	[f] [v]	vier Visum
W w	[v]	wohnen
X x	[ks]	Max
Z z zz	[ts]	Zahl Pizza

2 Wörter und Sätze

Es gibt verschiedene Wortarten.

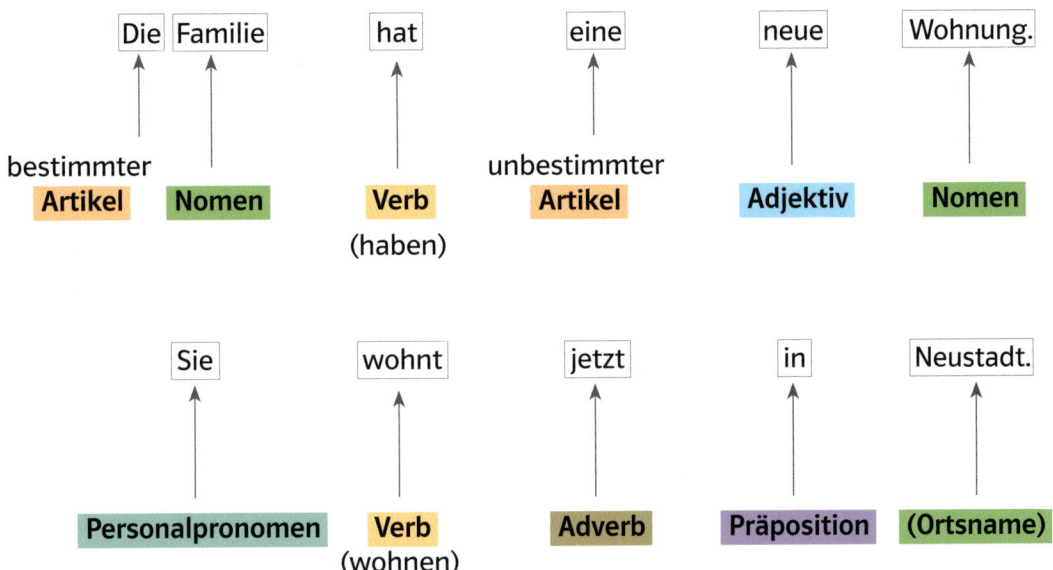

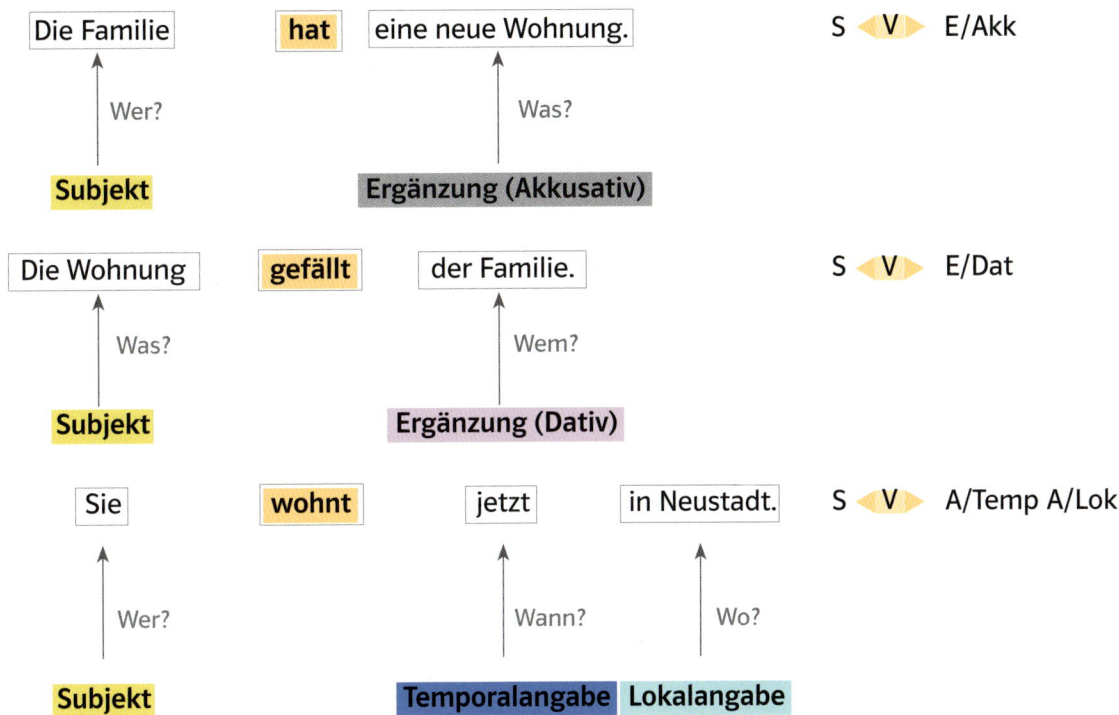

3 Sätze

Satzarten

Aussagesatz

	Position 1	Position 2 Verb Teil 1		Satzende Verb Teil 2
	Ich	bin	Alexis.	
	Mein Name	ist	Beata.	
	Am Wochenende	haben	wir frei.	
Trennbare Verben	Sie	steht	morgens früh	auf.
Nicht trennbare Verben	Er	besucht	einen Deutschkurs.	
Verb + Infinitiv	Am Abend	gehen	die Freunde	tanzen.
Modalverb + Infinitiv	Chao	kann	Auto	fahren.
Perfekt	Lisa	ist	mit dem Bus	gefahren.

W-Frage

	Position 1	Position 2 Verb Teil 1		Satzende Verb Teil 2
	Wo	wohnst	du?	
	Was	sind	Sie von Beruf?	
	Wie alt	ist	Max?	
Trennbare Verben	Wann	steht	Herr Langner	auf?
Nicht trennbare Verben	Wie viel	verdienen	Sie?	
Verb + Infinitiv	Wie oft	geht	sie im Supermarkt	einkaufen?
Modalverb + Infinitiv	Was	möchtet	ihr heute	essen?
Perfekt	Wer	hat	die Rechnung	bezahlt?

Ja- / Nein-Frage

	Haben	Sie	heute Abend Zeit?	
Trennbare Verben	Siehst	du	auch so gern	fern?
Nicht trennbare Verben	Gefällt	Ihnen	die Wohnung?	
Verb + Infinitiv	Geht	ihr	mittags zusammen	essen?
Modalverb + Infinitiv	Können	Sie	gut im Team	arbeiten?
Perfekt	Hat	es	sehr	wehgetan?

Imperativ-Satz

Bitte	denk	an die Briefe!		
	Räumt	endlich das Geschirr	weg!	
	Steigen	Sie bitte	ein!	
Bitte	entnehmen	Sie die Karte.		

Mit *und, oder, aber* können Sie Satzteile / Sätze verbinden. Vor *aber* steht ein Komma.

Satzteil + Satzteil

Sie kauft Mehl, Milch **und** Eier.   Ist er Arzt **oder** Krankenpfleger?   Die Wohnung ist klein, **aber** schön.

Hauptsatz + Hauptsatz

Ich bin Alexa **und** das ist Pjotr. **Und** wer sind Sie?   (gleichgeordnet)
Gehst du zu Fuß **oder** fährst du mit dem Auto?   (alternativ)
Martina möchte einen Kuchen backen, **aber** sie hat kein Mehl.   (adversativ)

Hauptsatz + Nebensatz mit *weil*

Frage: **Warum** fahrt ihr mit dem Auto?

Hauptsatz	Nebensatz		
Wir fahren mit dem Auto in den Urlaub,	weil	wir immer viel Gepäck	haben.
Eine Bahnfahrt ist nicht so anstrengend,	weil	man bei der Fahrt lesen und schlafen	kann.

Wie erkenne ich
die Satzarten?

Am Satzzeichen und an
der Verbposition.

Mit *weil* können Sie etwas begründen, aber auch mit der Partikel *nämlich*.
Wir fahren mit dem Auto, **weil** wir immer viel Gepäck haben.
Wir fahren mit dem Auto, wir haben **nämlich** immer viel Gepäck.

4   Verben

Im Wörterbuch stehen die Verben im Infinitiv: lern**en** — *Infinitiv-Endung*
                                    Präfix → **ab**fahr**en**
                                            Verbstamm

Mit dem Präsens drücken Sie aus:
- Etwas geschieht gerade in diesem Augenblick: Lisa **kommt** zu spät.
- Etwas geschieht normalerweise: Lisa **fährt** mit dem Bus zur Arbeit.
- Etwas geschieht in der Zukunft: Lukas **fliegt** nächste Woche nach Spanien.
- Etwas gilt generell: Alle Kinder **haben** Eltern.

Es gibt verschiedene Verbarten.

Personal-pronomen	kochen	antworten	unregelmäßig: a → ä , e → i		trennbar	nicht trennbar
			fahren	nehmen	ein|steigen	bezahlen
ich	koche	antworte	fahre	nehme	steige ein	bezahle
du	kochst	antwortest	fährst	nimmst	steigst ein	bezahlst
er / es / sie	kocht	antwortet	fährt	nimmt	steigt ein	bezahlt
wir	kochen	antworten	fahren	nehmen	steigen ein	bezahlen
ihr	kocht	antwortet	fahrt	nehmt	steigt ein	bezahlt
sie	kochen	antworten	fahren	nehmen	steigen ein	bezahlen
Sie	kochen	antworten	fahren	nehmen	steigen ein	bezahlen

- Verbstamm auf -t, -d, -chn: du antwortest, er findet, sie rechnet, …
- Verbstamm auf -eln: ich lächle, ich klingle, …
- Verbstamm auf -ß, -s, -z: du heißt, er heißt, … du liest, er liest, …

Unregelmäßige Verben

Unregelmäßige Verben mit *a* und *e* wechseln in der 2. und 3. Person den Vokal.

a → ä		e → i / ie	
schlafen	ich schlafe, du schläfst, er schläft	sehen	ich sehe, du siehst, er sieht
laufen	ich laufe, du läufst, er läuft	essen	ich esse, du isst, er isst
gefallen	ich gefalle, du gefällst, er gefällt	sprechen	ich spreche, du sprichst, er spricht

Trennbare Verben

Die trennbaren Verben haben zwei Teile. Im Infinitiv bilden sie ein Wort, im Satz werden sie oft getrennt. Der Wortakzent liegt auf dem Präfix.

aufmachen	Machen Sie bitte den Mund auf!
einziehen	Wann zieht Markus bei Jan ein?
abhören	Die Sekretärin muss den Anrufbeantworter abhören.

Nicht trennbare Verben

Bei den nicht trennbaren Verben bleiben Präfix und Verb in allen Formen zusammen. Der Wortakzent liegt auf dem Verbstamm.

bestätigen	Bestätigen Sie die Eingabe.
gefallen	Das gefällt mir.
erzählen	Was war los? Erzähl mal.
vergessen	Ich habe die Geheimzahl vergessen.

An der 2. und 3. Person Präsens. Sie lernen: fahren, fährt, einsteigen, steigt ein.

Wie erkenne ich unregelmäßige und trennbare Verben?

studio [21]

Intensivtraining
Deutsch als Fremdsprache

A1

Lösungen

Start auf Deutsch

1

a) a: Hören Sie., b: Fragen Sie. – Antworten Sie. – Sprechen Sie., c: Schreiben Sie. – Ergänzen Sie. – Notieren Sie.

b) 2. Antworten, 3. Buchstabieren, 4. Notieren, 5. Fragen, 6. Hören, 7. Lesen, 8. Kreuzen, 9. Verbinden, 10. Markieren

c) b: 4, c: 9, d: 5, e: 8, f: 6, g: 2, h: 3, i: 10, j: 7

2

2. Fragen Sie., 3. Buchstabieren Sie. , 4. Antworten Sie.

3

a)

1. + Herr Yilmaz, wo wohnen Sie?
   – Ich wohne in Wiesbaden. Das ist bei Mainz. Und Sie, Frau Novak?
   + Ich wohne in Frankfurt.
2. + Frau Kim, woher kommen Sie?
   – Ich komme aus Korea. Und Sie, Herr Chan?
   + Ich komme aus Peking. Das ist in China.

1 Kaffee oder Tee?

1

b) a: 2, b: 1, c: 3

c) 1. Woher, 2. Wo, 3. Wo, 4. Woher, 5. Was, 6. Was

d) 1. e, 2. f, 3. a, 4. b, 5. c, 6. d

2

1. 101 – 2. 16,70 – 3. 38 – 4. 74 36 82

3

1. 0171285476, 2. 202, 3. 0911 552119, 4. 8,40 Euro, 5. 6,80 Euro

4

bist, heiße, ist, kommst, komme, komme, Wohnst, wohne, Möchten, nehme, trinkst, nehme

5

1. wohnen, 2. heißen, 3. sammeln, 4. sortieren

6

1. Milchkaffee, 2. Rotwein, 3. Wasser, 4. Orangensaft, 5. Eistee, 6. Kakao

7

2. Das ist Rahul. Er kommt aus Indien und wohnt in Hamburg. Er ist im Fotografiekurs.
3. Das ist Ying Xie. Sie kommt aus China und wohnt in Dortmund. Sie ist im Computerkurs.
4. Das sind Paul und Jenny. Sie kommen aus England und wohnen in Bremen. Sie sind im Deutschkurs.

8

a) 2. Ich trinke Tee ohne Zucker., 3. Ich nehme Wasser mit Eis., 4. Ich übe Verben mit Wortakzent., 5. Ich schreibe das Wort „Tür" ohne „h".

9

a)

ich	bin	wir	sind
du	bist	ihr	seid
er/es/sie	ist	sie/Sie	sind

c) 1. ist – bin, 2. sind – Seid – sind – bist, 3. Ist – sind

10

ich	komme, heiße, wohne, habe
du	bist, kommst, sprichst
er/es/sie	ist, antwortet, sammelt
wir	nehmen, möchten, sind, zahlen
ihr	möchtet, antwortet, sammelt
sie/Sie	nehmen, möchten, sind, zahlen

2 Sprache im Kurs

1

a) 1. Karin – Nick – Jeff
2. Stefan (– Lin Lin)
3. Stefan – Akgün – Lin Lin – Jeff
4. Karin – Lin Lin – Jeff
5. Stefan – Akgün – Jeff

b) 1. Jeff, 2. Lin Lin, 3. Karin, 4. Akgün, 5. Nick

2

a) und b)

1. 2 Kein Problem. Die Frage ist: Woher kommt Frau Kim? (KL)
   1 Das verstehe ich nicht. Können Sie die Frage bitte wiederholen? (KT)
   3 Frau Kim? Keine Ahnung. (KT)
2. 4 Noch einmal: Das ist eine Brille. Die Brille. (KL)
   1 Wie heißt das auf Deutsch? (KT)
   3 Das verstehe ich nicht. Können Sie das bitte wiederholen? (KT)
   2 Das ist eine Brille. (KL)
3. 2 Können Sie das bitte buchstabieren? (KT)
   4 Können Sie das Wort bitte anschreiben? (KT)
   1 Das ist ein Wörterbuch. (KL)
   3 W-Ö-R-T-E-R-B-U-C-H. (KL)
   5 Na klar, gerne. (KL)

c) a: 4, b: 2, c: 3, d: 5, e: 1

d) 1. Ich habe eine Frage., 2. Können wir eine Pause machen?, 3. Wie heißt der Plural von Stuhl?, 4. Das verstehe ich nicht., 5. Was ist das?

3

1. der Ordner, 2. der Tisch, 3. der Kuli, 4. das Handy, 5. der Becher, 7. der Stuhl

4

2. -e, 3. -er, 4. ¨-er, 5. -n, 6. -en, 7. -, 8. -s

5

1. das Brötchen – die Brötchen, 2. die Brille – die Brillen, 3. der Füller – die Füller, 4. die Lampe – die Lampen, 5. das Fahrrad – die Fahrräder, 6. der Becher – die Becher, 7. der Saft – die Säfte, 8. das Heft – die Hefte

6

1. die, 2. –, –, 3. ein – das, 4. ein – der, 5. ein – eine, 6. –, –

7

2. Da ist ein Tisch, aber keine Tafel, 3. Da ist ein Kuli, aber kein Füller., 4. Da ist ein Handy, aber keine Tasche., 5. Da ist ein Becher, aber kein Brötchen.

3 Städte – Länder – Sprachen

1

a) 2c, 3a, 4b

c) 1. Wer lernt Englisch?, 2. Woher kommen 2,5 Millionen Menschen?, 3. Was ist eine Muttersprache?

2

85 % Englisch, 33 % Französisch, 16 % Spanisch, 15 % Russisch, 10 % Italienisch

3

2. Paul kommt aus den USA, aber er lebt in England.
3. Albina kommt aus dem Iran, aber sie lebt in der Slowakei.
4. Antonio kommt aus der Schweiz, aber er lebt in den Niederlanden.

4

G	U	J	Y	N	R	M	B	B	K	D	O	D	G	K
G	B	Y	U	O	U	G	E	O	K	F	P	O	D	R
Q	J	J	V	N	U	H	K	R	L	N	P	D	R	O
B	V	Y	N	K	B	E	R	L	I	N	B	U	E	X
E	H	A	N	N	O	V	E	R	I	V	R	M	S	A
R	M	R	Q	I	P	H	A	M	B	U	R	G	D	W
N	F	S	W	D	X	Q	D	J	X	W	X	G	E	B
K	P	V	V	Q	E	U	I	L	U	Z	E	R	N	C
J	D	S	V	J	Z	U	B	O	D	Q	J	A	Z	X
B	V	B	P	B	P	W	I	E	N	P	O	Z	Q	E

2. Wien, 3. Bern, 4. Hamburg, 5. Graz, 6. Hannover, 7. Dresden, 8. Luzern

5

a) 1. waren – warst, 2. bin – warst – war, 3. waren – war – Ist, 4. war – War

b) 2. Fatih war schon mal in Bremen., 3. Herr Meier kommt aus Wien., 4. Thomas hat alle CDs von Yo-Yo Ma.

6

a) 2. sprecht, 3. sprechen – spreche – spricht, 4. sprichst – spreche, 5. sprechen

b)

ich	spreche	wir	sprechen
du	sprichst	ihr	sprecht
er/es/sie	spricht	sie/Sie	sprechen

7

a) 2. Woher, 3. Wo, 4. Wer, 5. Wo, 6. Was, 7. Wo, 8. Wie

b) 2d, 3e, 4g, 5h, 6a, 7c, 8b

c) 3. Lebt die Familie von Yijiang in Nordchina?, 4. Ist das Chantal?, 5. Liegt Wiesbaden in der Nähe von Frankfurt?,

6. Studiert Sarah Musik?, 7. Arbeitet Sam bei Opel?, 8. Geht's dir gut?

8

2. Wo wohnt ihr, Eva und Michael?
3. Herr Kim, kommen Sie aus China?
4. Laura, welche Sprachen sprichst du?
5. Herr und Frau Schiller, waren Sie gestern in Amsterdam?
6. Woher kommt ihr, Marisa und Antonio?

9

1. . – ?, 2. . – ? – ., 3. . – ? – ., 4. ? – .

Leben in Deutschland 1

2

a) Niedersachsen, Hannover, Schleswig-Holstein, Kiel, Hamburg, Berlin, Bremen, Mecklenburg-Vorpommern, Schwerin, Magdeburg, Sachsen-Anhalt, Potsdam, Brandenburg, Dresden, Sachsen, Erfurt, Thüringen

b) 2. Saarbrücken ist die Hauptstadt vom Saarland. Die Stadt liegt südlich von Trier., 3. Mainz ist die Hauptstadt von Rheinland-Pfalz. Die Stadt liegt südwestlich von Frankfurt., 4. Wiesbaden ist die Hauptstadt von Hessen. Die Stadt liegt nordwestlich von Würzburg., 5. Stuttgart ist die Hauptstadt von Baden-Württemberg. Die Stadt liegt nordöstlich von Freiburg., 6. München ist die Hauptstadt von Bayern. Die Stadt liegt südöstlich von Augsburg.

c) *von Westen nach Osten:* 3 – 1 – 5 – 2 – 4

4 Menschen und Häuser

1

a) 1. richtig, 2. falsch, 3. richtig, 4. falsch, 5. falsch, 6. richtig

b) 1. Arifin, 2. Stefan, 3. Arifin, 4. Cem, 5. Florian

2

a) 2. laut, 3. klein, 4. dunkel, 5. hässlich, 6. langsam

b) 1. warm, 2. ruhig, 3. groß, 4. hell, 5. schön, 6. schnell

3

a) 2. falsch, 3. richtig, 4. falsch, 5. richtig, 6. falsch

b) 2. Die Gartenstraße ist leise., 4. Die Zimmer sind hell., 5. Die Wohnung ist teuer.

4

a) 2. n, 3. n, 4. Pl., 5. Pl., 7. f, 8. m

b) 2. unser, 3. mein, 4. eure, 5. deine, 6. ihr, 7. ihre, 8. Ihr

5

2. dein, 3. unsere, 4. ihr, 5. eure, 6. ihre, 7. Sein

6

1. eine (unbestimmt/Akkusativ), 2. einen (unbestimmt/Akkusativ), 3. Der (bestimmt/Nominativ), 4. die (bestimmt/Akkusativ), 5. das (bestimmt/Nominativ), 6. eine (unbestimmt/Akkusativ), 7. ein (unbestimmt/Akkusativ), 8. die (bestimmt/Akkusativ), 9. die (bestimmt/Nominativ), 10. einen (unbestimmt/Akkusativ), 11. das (bestimmt/Nominativ)

7

ein, einen, ein, ein, ein, ein, einen, einen, ein, ein, einen, ein, ein

8

a) 1. Susanne, 2. Bernd

b) 1. b, 2. c, 3. c, 4. a, 5. b, 6. c, 7. c, 8. a, 9. b

9

2. schläft, 3. schläfst, 4. Schlafen, 5. schlaft, 6. schlafen

ich	schlafe	wir	schlafen
du	schläfst	ihr	schlaft
er/es/sie	schläft	sie/Sie	schlafen

10

a – r – t – e – n

Lösungswort: Gartenstraße

5 Termine

1

a) halb sieben, sieben, Viertel nach sieben, fünf nach halb acht, acht, zwanzig nach eins, halb vier, Viertel nach sieben, halb elf, halb sieben

b) 2. 7.00, 3. 7.15, 4. 7.35, 5. 8.00, 6. 13.20, 7. 15.30, 8. 19.15, 9. 22.30

2

2b, 3a, 4h, 5f, 6d, 7g, 8e

3

a) a: 2, b: 3, c: 1, d: 4

b) 1. 7.00 Uhr, 2. 15.35 Uhr, 3. 9.00 Uhr, 4. 16.30 Uhr

4

a) 1. Gute Nacht!, 2. Guten Morgen!, 3. Guten Tag!, 4. Guten Tag!, 5. Guten Abend!

c) 1e, 2d, 3b, 4a, 5c, 6f

5

1.a, 2.a, 3.b, 4.a, 5.b

7

a) 1. an, 2. zu, 3. aus, 4. auf, 5. mit, 6. ein

b)

2. + Kaufst du ein?
   – Ja, ich kaufe ein.
   + Wo kaufst du ein?
   – Ich kaufe im Supermarkt ein.

3. + Gehst du aus?
   – Ja, ich gehe aus.
   + Wann gehst du aus?
   – Ich gehe am Wochenende aus.

4. + Fängst du an?
   – Ja, ich fange an.
   + Wann fängst du an?
   – Ich fange um neun Uhr an.

8

Lösungswort: Termine

9

2. Nein, er arbeitet heute nicht., 3. Morgen habe ich keine Zeit., 4. Ich möchte keine Cola., 5. Nein, wir können am nächsten Wochenende nicht., 6. Wir haben am Montag keinen Termin frei., 7. Nein, ich komme nicht mit.

10

a)

ich	hatte	wir	hatten
du	hattest	ihr	hattet
er/es/sie	hatte	sie/Sie	hatten

b) hatte, hatte, hatten, hatte, hatten, hatten, hatte, Hattest

11

1. war – Hattet – waren – wart – hatte – war – hatten,
2. warst – hatten – hatte – war – Hattest – hatte – War

6 Orientierung

1

a) 1a, 2d, 3b, 5c

b) 1c, 2b, 3b, 4a, 5c, 6b, 7b, 8a

2

K	E	R	F	F	A	N	T	O	R	L	A
S	T	R	A	S	S	E	N	B	A	H	N
A	L	E	Q	U	I	K	B	A	R	D	U
B	U	S	T	E	F	E	R	N	A	N	F
N	E	T	H	P	A	K	C	K	I	N	O
M	B	A	H	N	H	O	F	I	D	A	P
J	S	U	R	S	R	S	C	H	U	L	E
I	S	R	N	E	R	E	D	N	U	T	R
O	R	A	S	T	A	L	E	O	N	E	U
K	E	N	G	A	D	I	T	R	T	L	N
T	N	T	A	E	G	H	U	N	K	P	G

1. Straßenbahn – Restaurant – Fahrrad
2. Bus – Schule – Oper – Bahnhof

3

a) 2, 3, 4, 5

b) 2. mit dem Zug, 3. mit dem Bus, 4. mit dem Auto, 5. mit dem Zug

4

neunten Sechsten, sechzehnten Sechsten, zweiten Siebten, dritten Siebten, siebten Siebten, vierzehnten Siebten, ersten Achten

5

1. vor der, 2. im, 3. im – Neben, 4. Im – an der

6

2. In der vierten Etage links, 3. in der ersten Etage, 4. in der dritten Etage links, 5. in der vierten Etage rechts, 6. in der zweiten Etage links

7

2. im Sprachkurs, 3. im Sekretariat / im Büro, 4. im Kino,
5. in der Küche, 6. in der Bibliothek

9

a) In, in, in, zwischen, im, unter, neben, Im, In, unter, neben,
unter
b) b: Kurs A2, c: Kurs A1, d: Kantine, e: Treppenhaus, f: Sekretariat, g: Videoraum, h: Lesezimmer, i: Projektgalerie

Leben in Deutschland 2

1

a) hat, ist, lernt, trifft, kochen, gehen, besucht, hat, arbeitet,
macht, schreibt, geht, geht ... aus, kommen, frühstücken
b)
Montag: 14.30–17.00 Deutsch lernen
Dienstag: 12.30 Mittagessen bei Marie, 14.00–16.00
Museum
Mittwoch: 10.00–11.30 WG besuchen, 16.15 Prof. Huber
(Universität)
Donnerstag: 9.00–13.00 arbeiten (Supermarkt),
13.30 Fitness-Studio
Freitag: 10.00 Test schreiben (Universität), 14.45 Friseur
Samstag: 19.35 ausgehen mit Hanna
Sonntag: 9.45 Frühstück mit Iris und Theo

2

a) a: 3, b: 2, c: 1, d: 4
b) 1b, 2a, 3a, 4b

3

a) 2h, 3f, 4e, 5i, 6c, 7a, 8b, 9d
b) 1c, 2b, 3a

7 Berufe

1

Sabine, Monika, Stefanie, Ralf und Helga arbeiten auch am
Wochenende.
Sabine, Marion, Monika, Stefanie und Carsten interessieren
sich für Technik.
Sabine und Monika sind beruflich oft im Ausland.
Marion und Stefanie reparieren etwas.
Marion, Monika, Stefanie und Helga sind Chefinnen.

2

a) a: 5, b: 1, c: 2, d: 4, e: 6, f: 3
b) 1. In der Werkstatt., 2. Beim Friseur., 3. Im Taxi., 4. Im Büro.,
5. Im Krankenhaus., 6. Im Café.

3

a) 2c, 3d, 4b, 5e, 6a
b) 2. Schuhverkäufer verkaufen Schuhe in einem
Schuhgeschäft.
3. Lehrer unterrichten Deutsch in einer Schule.
4. Ärzte untersuchen Patienten in einem Krankenhaus.
5. Kfz-Mechatroniker reparieren Autos in einer Werkstatt.
6. Friseure schneiden Haare in einem Friseursalon.

4

a) 2. Papierkorb, 3. Ordner, 4. Pflanze, 5. Drucker, 6. Bild
b) 3. Büro

5

1. Redakteurin, Bonn, Zeitung, Marktstraße
2. Programmiererin, 10-17 Uhr, Michael, Frankfurt

6

a) arbeiten, verkaufen, beraten, aufstehen,
einkaufen, bringen
b) Erkan muss jeden Montag und Donnerstag sehr früh
aufstehen.

7

können, kann, muss, Musst, kannst, kann, muss, können

ich	kann	muss
du	kannst	musst
er/es/sie	kann	muss
wir	können	müssen
ihr	könnt	müsst
sie/Sie	können	müssen

8

Arbeitslosigkeit, arbeitslos, Arbeit, Arbeitsagentur,
Arbeitsmarkt

9

a) Frau Lim kann: Chinesisch, Deutsch und Englisch
sprechen, Termine machen, Kunden beraten, auch am
Wochenende arbeiten, einen Kurs besuchen und am
ersten Juni anfangen.
b) 1. Sie muss viel telefonieren.
2. Sie muss am Wochenende arbeiten.
3. Sie muss einen Kurs besuchen.

10

2. Sein (das), 3. ihr (der), 4. meine (die), 5. Euer (das), 6. ihre
(die)

11

1. eine (die), 2. ihren (der), 3. unseren (der), 4. ein (das),
6. eine (die), 7. deinen (der), 8. meine (die)

12

2. Sabine mag ihre Chefin nicht.
3. Herr Lehmann bringt sein Auto in die Werkstatt.
4. Wie lange kennst du deine Kundinnen?
5. Sie haben am Montag Ihren Termin bei der
Arbeitsagentur.
6. Unsere Direktorin unterrichtet einen Biologiekurs.

13

1. arbeite, 2. arbeitest, 3. arbeitet, 4. Arbeitet, 5. arbeiten,
7. arbeiten, 8. arbeiten

8 Münster sehen

1

2. falsch, 3. richtig (Zeile 5), 4. richtig (Zeile 16), 5. falsch,
6. falsch, 7. richtig (Zeile 19), 8. falsch, 9. richtig (Zeile 30),
10. richtig (Zeile 28-29)

2

2. Speisekarte, 3. Kirche, 4. Fußgängerzone, 5. U-Bahn,
6. Ampel, 7. Fahrrad

3

2. haben, 3. suchen – nehmen – fahren, 4. planen – machen,
5. machen – suchen – haben, 6. suchen – kaufen – haben –
nehmen, 7. suchen – besichtigen – besuchen, 8. planen –
machen, 9. planen – machen – suchen – schreiben – haben,
10. planen – machen

4

2. Er ist unter dem Bett., 3. Er ist auf dem Koffer., 4. Er ist
zwischen den Büchern., 5. Er ist an der Wand., 6. Er ist vor
dem Fernseher., 7. Er ist neben dem Geld.

5

1b, 2b, 3c, 4c, 5a

6

2. Wohin, 3. Woher, 4. Wo, 5. Wohin, 6. Wo, 7. Wo, 8. Woher,
9. Wo

7

ich	will	wir	wollen
du	willst	ihr	wollt
er/es/sie	will	sie/Sie	wollen

2. will, 3. wollt, 4. willst, 5. will, 6. wollen

8

1. muss, 2. Könnt, 3. will, 4. Können, 5. will – muss, 6. Kannst/
Willst, 7. muss – kann

9

a) *Dialog 1:* Stadtpark, geradeaus, dritte, rechts
   Dialog 2: Bank, in, über den, bis, Kürschnerweg, rechts,
   erste
   Dialog 3: rechts, am, vorbei, über, Parkhaus, in, rechts
b) 1c, 2b, 3a
c) *Vorschlag:*
   + Entschuldigung, ich suche das Kino.
   – Das Kino? Das ist in der Salzstraße. Gehen Sie zuerst die
     Schillerstraße entlang. Dann gehen Sie links den
     Kürschnerweg entlang. Gehen Sie danach links. Das
     Kino ist dann rechts.

9 Ab in den Urlaub

1

1. Zürich, 2. München, 3. Wien, 4. Hamburg

2

senkrecht: 1. Berge, 2. Besichtigung, 4. -ferien, 5. Hotel,
8. Fotos, 9. Radtour
waagerecht: 6. Wetter, 7. -reiseziel, 10. Bus, 11. Strand

3

a) abholen: +, er holt ... ab, er hat abgeholt
   anfangen: +, er fängt an, er hat angefangen
   ankomen: +, er kommt an, er ist angekommen
   anrufen: +, er ruft ... an, er hat angerufen
   besichtigen: –, er besichtigt, er hat besichtigt
   bestellen: –, er bestellt, er hat bestellt
   besuchen: –, er besucht, er hat besucht
   einkaufen: +, er kauft ... ein, er hat eingekauft
   einpacken: +, er packt ... ein, er hat eingepackt
   (sich) entscheiden: –, er entscheidet (sich), er hat (sich)
   entschieden
   frühstücken: –, er frühstückt, er hat gefrühstückt
   stattfinden: +, er findet ... statt, er hat stattgefunden
   übernachten: –, er übernachtet, er hat übernachtet
b) stattgefunden, entschieden, eingekauft, gefrühstückt,
   eingepackt, angerufen, bestellt, abgeholt, angekommen,
   übernachtet, besichtigt

4

a) Isabel hat am Montag die Stadtpläne von Rom und Neapel gekauft. Am Mittwoch hat sie ihren Urlaub genommen und ein Buch über das alte Rom gelesen. Am
   Donnerstag hat sie den Hund zu Mario gebracht.
   Michael hat am Montag das Hotelzimmer in Rom reserviert. Er hat am Mittwoch das Auto kontrolliert und die
   Fahrt nach Neapel geplant. Am Donnerstag hat er die
   Koffer gepackt.
b) Er hat kein Hotelzimmer in Neapel reserviert.

5

Ist, ist, hat, sind, Habt, sind, Seid, ist, habe

ich	habe	bin
du	hast	bist
er/es/sie	hat	ist
wir	haben	sind
ihr	habt	seid
sie/Sie	haben	sind

6

2. bist, 3. ist, 4. ist, 5. hat, 6. sind, 7. seid, 8. ist, 9. sind, 10. hat

7

2. Gudrun ist am Sonntag spazieren gegangen., 3. Die Waschmaschine hat am Wochenende nicht funktioniert.,
4. Hannes hat letzte Woche eine Postkarte von Lisa aus Wien
bekommen., 5. Hast du letztes Jahr alle Urlaubstage genommen?, 6. Axel ist gestern in Hamburg angekommen., 7. Volker
hat um halb zehn gefrühstückt., 8. Ich bin gestern den ganzen Tag im Bett geblieben.

8

a) 1b, 2e, 3d, 5h, 6g, 7a, 8f

9

in, im, Um, nach, an, in, vom, zur

Leben in Deutschland 3

1

a) 1. der Koch / die Köchin, 2. der Friseur / die Friseurin,
3. der Sekretär / die Sekretärin, 4. der Florist / die Floristin,
5. der Kfz-Mechatroniker / die Kfz-Mechatronikerin,
6. der Verkäufer / die Verkäuferin
b) 2d, 3f, 4e, 5b, 6a

10 Essen und trinken

1

1b, 2c, 3c, 4a

2

2. Apfel (Obst), 3. Erdbeere (Obst), 4. Gurke (Gemüse),
5. Paprika (Gemüse), 6. Tomate (Gemüse), 7. Orange (Obst),
8. (Gemüse), 9. Banane (Obst)

3

Zucker: die Sahne, die Erdbeere, die Schokolade, das Eis,
der Orangensaft, der Kaffee, die Marmelade, der Kuchen
Salz: die Kartoffel, das Ei, die Nudel, der Käse, die Tomate,
die Wurst, der Schinken, das Hähnchen, die Paprika, der
Fisch, die Pommes

4

a) 1. eine, 2. ein, 3. ein, 4. ein, 5. eine, 6. ein
b) 1. Sauerkraut, 3. Butter, 4. Saft, 5. Ketchup, 6. Sahne

5

b, a, b, c, a, c, a

6

a) Weißbrot, Schinken, Zwiebeln, Tomaten, Bergkäse,
Apfelkuchen
b) *Bäckerei* 1 Weißbrot – 4 Stück Apfelkuchen, *Fleischerei*
150 g Schinken, *Obst & Gemüse* 500 g Tomaten, *Käse-
spezialitäten* 150 g Bergkäse
c) 1. 6,70 €, 2. 2,85 €, 3. 3,60 €, 4. 2,30 €

7

+ Sind die Erdbeeren frisch?
– Ja, die sind frisch.
+ Darf ich eine probieren?
– Gern, wie viele möchten Sie?
+ Was kostet ein Kilo?
– Das Kilo kostet 3,98 Euro.
+ Geben Sie mir zwei Kilo.

8

2. Welches Kind?, 3. Welcher Mann?, 4. Welche Bücher?,
5. Welche Nachbarin?, 6. Welchen Termin?, 7. Welche
Stühle?, 8. Welches Brot?

9

2. Magst, 3. mag, 4. mögen, 5. mag, 6. mögen

ich	mag	*wir*	mögen
du	magst	*ihr*	mögt
er/es/sie	mag	*sie/Sie*	mögen

10

a) am besten, besser, als, gut
b) viel, mehr, mehr, als, Am meisten
c) am liebsten/gern, gern, gern, lieber

11

Imke: 1. Pommes, 3. Eis, 4. Paprika
Marit: 1. Schokolade, 2. Eis, 3. Nudeln, 4. Tomaten

12

kochen, schneiden, Tomaten, schneiden, Fisch, geben, Salz,
backen, verrühren

11 Kleidung und Wetter

1

a) Einkäuferin
b) 1a, 2b, 3b, 4c, 5b

2

gelb, blau, rot

3

2. modische Mäntel – bunte Krawatten, 3. helle Stiefel –
dunkelrote Mäntel, 4. eine sportliche Jacke – ein buntes
T-Shirt, 5. blaue Anzüge – warme Stiefel, 6. einen kurzen
Rock – ein dunkles Abendkleid

4

1. Michael – Hose – Jacke, 2. Birgit – Rock – T-Shirt – Stiefel,
3. Robert – Mantel – Pullover, 4. Monika – Kleid – Schuhe,
5. Peter – Anzug – Hemd – Krawatte

5

zu lang, zu bunt, zu kurz, zu groß, zu hell, zu teuer

6

2. – (Pl.), 3. einen (Sg.), 4. einen (Sg.), 5. einen (Sg.), 6. – (Pl.),
7. – (Pl.), 8. eine (Sg.), 9. einen (Sg.), 10. eine (Sg.)

7

ein rotes T-Shirt, einen grünen Pullover, eine bunte
Regenjacke, ein süßes Kleid, einen gelben Kapuzenpullover,
eine kurze Hose

8

a) *von links nach rechts:* Marie, Laura, Lotta
b) 1. ein weißes T-Shirt, 2. ein buntes Kleid, 3. eine schwarze
Jeans – eine helle Bluse
c) eine blaue Hose, einen roten Pullover

9

2. Ruth trägt eine dunkle Hose., 3. Ruth hat lange Haare., 4.
Ruth mag kleine Autos., 5. Ruth hat einen alten Computer.

10

1. Welches – dieses, 2. diese – Welche, 3. Diesen – Welchen –
dieser – Welcher

11

von oben nach unten: 3 – 1 – 7 – 5 – 9 – 2 – 6 – 4 – 8

12

warm, windig, Regen, kalt, bewölkt, geschneit, Schnee, Wolken, sonnig, geregnet, Wetter

12 Körper und Gesundheit

1

a) 2, 5, 6, 8, 9

2

senkrecht: 2. Finger, 3. Nase, 4. Hand, 5. Kopf, 6. Bauch
waagerecht: 1. Fuß (Fuss), 2. Ohr, 3. Mund, 4. Knie, 5. Bein, 6. Auge, 7. Hals

3

1. Nase, 2. Fieber, 3. Hals – Erkältung,
4. Bauchschmerzen, 5. Kopfschmerzen

4

a) 1c, 2d, 3b, 4a
b) *der:* Krankenpfleger, Krankenpfleger – Arzttermin, Arzttermine – Arztbesuch, Arztbesuche – Gesundheitstipp, Gesundheitstipps – Sportplatz, Sportplätze
das: Krankenhaus, Krankenhäuser – Gesundheitsproblem, Gesundheitsprobleme – Sportgerät, Sportgeräte
die: Arztpraxis, Arztpraxen – Gesundheitsberatung, Gesundheitsberatungen – Sportart, Sportarten

5

a) 1. *Anmeldung in der Arztpraxis:* 2b, 3a, 4b, 5a
2. *Im Sprechzimmer:* 1b, 2a, 3a, 4b, 5a

6

a) *Dialog A:* a, h, f, d
Dialog B: c, e, i, g, b

7

du: Iss öfter Fisch.
ihr: trinkt – Trinkt jeden Tag einen Liter Wasser.
Sie: nehmen – Nehmen Sie weniger Salz.

8

a) 2
b) 2. Lauf früh am Morgen!, 3. Nimm Getränke mit!, 4. Iss viel frisches Obst!, 5. Dusch vor dem Training kalt!

9

a) 2. Sieh nicht so viel fern!, 3. Geht öfter mal zu Fuß!, 4. Iss mehr Gemüse!, 5. Trinken Sie nicht so viel Alkohol!, 6. Nehmt nicht so viel Zucker!
b)

ich	darf	wir	dürfen
du	darfst	ihr	dürft
er/es/sie	darf	sie/Sie	dürfen

10

2. muss, 3. dürft, 4. Darfst, 5. muss, 6. musst, 7. darf, 8. darf, 9. müsst

11

a)

Nominativ	Akkusativ
ich	mich
du	dich
er/es/sie	ihn/es/sie
wir	uns
ihr	euch
sie/Sie	sie/Sie

b) dich (Akk.), wir (Nom.), Du (Nom.), ich (Nom.), Ihr (Nom.), ihn (Akk.), euch (Akk.), er (Nom.), Er (Nom.), du (Nom.), du (Nom.), sie (Akk.), uns (Akk.)

Leben in Deutschland 4

1

a) 1b, 2d, 3c, 4a
b) Sharook: d, Aishe: b, Martina: c

2

a) 1c, 2e, 3b, 4d, 5a
b) richtig: 3, 5 – falsch: 1, 2, 4
Korrektur: 1. Die Gesundheitskarte brauche ich für den Besuch beim Arzt.
2. Das Rezept brauche ich für Medikamente in der Apotheke.
4. Die Krankschreibung schickt man an die Krankenkasse.

trennbare Präfixe	
ab-	abhören, absagen, abbiegen, …
an-	anklicken, anfangen, anrufen, …
auf-	aufstehen, aufräumen, aufhören, …
aus-	aussehen, aussteigen, ausfüllen, …
ein-	einladen, einkaufen, einsteigen, …
los-	losfahren, losgehen, …
mit-	mitmachen, mitkommen, mitnehmen, …
vor-	vorstellen, vorhaben, …
weg-	weggehen, weglaufen, wegräumen, …
zurück-	zurückkommen, zurückfahren, zurückgeben

nicht trennbare Präfixe	
be-	bekommen, bestellen, bezahlen, …
emp-	empfehlen, …
ent-	entnehmen, entschuldigen, …
er-	erleben, ergänzen, erzählen, …
ge-	gefallen, gewinnen, gestalten, …
ver-	verkaufen, verdienen, verstehen, …

auch: fern|sehen, statt|finden, teil|nehmen, …

haben und sein

	haben	sein
ich	habe	bin
du	hast	bist
er / es / sie	hat	ist
wir	haben	sind
ihr	habt	seid
sie	haben	sind
Sie	haben	sind

haben
+ Akkusativ: Sie hat einen Sohn / keinen Dienst.
+ Adjektiv: Wann hast du frei?

sein
+ Fragewort: Wer ist das? Was ist das? Wer sind Sie?
+ Namen: Ich bin Salman.
+ Nomen (Nominativ): Er ist Krankenpfleger.
+ Adjektiv: Die Nachbarn sind sehr nett.

Die Verben *haben* und *sein* brauchen Sie auch zur Perfektbildung. ↪ S. 195

Das Verb *mögen*

	mögen
ich	mag
du	magst
er / es / sie	mag

wir	mögen
ihr	mögt
sie	mögen
Sie	mögen

mögen + Nomen im Akkusativ
Magst du Fisch? – Ja, aber keinen Thunfisch.

Imperativ

Mit dem Imperativ können Sie eine Bitte, eine Aufforderung,
eine Anweisung formulieren.
Bitte: Du gehst doch einkaufen. Bring bitte Bananen mit.
Anweisung: Biegen Sie jetzt rechts ab!
Aufforderung: Iss mehr Obst und Gemüse. Das ist gesund.

Wie bildet man den Imperativ?

Meistens aus dem Infinitiv.
Nur bei den unregelmäßigen
Verben auf e → i / ie ist es anders.

Infinitiv	du-Imperativ	ihr-Imperativ	Sie-Imperativ (Sg. + Pl.)
kommen	Komm!	Kommt bitte!	Kommen Sie!
lesen, du liest	Lies!*	Lest bitte laut!	Lesen Sie!
los|fahren (trennbare Verben)	Fahr los!	Fahrt jetzt los!	Fahren Sie los!
beschreiben (nicht trennbare Verben)	Beschreib bitte das Bild.	Beschreibt bitte das Bild.	Beschreiben Sie bitte das Bild.

* Ebenso: sprechen, du sprichst → Sprich!; essen, du isst → Iss!; helfen, du hilfst → Hilf!

Manche Verben haben im Imperativ Singular -e, im Plural -et.
Antworte / Antwortet bitte! Lade / Ladet Verena auch ein! Zeichne / Zeichnet bitte ein Bild!

Modalverben

Mit den Modalverben können Sie verschiedene Einstellungen ausdrücken:
Ich kann / will / muss / darf / möchte einen Deutschkurs besuchen.
Sie stehen meist mit dem Infinitiv.

	können	wollen	müssen	dürfen	möchte-
ich	kann	will	muss	darf	möchte
du	kannst	willst	musst	darfst	möchtest
er / es / sie	kann	will	muss	darf	möchte
wir	können	wollen	müssen	dürfen	möchten
ihr	könnt	wollt	müsst	dürft	möchtet
sie	können	wollen	müssen	dürfen	möchten
Sie	können	wollen	müssen	dürfen	möchten

Worauf muss ich bei den Modalverben achten?

1. und 3. Person sind gleich, und es gibt einen Vokalwechsel zwischen Singular und Plural.

Bedeutungen

Anna will ihre Wohnung renovieren.	Absicht, Plan, starker Wunsch
Am Samstag möchte ich mit dir ins Kino gehen.	Wunsch (Ich habe Lust.)
Milan kann sehr gut kochen.	Fähigkeit
Kann man in der VHS auch Yoga machen?	Möglichkeit
In einer Familie müssen alle mithelfen.	Aufgabe, Pflicht
Ich muss zu Hause bleiben, mein Kind ist krank.	Notwendigkeit
Du kannst mir beim Umzug helfen, aber du musst nicht.	Keine Notwendigkeit
Beim Autofahren dürfen Sie Musik hören und rauchen.	Erlaubnis
Aber Sie dürfen nicht mit dem Handy telefonieren.	Verbot

Verben im Perfekt

Wenn Sie etwas Vergangenes erzählen, benutzen Sie meistens das Perfekt. Es besteht aus dem Partizip Perfekt und den Hilfsverben *sein* und *haben*. ↪ S. 193
Wenn Sie Vergangenes mit den Verben *sein* und *haben* und den Modalverben erzählen, benutzen Sie das Präteritum. ↪ S. 196

Partizip Perfekt

Regelmäßige Verben	
ge … t / et	
hat	**ge**kauf**t**
hat	**ge**mach**t**
hat	**ge**feier**t**
hat	**ge**wart**et***
hat	**ge**antwort**et***
ist	**ge**stürz**t**
… ge … t (trennbare Verben)	
hat	an**ge**mach**t**
hat	ab**ge**hör**t**
hat	ein**ge**zahl**t**
ist	auf**ge**wach**t**
… t (nicht trennbare Verben)	
hat	bezahl**t**
hat	erzähl**t**
hat	verdien**t**
… t (Verben auf –ieren)	
hat	telefonier**t**
hat	renovier**t**
ist	passier**t**

Unregelmäßige Verben	
ge … (Vokalwechsel) … en	
hat	**ge**l**es**en
hat	**ge**n**omm**en
hat	**ge**f**un**den
hat	**ge**schlaf**en**
ist	**ge**fahr**en**
ist	**ge**komm**en**
… ge … en (trennbare Verben)	
hat	ab**ge**h**ob**en
hat	an**ge**ruf**en**
hat	ein**ge**lad**en**
ist	an**ge**komm**en**
… en (nicht trennbare Verben)	
hat	beschr**ieb**en
hat	entn**omm**en
hat	gefall**en**

*Verbstamm auf *-t, -d, -chn*: hat gearbei<u>t</u>et, gebil<u>d</u>et, gezeich<u>n</u>et, …

Perfekt mit *haben* oder *sein*
Perfekt mit *haben*: Die meisten Verben und alle Verben mit Akkusativ.
Perfekt mit *sein*: Verben der Bewegung (= Verben ohne Akkusativ) und die Verben *passieren, bleiben, sein*.

▪ Ich **habe** den Anrufbeantworter **abgehört**. Dann **bin** ich in die Stadt **gegangen** und **habe** auf dich **gewartet**. Aber du **bist** nicht **gekommen**. Was **ist passiert**? Wo **bist** du so lange **geblieben**?
▫ Ich **habe** meine Tante **besucht** und unseren Termin **vergessen**.

> Muss man dasselbe Hilfsverb wiederholen?

> Nein, nicht wenn das Subjekt gleich ist.

Verben im Präteritum

Wenn Sie etwas Vergangenes erzählen, benutzen Sie bei den Verben *sein* und *haben* und bei den Modalverben das Präteritum.

haben und sein

	haben
ich	hatte
du	hattest
er / es / sie	hatte

	haben
wir	hatten
ihr	hattet
sie	hatten

	haben
Sie	hatten

	sein
ich	war
du	warst
er / es / sie	war

	sein
wir	waren
ihr	wart
sie	waren

	sein
Sie	waren

Modalverben

	können	**wollen**	**müssen**	**dürfen**
ich	konnte	wollte	musste	durfte
du	konntest	wolltest	musstest	durftest
er / es / sie	konnte	wollte	musste	durfte

	können	**wollen**	**müssen**	**dürfen**
wir	konnten	wollten	mussten	durften
ihr	konntet	wolltet	musstet	durftet
sie	konnten	wollten	mussten	durften

	können	**wollen**	**müssen**	**dürfen**
Sie	konnten	wollten	mussten	durften

Vergangenes erzählen

Letztes Jahr sind wir im Sommer an die Nordsee gefahren. Wir wollten viel schwimmen und am Strand spazieren gehen. Aber es war zu kalt und es hat viel geregnet. Wir konnten nicht einmal baden, mussten oft im Hotel bleiben, die Kinder durften viel fernsehen. Nach einer Woche hatten wir keine Lust mehr und sind nach Hause zurückgefahren. Dort haben wir dann Museen besucht und sind ins Theater und ins Kino gegangen. Das war auch schön.

5 Nomen

Nomen bezeichnen zum Beispiel:

- Lebewesen: der Mann, der Sohn, der Vogel, das Kind, das Mädchen, die Frau, die Nachbarin
- Gegenstände: der Balkon, der Fragebogen, das Auto, das Gebäude, die Banane, die Kiste
- Abstraktes: der Dank, das Alter, das Problem, die Ordnung, die Entschuldigung

Es gibt maskuline, neutrale, feminine Nomen (= Genus).

Wie erkenne ich das Genus?

Am bestimmten Artikel Singular.

Artikel	maskulin (m)	neutral (n)	feminin (f)	Plural (m, n, f)
bestimmt	der Bruder	das Mädchen	die Schwester	die Brüder, Mädchen, Schwestern
unbestimmt	ein Bruder	ein Mädchen	eine Schwester	Brüder, Mädchen, Schwestern

Gebrauch:
Unbestimmter Artikel: zum ersten Mal genannt / nicht näher definiert
Bestimmter Artikel: schon bekannt / schon genannt / näher definiert
Gibt es hier ein Café? – Ja, da vorn, das Café Einstein.

Der bestimmte Artikel als Demonstrativpronomen ➥ S. 201

der Apfel – drei Äpfel – 1 Kilo Äpfel

-n / -en	Schulen, Kisten, Kollegen, Familien, Schwestern, Studenten, Türen, Zeichnungen, …
-e / ⸚e	Tage, Tiere, Filme, Kurse, Freunde, Söhne, Plätze, Züge, Bahnhöfe, …
-er / ⸚er	Kinder, Fahrräder, Länder, Schwimmbäder, …
- / ⸚	Lehrer, Computer, Kugelschreiber, Kuchen, Lebensmittel, Äpfel, Brüder, Väter, Kindergärten, …
-s	Taxis, Autos, Fotos, Handys, Babys, Partys, DVDs, iPods, Notebooks …
-nen	Lehrerinnen, Psychologinnen, Studentinnen, Lernpartnerinnen, Schwägerinnen, …

Manche Nomen haben nur Singular, z. B. das Salz, das Gemüse, der Sport, die Polizei, …
Manche Nomen haben nur Plural, z. B. die Leute, die Geschwister, …

Gibt es Regeln für den Plural?

Nur wenige, z. B. -nen bei femininen Berufsnomen mit -in; -s bei Nomen mit den Vokalen -a, -i, -o am Ende, …

Nomen im Nominativ, Akkusativ, Dativ

Nomen haben verschiedene Funktionen im Satz, z.B. Subjekt (Nominativ) oder Ergänzung. Es gibt verschiedene Ergänzungen. Das Verb bestimmt die Art der Ergänzung.

Nominativ: Wo ist der Arzt?
Akkusativ: Bitte holen Sie den Arzt / ihn.   (jemanden holen: holen + Akk)
Dativ: Der Arzt hilft der Patientin / ihr.   (jemandem helfen: helfen + Dat)
Dat + Akk: Der Arzt gibt der Patientin / ihr ein Rezept. (jemandem etwas geben: geben + Dat + Akk)

Wann brauche ich Akkusativ, wann brauche ich Dativ?

Das hängt vom Verb ab.

Artikelwörter im Nominativ

	maskulin (m)	neutral (n)	feminin (f)	Plural (m, n, f)
bestimmter Artikel	der Sohn	das Kind	die Tochter	die Söhne, Kinder, …
unbestimmter Artikel	ein Sohn	ein Kind	eine Tochter	Söhne, Kinder, …
Negativartikel	kein Sohn	kein Kind	keine Tochter	keine Söhne, Kinder, …
Possessivartikel	mein Sohn	mein Kind	meine Tochter	meine Söhne, Kinder, …

Artikelwörter im Akkusativ

	maskulin (m)	neutral (n)	feminin (f)	Plural (m, n, f)
bestimmter Artikel	den Sohn	das Kind	die Tochter	die Söhne, Kinder, …
unbestimmter Artikel	einen Sohn	ein Kind	eine Tochter	Söhne, Kinder, …
Negativartikel	keinen Sohn	kein Kind	keine Tochter	keine Söhne, Kinder, …
Possessivartikel	meinen Sohn	mein Kind	meine Tochter	meine Söhne, Kinder, …

Nur maskulin Singular hat im Akkusativ eine besondere Form.
Die meisten Verben haben Akkusativ, z.B.:
etwas haben, machen, brauchen, lesen, kochen, essen, bestellen, kaufen, entnehmen, …
jemanden besuchen, einladen, …
jemanden / etwas sehen, fragen, finden, suchen, …

Artikelwörter im Dativ

	maskulin (m)	neutral (n)	feminin (f)	Plural (m, n, f)
bestimmter Artikel	dem Enkel	dem Kind	der Tochter	den Enkeln, Töchtern

Einige Verben haben immer Dativ, z. B.:

gefallen, helfen, antworten, …

Einige Verben haben Dativ (Person) + Akkusativ (Sache), z. B.:

jemandem etwas sagen, zeigen, geben, kaufen, erklären, empfehlen, schenken, wünschen, …

Die Kollegen helfen der neuen Assistentin.
Sie schenken ihr eine Pflanze für ihr Büro.
Der Chef erklärt der Assistentin den Terminplan.
Hat er ihr auch alle Dokumente gegeben?

> Ist die Reihenfolge immer: Dativ vor Akkusativ?

> Immer bei zwei Nomen oder einem Nomen im Akkusativ.

Possessivartikel

Der Possessivartikel nennt Zugehörigkeit, Besitz. Er hat dieselben Endungen wie *ein / kein*.

ich	mein Onkel, meine Tante
du	dein Onkel, deine Tante
er / es sie	sein Onkel, seine Tante ihr Onkel, ihre Tante

wir	unser Onkel, uns(e)re Tante
ihr	euer Onkel, eu(e)re Tante
sie Sie	ihr Onkel, ihre Tante Ihr Onkel, Ihre Tante

> Was ist das Besondere beim Possessivartikel?

> Er zeigt nach links und nach rechts.

er / es → sein: Er trinkt seine Cola.   (die Cola)

sie → ihr: Sie trinkt ihren Kaffee.   (der Kaffee)

Zugehörigkeit bei Namen auch mit *-s / '* oder *von*:

Driss ist Carmens Mann. (= Driss ist ihr Mann.) Leila ist Driss' Tochter. (= Leila ist seine Tochter.)
Lisa ist die Tochter von Sabine und Günther. (= Lisa ist ihre Tochter.)

6   Negation

Bei Verben: Heute Abend koche ich nicht. Wir gehen ins Restaurant. – Ich gehe nicht mit.
Bei Nomen: Sie kann keinen Kuchen backen, sie hat kein Mehl und keine Eier.
Bei Adjektiven: Er ist nicht nervös.

7 Pronomen

Personalpronomen

Das Personalpronomen steht für (= pro) Personen und Nomen. Es „verweist" (⤵──) auf sie.

Nominativ	Akkusativ	Dativ
ich	mich	mir
du	dich	dir
er	ihn	ihm
es	es	ihm
sie	sie	ihr

wir	uns	uns
ihr	euch	euch
sie	sie	ihnen

Sie (höfliche Form)	Sie	Ihnen

> Wann sagt man „du"?
> Wann sagt man „Sie"?

> du: Kinder, Familie,
> Freunde, oft auch Kollegen
> Sie: alle anderen

	Personen	Nomen
Nominativ (Subjekt)	Diana, wann kommst **du**? Frau Moor, wann kommen **Sie**? Und Eric? Kommt **er** auch?	Wo ist der Leergutautomat? – **Er** ist dort hinten. Kaufen Sie Gemüse! **Es** ist ganz frisch!
Akkusativ (1 Ergänzung)	Das ist Peter. – Wie lange kennst du **ihn** schon?	Der Balkon ist klein, aber man kann **ihn** zum Wäschetrocknen benutzen.
Dativ (1 Ergänzung)	Warten Sie, ich helfe **Ihnen**.	Die Leute lachen. Der Film gefällt **ihnen**.
Dativ + Akkusativ (2 Ergänzungen)	Gibst du **mir** kurz **deinen Marker**?	Der Chef hat Geburtstag. Wir schenken **ihm** **einen Terminkalender**.

Unpersönliches Pronomen *man*

Generelle Aussage: In der Volkshochschule kann **man** viele verschiedene Kurse besuchen.
Allgemeine Regel (Erlaubnis / Verbot): Hier darf **man** (nicht) rauchen.

Unpersönliches Pronomen *es*

Aussagen über das Wetter:
Verben:	**Es** regnet.	**Es** schneit.	(**Es** hat geregnet. / **Es** hat geschneit.)
Adjektive:	**Es** ist sonnig.	**Es** ist windig.	**Es** ist kalt / warm.

Indefinitpronomen

Unbestimmte Personen

Alle wollen nur feiern. (Die Gruppe als Ganzes: Verb im Plural)

Jeder denkt nur an sich. (Jede Person in der Gruppe: Verb im Singular)

Keiner will aufräumen. (Negation: Verb im Singular)

Unbestimmte Angaben

Hast du schon **etwas** gegessen? – Nein, ich habe noch **nichts** gegessen. (Negation)

Er hat mir **alles** erzählt, alles. – Mir hat er leider **nichts** erzählt.

Er hat gestern Abend **viel** getrunken. – Ich habe **nichts** getrunken.

Demonstrativpronomen

Bestimmter Artikel: ↪ S. 197

Welcher Fernseher gefällt Ihnen? – **Der** hier, aber auch **der** da.

Welchen wollen Sie nehmen? Ich glaube, **den** da, **der** ist nicht so teuer.

Welche Kamera empfehlen Sie mir? **Die** da, **die** ist sehr gut getestet.

8 Fragewörter

Nach Angaben fragen:

Wie heißt du?	– Eva.	**Wie oft** hast du Kurs?	– Zweimal pro Woche.
Woher kommst du?	– Aus Tschechien.	**Wann** ist der Kurs?	– Montags und mittwochs.
Wo wohnst du?	– In München.	**Wie viel** Uhr ist es?	– Halb fünf.
Wie alt bist du?	– 23 Jahre.	**Wie lange** bleibst du?	– Zwei Stunden.
Was ist ein Blog?	– Ein Internettagebuch.	**Wohin** gehst du jetzt?	– Zum Kurs.
		Wofür sparen Sie?	– Für ein neues Auto.

Nach Personen fragen:

Nominativ:	**Wer** zieht bei Jan ein?	–	Markus.
Akkusativ:	**Wen** ladet ihr ein?	–	Alle Kollegen und Kolleginnen.
Dativ:	**Wem** helfen die Erklärungen?	–	Den Kursteilnehmern.

Nach Sachen fragen:

Nominativ:	**Was** ist das?	–	Das ist mein iPod.
Akkusativ:	**Was** brauchst du noch?	–	Einen neuen Drucker.

Genauer nachfragen:

Das Fragewort *welcher, welches, welche* kann beim Nomen stehen oder allein. Es wird wie der Artikel dekliniert.

Welcher Computer?	Der da.	Ich nehme den da.	**Welchen**?
Welches Handy?	Das hier.	Ich nehme das hier.	**Welches**?
Welche Waschmaschine?	Die dort.	Ich nehme die dort.	**Welche**?

9 Temporalangaben (Zeit)

Temporalangaben mit Präpositionen

Wann?

Die Antwort steht im Dativ:

Am Vormittag (vormittag**s** = immer). **In** der Nacht (nacht**s**). **Am** Mittwoch (mittwoch**s**).
In der Woche.
Im Januar 2009. **Im** Jahr 2009.
Vor dem Essen. **Beim** Essen. **Nach** dem Essen. **Zwischen den** Mahlzeiten. **Vor einem** Jahr.

Die Antwort steht im Akkusativ:

Einen Vormittag / **Einen** Tag / **Eine** Woche / **Einen** Monat vor dem Urlaub.

Wie lange?

Die Antwort steht im Dativ:

Von neun **bis** eins. **Vom** Frühstück **bis zum** Mittagessen. **Von** Mittwoch **bis** Freitag.
Von Januar **bis** März.

Die Antwort steht im Akkusativ:

Einen Vormittag. **Einen** Tag. **Eine** Woche. **Einen** Monat. **Ein** Jahr (lang). Letzt**es** Jahr.

Temporalangaben mit Adverbien

Zeitpunkt:

Gestern hatte ich Geburtstag. **Heute** habe ich frei. **Morgen** muss ich wieder arbeiten.

Zeitliche Abfolge:

Zuerst hat der Arzt Max untersucht. **Dann** hat er ihm ein Rezept geschrieben. **Danach** wollte Lukas
noch ein Attest für die Schule. **Zum Schluss** hat der Arzt Max „Gute Besserung" gewünscht.

Häufigkeit:

Sandra ist Vegetarierin. Im Restaurant isst sie **immer** Gemüse, **oft** bestellt sie Nudeln, **manchmal**
auch Reis. Fisch isst sie nur **selten**, Fleisch **nie**.

Datum und Uhrzeit

Datumsangabe:

Der wievielte ist heute?	Heute ist **der 1. 4.** (der erst**e** Viert**e** = Nominativ)
	(der erste, der zweite, der dritte, der vierte, …, der zwanzigste, …)
Wann hast du Geburtstag?	**Am 1. 4.** (am erst**en** Viert**en** = Dativ)
	Am 21. 4. (am einundzwanzig**sten** Viert**en**)

Uhrzeit:

Wie viel Uhr ist es?	Viertel vor zehn. Zehn Uhr fünfzehn (10:15).
Um wie viel Uhr?	**Um** halb zehn. **Gegen** zehn. **Um** neun Uhr dreißig. **Um** zehn Uhr fünf.

10 Lokalangaben (Ort)

Lokalangaben mit Präpositionen

Woher? (Dativ)	aus	Aus Polen. (ohne Artikel) Aus dem Iran. (m) Aus der Türkei. (f) (mit Artikel)	Land
Wo? (Dativ)	in	In Deutschland. (ohne Artikel) Im Kosovo. (m) In der Schweiz. (f) (mit Artikel) In Berlin. Im Zug. (m) Im Schwimmbad. (n) In der U-Bahn. (f)	Land Stadt
	an	Am Atlantik. (m) Am Meer. (n) An der Nordsee. (f) Am Rhein. (m) An der Donau. (f) Am Marktplatz. (m) Am Gleis 5. (n) An der Kreuzung. (f)	Meer Fluss
	auf	Auf Maurizius. Auf Sylt. Auf dem Fernsehturm. (m) Auf dem Markt. (n)	Insel (Sg.)
Wohin?	nach	Nach Deutschland. Nach Polen. (ohne Artikel) Nach Berlin. Nach Hause.	Land Stadt
Wohin? (Akkusativ)	in	In den Kosovo. (m) In die Ukraine. (f) (mit Artikel) In den Zoo. (m) Ins Café. (n) In die U-Bahn. (f)	Land
	an	An den Atlantik. (m) Ans Meer. (n) An die Nordsee. (f) An den Zug. (m) Ans Gleis 5. (n) An die Haltestelle. (f)	Meer
	auf	Auf das Matterhorn. (n) Auf die Zugspitze. (f) Auf die Kanarischen Inseln. Auf den Balkon. (m) Auf das Amt. (n) Auf die Post. (f)	Berg Insel (Pl.)
Wohin? (zu + Dativ)	zu	Zum Bahnhof. (m) Zum Rathaus. (n) Zur Post. (f)	
Von wo?	Von Von ... zu	Vom Bebelplatz. (m) Vom Rathaus. (n) Von der Post. (f) Vom Rathaus zur Post.	

Lokalangaben mit Adverbien

Hier sehen Sie das Rathaus, dort die Bücherei.

Gehen Sie geradeaus bis zur Kreuzung, dann nach rechts. Die erste Straße links ist die Weimarstraße.

Oben im Regal finden Sie Zahnpasta, unten das Toilettenpapier.

Die Käsetheke ist da vorn, der Getränkeautomat dort hinten.

Die Wortliste enthält alle Wörter und Ausdrücke der Basisaufgaben in *Aussichten A1* (bei Lese- und Hörtexten nur die Wörter, die für das Lösen der Aufgaben wichtig sind).

Die Worteinträge enthalten folgende Informationen:

▪ Nomen

Abend, der, -e

Wortakzent (lang) Artikel Pluralform

Alter, das *(nur Sg.)*

Wortakzent (kurz) kein Plural

▪ Verben

buchstabieren

Infinitiv

bist → sein

bei besonderen Formen Hinweis auf den Infinitiv

abfahren, fährt ab

bei trennbaren und unregelmäßigen Verben auch 3. Person Singular

Bank, die, -en *(Geldinstitut)*

bei Wörtern mit mehreren Bedeutungen Hinweis zur Unterscheidung

Die Zahl hinter dem Wort zeigt, auf welcher Seite das Wort zum ersten Mal vorkommt.
Wörter für die Prüfung *Start Deutsch 1* sind mit einem Punkt markiert.

Abkürzungen:
AB = Arbeitsbuch   Pl. = Plural
LZ = Lesezeichen   jmdn. = jemanden
Sg. = Singular   jmdm. = jemandem

A • ab 152
abbauen, baut ab 68
abbiegen, biegt ab 87
• Abend, der, -e 28
Abendessen, das, - 146
abends 39
• aber 62
• abfahren, fährt ab 86
• Abfahrt, die, -en 100
abheben, hebt ab (Geld) 150
• abholen, holt ab 68
abhören, hört ab 120

absagen, sagt ab 135
Absender, der, - 187
Abschnitt, der, -e 137
Abteilung, die, -en 70
Abwesenheitsmail, die, -s 165
• Adresse, die, -n 21
Afghanistan 15
Afrika 16
Agentur für Arbeit, die 152
aggressiv 18
• Ah ja! 15
• Aha! 15
Ahnung, die, -en 175
    Keine Ahnung! 175
Aktivität, die, -en 64
akut 126
Algerien 15
Alkohol, der *(nur Sg.)* 118
alkoholisch 141
• alle *(Pronomen)* 109
Allee, die, -n 20
• allein 136
• alles 10
• Alles Gute! 30
• als 29
• also 84
• alt 68
Altbau, der, -bauten 98
• Alter, das *(nur Sg.)* 80
am besten 84
am liebsten 167
Amerika 16
Ampel, die, -n 87
Amt, das, ⸚er 23
• an, am *(Ort)* 20
• an, am *(Zeit)* 28
• anbieten, bietet an 68
• anders 172
• anfangen, fängt an 69
• Angebot, das, -e 71
angenehm 33
anhalten, hält an 86
• anklicken, klickt an 154
• ankommen, kommt an 12
• ankreuzen, kreuzt an LZ
• Ankunft, die, ⸚e 166
• anmachen, macht an (Gerät) 101
• Anruf, der, -e 135
• Anrufbeantworter, der, - 120
• anrufen, ruft an 115
• Anschluss, der, ⸚e (Internet-) 104
ansehen, sieht an LZ
anstrengend 167
Antrag, der, ⸚e 165
• Antwort, die, -en 36
Anwaltskanzlei, die, -en 165
• Anzeige, die, -n 104
• anziehen, zieht an 116

- Apfel, der, ⸚ 60
  Apotheke, die, -n AB113
- Appartement, das, -s 104
- April, der 132
  Arabisch, das (*Sprache, nur Sg.*) 49
- Arbeit, die (*nur Sg.*) 36
- arbeiten 28
- Arbeitsplatz, der, ⸚e 99
  Arbeitstag, der, -e 30
  Arbeitstisch, der, -e 165
  Arbeitszimmer, das, - 107
  Argentinien 15
  Arm, der, -e AB114
  Arme, der/die, -n 117
- Arzt, der, ⸚e 28
  Arzthelferin, die, -nen AB76
- Ärztin, die, -nen 32
  Asien 16
  Assistentin, die, -nen 152
  Äthiopien 15
  Attest, das, -e 125
- auch 20
- auf 21
- auf Deutsch 21
  aufhaben, hat auf 73
- Auf Wiederhören! 135
- Auf Wiedersehen! 10
  aufbauen, baut auf 68
- Aufgabe, die, -n 25
- aufhören, hört auf 68
  aufladen, lädt auf 150
  aufmachen, macht auf 126
  aufpassen, passt auf 69
  aufräumen, räumt auf 81
  aufschreiben, schreibt auf 126
- aufstehen, steht auf 68
  Aufzug, der, ⸚e 32
- Auge, das, -n 79
  Augenfarbe, die, -n 79
- August, der 132
  Au-pair, das, -s 80
- aus 14
- ausdrucken, druckt aus 150
- Ausflug, der, ⸚e 131
- ausfüllen, füllt aus 137
  Ausgabe, die, -n 149
  ausgeben, gibt aus 149
  ausladen, lädt aus 68
  ausräumen, räumt aus 110
  ausschlafen, schläft aus 138
- aussehen, sieht aus 78
  außerhalb 125
- aussteigen, steigt aus 86
  Australien 16
  auswählen, wählt aus 151
  Auszahlung, die, -en 151
  ausziehen, zieht aus (aus Wohnung) 104

  ausziehen, zieht aus (Kleidung) 126
- Auto, das, -s 13
  Automat, der, -en 71
- automatisch 125
  Azubi, der, -s (*Kurzwort für der / die Auszubildende*) 134
B • Baby, das, -s 48
  backen 61
  Bäcker, der, - 35
  Bäckerin, die, -nen 29
- Bad, das, ⸚er 104
  Badeanzug, der, ⸚e 170
  Badehose, die, -n 146
- baden 170
  Badewetter, das (*nur Sg.*) 174
- Bahn, die, -en 101
- Bahnhof, der, ⸚e 86
- Balkon, der, -e 13
- Banane, die, -n 60
- Bank, die, -en (*Geldinstitut*) 21
- Bankkarte, die, -n 150
- bar 158
  Basketball, der (*Sport, nur Sg.*) 80
  Batterie, die, -n 60
  Bauarbeiter, der, - 37
- Bauch, der, ⸚e 117
  Bauchschmerzen, die (*nur Pl.*) 117
  bedienen 68
  beenden 135
  begeistert 54
  Beginn, der (*nur Sg.*) 152
- beginnen 56
  begrüßen, sich 34
  Begrüßungsrunde, die, -n 17
- bei 36
- Bein, das, -e AB114
- Bekannte, der/die, -n 105
- bekommen 153
  beliebt 172
  benutzen 107
  Benzin, das (*nur Sg.*) 149
  Benzinkanister, der, - 170
  bequem 73
  Berg, der, -e 87
  Bericht, der, -e 137
  Beruf, der, -e 36
  beruflich 130
  Bescheid geben 121
  beschreiben AB78
- besichtigen 173
  Besichtigungstermin, der, -e 105
  besorgt 46
  Besprechung, die, -en 130
  Besserung, die (*nur Sg.*)
    Gute Besserung! 124
  bestätigen 151
- bestellen 142
  bestimmt 107

  Besuch, der, -e 130
- besuchen 55
  Betrag, der, ⸚e 151
  betreuen 81
  Betreuung, die (*nur Sg.*) 149
- Bett, das, -en 116
  bewölkt AB166
- bezahlen 142
- Bier, das, -e 60
  bieten 78
- Bild, das, -er LZ
  Bildung, die (*nur Sg.*) 149
- billig 72
  Billigflieger, der, - 167
  bin 14 → sein
- bis
  - Bis bald! 51
    Bis dann! 57
    Bis nächste Woche! 20
  - Bis später! 34
  bis zu 87
- bist 19 → sein
- bitte 15
- Bitte, die, -n 165
- blau 78
- bleiben 54
- Bleistift, der, -e LZ
- Blick, der, -e
    im Blick haben 134
  blöd 144
  blond 77
- Blume, die, -n 110
  Brasilien 15
  braten, brät 63
  Bratkartoffel, die, -n 63
  Bratwurst, die, ⸚e 141
- brauchen 63
- braun 77
- breit 155
  Brezel, die, -n 141
- Brief, der, -e 86
  Briefträger, der, - 164
  Brille, die, -n 77
- bringen 65
  Bronchitis, die (*nur Sg.*) 126
- Brot, das, -e 60
- Brötchen, das, - 144
  Brücke, die, -n 87
- Bruder, der, ⸚ 48
  brutto 153
- Buch, das, ⸚er LZ
  buchen 167
  Bücherei, die, -en 87
- buchstabieren 21
  Buffet, das, -s 56
  Büro, das, -s 36
- Bus, der, -se 76
- Butter, die (*nur Sg.*) 60
C • Café, das, -s 32

- Cent, der, -s 70
- Chef, der, -s 46
  China 15
  chinesisch 81
- circa (ca.) 99
  Cola, die, -s 66
- Computer, der, - 82
  cool 143
  Cousin, der, -s 48
  Cousine, die, -n 48
- D • da 12
  da (*Zeit*) 101
  dabei (*Zeit*) 101
  dabei haben 125
  dabei sein 162
  dafür 150
  dafür können 136
  danach 127
- Dank, der (*nur Sg.*) 65
  • Vielen Dank! 65
- danke 30
  Danke vielmals! 71
- dann 84
  Darf ich vorstellen? 34
- das 13
- Datum, das, Daten AB127
- dein, deine 47
  denken (*Meinung*) 81
  denken an 86
  denn (*Partikel*) 18
- der 13
  deutlich 134
- Deutsch, das (*Sprache, nur Sg.*) 49
- Deutsche, der/die, -n 49
  Deutschkurs, der, -e 84
- Deutschland 8
- Dezember, der 132
- die 13
  Dienst, der, -e 34
- Dienstag, der, -e 34
  Dienstplan, der, ⸚e 34
  Digitalkamera, die, -s 146
  Disco, die, -s 40
  Display, das, -s 157
  Distanz, die, -en 143
  DJ, der, -s 28
  doch (*Partikel*) 47
  Dolmetscherin, die, -nen AB76
- Donnerstag, der, -e 34
- Dorf, das, ⸚er 99
  Dose, die, -n 70
  dringend 139
- Drucker, der, - 146
- du 18
  dunkel 116
- Durchsage, die, -n 168
  durchschnittlich 149
- dürfen, darf 118
- Durst, der (*nur Sg.*) 142

duzen 143
DVD, die, -s 55
DVD-Player, der, - 146
- E   Ecke, die, -n 84
  egal 80
- Ei, das, -er 60
  eigentlich 175
- eilig, es eilig haben 164
- ein bisschen 81
- ein, eine 32
  einatmen, atmet ein 126
  Einbauküche, die, -n 104
  einer (*Pronomen*) 136
- einfach 154
  Einfamilienhaus, das, ⸚er 98
- Eingang, der, ⸚e 32
  eingeben, gibt ein 151
- einkaufen 68
  Einkaufszettel, der, - 74
- einladen, lädt ein 106
- Einladung, die, -en 137
- einmal 110
  einpacken, packt ein 68
  einschlafen, schläft ein 86
- einsteigen, steigt ein 86
  eintragen, trägt ein 134
  einzahlen, zahlt ein 150
  Einzahlung, die, -en 151
  einziehen, zieht ein 108
  Eis, das (*nur Sg.*) 141
  elegant 76
  elektronisch 134
- Eltern, die (*nur Pl.*) 47
  Elternabend, der, -e 130
- E-Mail, die, -s 51
  E-Mail-Adresse, die, -n 25
  Empfänger, der, - 187
- empfehlen, empfiehlt 156
- Ende, das (*nur Sg.*) 80
  endlich 54
  Endstation, die, -en 86
  eng 167
  England AB11
  Englisch, das (*Sprache, nur Sg.*) 80
- Enkel, der, - 47
- Enkelin, die, -nen 47
  entnehmen, entnimmt 151
- entschuldigen 65
  • Entschuldigen Sie! 65
- Entschuldigung! 15
  enttäuscht 54
- er 25
  Erbse, die, -n 67
  Erdbeere, die, -n 67
  Erdgeschoss, das, -e 137
  Erfolg, der, -e
      Viel Erfolg! 162
  erfragen 71
  ergänzen LZ

erhöhen 103
Erhöhung, die, -en 103
erklären AB148
- erlaubt AB109
  erleben 173
  erreichbar 165
  erreichen 121
  erst (↔ schon) 51
  erst (zuerst) 84
  erste/r/s 18
- es geht 31
- es gibt 70
- Essen, das AB38
- essen, isst 51
      zu Mittag essen 51
  etwas 60
- Euro, der, -s 70
- Europa 16
  extrem 140
- F   Facharzt, der, ⸚e 129
  Fähigkeit, die, -en 83
- fahren, fährt 76
  • Rad fahren 44
  • Auto fahren 81
      in Urlaub fahren 164
      Schi fahren 174
  Fahrgemeinschaft, die, -en 100
- Fahrkarte, die, -n 149
- Fahrrad, das, ⸚er 76
  Fahrt, die, -en AB81
  Fall, der, ⸚e 165
- falsch 78
- Familie, die, -n 38
- Familienname, der, -n 23
- Familienstand, der (*nur Sg.*) 80
  Fan, der, -s AB57
- Farbe, die, -n 78
- Februar, der 132
- fehlen
      Was fehlt dir/Ihnen? 126
- Feierabend, der, -e 52
  feiern 109
  Feiertag, der, -e 132
  Fenster, das, - 13
  Ferien, die (*nur Pl.*) 89
  Ferienwohnung, die, -en 175
- fernsehen, sieht fern 39
  Fernseher, der, - 146
  Fernsehturm, der, ⸚e 76
- Fest, das, -e 56
- Fieber, das (*nur Sg.*) 117
- Film, der, -e 56
- finden 70
  finden (*Meinung*) 81
- Firma, die, -en 121
- Fisch, der, -e 60
  fit 40
  Fitnessstudio, das, -s 130
  fix und fertig 170

- Flasche, die, -n 71
- Fleisch, das (*nur Sg.*) 60
- fliegen 166
  Flug, der, ⸚e 166
- Flughafen, der, ⸚ 88
  Flugticket, das, -s 166
- Flugzeug, das, -e 88
  Flur, der, -e 107
  Folge, die, -n 103
  formulieren 82
- Frage, die, -n LZ
  Fragebogen, der, ⸚ 80
- fragen 64
  Frankreich 15
  Französisch, das (*Sprache, nur Sg.*) 49
- Frau (*Anrede*) 31
- Frau, die, -en (*Ehefrau*) 47
- Frau, die, -en (*weibliche Person*) 13
  frei 34
  Freiheit, die (*nur Sg.*) 173
- Freitag, der, -e 34
  Freizeit, die (*nur Sg.*) 44
- fremd 163
  Fremdsprache, die, -n 80
- freuen, sich 88
- Freund, der, -e 44
- Freundin, die, -nen 115
  freundlich 33
  Freut mich. 15
  frisch 72
  Frisör, der, -e 54
  fröhlich 18
  früh 28
  Frühdienst, der, -e 34
- früher 173
- Frühling, der, -e 174
- Frühstück, das, -e AB48
- frühstücken 39
  fühlen, sich 116
  Führerschein, der, -e 80
  Fundbüro, das, -s 171
  Funktion, die, -en 151
  funktionieren 107
- für 38
- Fuß, der, ⸚e 73
  Fußball, der (*Sport, nur Sg.*) AB50
  Fußball, der, ⸚e 146
  füttern 81
- **G** ganz 20
  ganz schön (*ziemlich*) 140
- Garten, der, ⸚ 98
  Gartenlokal, das, -e 140
- Gast, der, ⸚e 142
  Gäste-WC, das, -s 107
  Gastfamilie, die, -n 78
  Gebäude, das, - 87
- geben, gibt 156
- geboren 133

Gebrauchsgegenstand, der, ⸚e 149
  gebrochen 169
  Geburtsland, das, ⸚er 80
- Geburtstag, der, -e 131
  geehrt- (*Anrede: Sehr geehrte/r …*) 121
  gefährlich 169
- gefallen, gefällt 106
  Gefühl, das, -e 163
  gegen 126
  gegen (*Zeit*) 51
  Gehalt, das, ⸚er 152
  Gehaltserhöhung, die, -en 153
  Geheimzahl, die, -en 150
- gehen 39
  einkaufen gehen 39
  ins Kino gehen 44
  zum Frisör gehen 54
  tanzen gehen 55
  zu Fuß gehen 56
  essen gehen 65
- gelb 78
- Geld, das, -er 149
  Geldautomat, der, -en 151
  Geldkarte, die, -n 151
  gemeinsam 100
- Gemüse, das (*nur Sg.*) 68
  Gemüsesuppe, die, -n 63
  gemütlich 98
  genau 84
  genervt 46
  genug 44
- Gepäck, das (*nur Sg.*) 167
  Gepäckband, das, ⸚er 170
- gerade (*jetzt*) 156
- geradeaus 84
  gerecht 153
  Gericht, das, -e (*Essen*) 63
- gern 40
  Gern geschehen. 158
- Geschäft, das, -e 98
  Geschäftsessen, das, - 136
  Geschäftspartner, der, - 121
- Geschenk, das, -e 158
  Geschichte, die, -n 171
  Geschirr, das (*nur Sg.*) 109
  Geschlecht, das, -er 80
- Geschwister, die (*nur Pl.*) 48
- Gespräch, das, -e LZ
  gestalten 82
  gestern AB94
  gestresst 100
  gesund 72
  Gesundheit, die (*nur Sg.*) 147
  Gesundheitspflege, die (*nur Sg.*) 149
- Getränk, das, -e 70
  Getränkeabteilung, die, -en 70
  getrennt 142

- gewinnen 135
  gießen 110
  Gigabyte, das, -s 157
  Gips, der, -e 175
- Glas, das, ⸚er 111
- glauben 21
- gleich 84
- Gleis, das, -e 166
- Glück, das (*nur Sg.*)
  zum Glück 87
  Viel Glück! 162
- glücklich 146
- Glückwunsch, der, ⸚e 162
  googeln 154
- Grad, der, -e 174
- Gramm, das, (-e) 72
- gratulieren 162
- grau 78
  Griechenland 15
- grillen 55
  Grillhähnchen, das, - 141
  Grippe, die, -n 115
- groß 77
  Großbritannien 15
- Größe, die, -n 79
- Großeltern, die (*nur Pl.*) 47
  Großfamilie, die, -n 49
- Großmutter, die, ⸚ 47
- Großvater, der, ⸚ 47
- grün 78
- Gruppe, die, -n 100
- Grüß Gott! (*süddt., österr.*) 10
- Gruß, der, ⸚e
  • mit freundlichen Grüßen 81
  Viele Grüße! 162
  Herzliche Grüße! 162
  grüßen 163
  gucken 105
- günstig 72
- gut 13
- Guten Morgen! 30
- Guten Tag! 10
- **H** Haar, das, -e 77
  Haarfarbe, die, -n 79
- haben 34
  Dienst haben 34
  frei haben 34
  Zeit haben 36
  Stress haben 36
  Hunger haben 51
- Hähnchen, das, - 141
- halb 52
- Hallo! 10
  Hals, der, ⸚e 114
  Halsschmerzen, die (*nur Pl.*) 114
  halt 171
- halten, hält (*Bus*) 88
- Hand, die, ⸚e AB114
- Handy, das, -s 13

hässlich 155
hatte 101 → haben
• Haus, das, ⸚er 13
Hausarbeit, die, -en 81
Hausarzt, der, ⸚e 129
• Hausaufgabe, die, -n 81
• Hausfrau, die, -en 28
Haushalt, der, -e 149
Haushaltsgerät, das, -e 149
Hausmann, der, ⸚er AB20
Hausmeister, der, - 152
Hausnummer, die, -n 23
Hautarzt, der, ⸚e 124
Hebamme, die, -n 37
Heft, das, -e LZ
• Heimat, die (nur Sg.) 172
Heimatland, das, ⸚er 173
Heimatort, der, -e 163
Heimweh, das (nur Sg.) 115
• heiraten 132
heiß 170
• heißen 15
Heizkosten, die (nur Pl.) 106
• helfen, hilft LZ
• hell 106
• Herbst, der, -e 174
• Herd, der, -e 107
• Herr (Anrede) 31
Herz, das, -en AB114
herzlich 137
• Herzlich willkommen! 9
• heute 72
Hi! 19
• hier 19
• Hilfe! 79
Hilfe, die, -n 139
Himmel, der, - 174
hin 171
• hinten 49
hinterlassen, hinterlässt 165
Historiker, der, - 134
• Hobby, das, -s 80
Hochhaus, das, ⸚er 98
hochtragen, trägt hoch 138
Hochzeitstag, der, -e 139
hoffen 175
hoffentlich 162
höflich 71
Homepage, die, -s 152
• hören LZ
Musik hören 40
Hotel, das, -s 21
hübsch 50
• Hund, der, -e 13
• Hunger, der (nur Sg.) 51
Husten, der (nur Sg.) 126
Hut, der, ⸚e AB44
I • ich 14

Idee, die, -n 101
• ihr (Personalpronomen) 19
• Ihr, Ihre 50
• ihr, ihre (Possessivartikel) 49
• immer 37
• in Ordnung 70
in, im (Ort) 18
Indien 15
Informatiker, der, - 105
• Information, die, -en 32
informieren 165
Ingenieur, der, -e 29
inklusive 149
Inlineskates, die (nur Pl.) 118
inoffiziell 33
Insel, die, -n 173
• interessant 15
Interesse, das, -n 104
• international 48
• Internet, das (nur Sg.) 104
Interview, das, -s 36
iPod, der, -s 146
Irak, der 15
• ist 13 → sein
Italien 15
Italienisch, das (Sprache, nur Sg.)
49
J • ja 20
• Jacke, die, -n 101
• Jahr, das, -e 68
Jahreszeit, die, -en 174
• Januar, der 132
Japan 15
• jede/r/s 100
jeder (Pronomen) 109
• jetzt 69
• Job, der, -s 140
• Judo, das (nur Sg.) 18
• Juli, der 132
• jung 76
• Junge, der, -n AB72
• Juni, der 132
K Kachelofen, der, ⸚ 107
• Kaffee, der (nur Sg.) 60
Kalender, der, - 130
kalt 104
Kamera, die, -s 146
Kanada 15
Kantine, die, -n 53
• kaputt 69
Karate, das (nur Sg.) 18
Karatetrainer, der, - 25
Karriere, die, -n 123
• Karte, die, -n 151
Kartoffel, die, -n 63
Kasachstan 15
Käse, der (nur Sg.) 60
Käsekuchen, der, - 65

Käsetheke, die, -n 70
• Kasse, die, -n 71
Katze, die, -n AB162
• kaufen 71
Kaufhaus, das, ⸚er 156
Kegelabend, der, -e 136
kegeln 138
• kein, keine 53
keiner (Pronomen) 109
Keks, der, -e 67
Kellner, der, - 28
Kellnerin, die, -nen 32
Kenia 15
• kennen 88
kennen lernen 84
• Kilo(gramm), das, -s/(e) 72
Kilometer, der, - 166
• Kind, das, -er 13
Kinderbetreuung, die (nur Sg.) 78
• Kindergarten, der, ⸚ 87
Kinderwagen, der, - 146
Kino, das, -s 44
Kirche, die, -n 87
Kiste, die, -n 68
Kita, die, -s (Kurzwort für Kinder-
tagesstätte) 149
• Klar! 65
• Klasse, die, -n 120
Klassenausflug, der, ⸚e 137
Klassenfest, das, -e 137
Klassenlehrerin, die, -nen 137
Klassenraum, der, ⸚e 137
Klavierstunde, die, -n 134
• Kleidung, die (nur Sg.) 79
• klein 49
Klingel, die, -n 13
klingeln 101
klingen 16
Knoblauch, der (nur Sg.) 63
Koch, der, ⸚e 32
Köchin, die, -nen 32
• kochen 39
• Koffer, der, - 169
Kohlensäure, die (nur Sg.) 66
Kollege, der, -n 19
Kollegin, die, -nen 33
komisch 150
• kommen (aus) 14
zu spät kommen 85
Kommunikation, die (nur Sg.) 130
kompliziert 127
Kondition, die (nur Sg.) 82
• können, kann 81
Kontakt, der, -e 18
• Konto, das, Konten 150
Kontoauszug, der, ⸚e 150
Kontostand, der, ⸚e 151
kontrollieren AB94

- Konzert, das, -e 56
- Kopf, der, ⸚e 114
  Kopfschmerzen, die (*nur Pl.*) 114
  Körper, der, - AB106
  körperlich 82
  Körperteil, der, -e AB114
  korrigieren 151
  Kosovo, der/das 173
- kosten 70
  Kosten, die (*nur Pl.*) 106
- krank 116
  Krankenhaus, das, ⸚er 30
  Krankenhausteam, das, -s 32
  Krankenpfleger, der, - 32
  Krankenschwester, die, -n 28
  Krankenwagenfahrer, der, - 33
  Krankenwagenfahrerin, die, -nen 33
  Krankheit, die, -en AB108
  Krankmeldung, die, -en 124
  Krawatte, die, -n 116
  kreativ 82
  Kreuzung, die, -en 87
- Küche, die, -n 106
- Kuchen, der, - 63
  Kugel, die, -n 141
- Kugelschreiber, der, - LZ
  Kühlregal, das, -e 71
- Kühlschrank, der, ⸚e 60
- Kunde, der, -n 68
- Kundin, die, -nen 68
  kundenfreundlich 130
  Kurier, der, -e 76
- Kurs, der, -e 84
  Kursleiter, der, - LZ
  Kursleiterin, die, -nen LZ
  Kursteilnehmer, der, - 85
- kurz 69
  Kuss, der, ⸚e 51
  Kuwait 49
- L Labor, das, -s 139
  lächeln 67
- lachen AB78
  Lage, die, -n 104
  Lampe, die, -n 13
- Land, das, ⸚er 25
  Landkarte, die, -n 82
  Landschaft, die, -en 163
  Landung, die, -en 170
- lang 67
- lange 82
- langsam 120
  langweilig 36
  Laptop, der, -s 101
  laufen, läuft 101
- laut 41
- leben 49
- Leben, das (*nur Sg.*) 46

- Lebensmittel, das, - (*meist Pl.*) 67
  lecker 72
  Lederjacke, die, -n 146
- ledig 80
  leer 71
  Leergutautomat, der, -en 71
- Lehrer, der, - 29
- Lehrerin, die, -nen 29
- leicht 82
  leid tun 53
- leider 87
  leihen 101
- leise 120
  lernen AB58
- lesen, liest LZ
- letzte/r/s 132
  Leuchtturm, der, ⸚e 175
- Leute, die (*nur Pl.*) 51
- liebe/lieber (*Anrede*) AB111
- lieben 81
- lieber 163
  Liebeskummer, der (*nur Sg.*) 114
- Lieblings- (Lieblingsmusik) 146
  Liechtenstein 8
- liegen 104
  Lineal, das, -e AB26
- links 71
  Lippe, die, -n 78
  Litauen 15
- Liter, der, - 72
- Lokal, das, -e 133
  los sein (etwas ist los) 44
  lösen 108
  losfahren, fährt los 68
  losgehen, geht los 69
- Lösung, die, -en 98
  Luft, die (*nur Sg.*) 98
  Lust, die (*nur Sg.*)
    Lust haben 111
- lustig 48
- M• machen 39
    Yoga machen 39
    Mittagspause machen 44
    Schluss machen 52
    Feierabend machen 52
    Sport machen 55
- Mädchen, das, - 81
  Mahlzeit, die, -en 126
- Mai, der 80
  mal (*Partikel*) 86
- man 84
  manchmal 37
  Mandelentzündung, die, -en 126
- Mann, der, ⸚er (*Ehemann*) 46
- Mann, der, ⸚er (*männliche Person*) 13
- männlich 80
  Marker, der, - LZ

  markieren LZ
  Markt, der, ⸚e 68
  Marktstand, der, ⸚e 68
  Marktverkäuferin, die, -nen 68
  Marokkaner, der, - 49
  Marokkanerin, die, -nen 49
  Marokko 15
  März, der 132
  Mathematik, die (*nur Sg.*) 82
  Mathematikarbeit, die, -en 137
  maximal 80
  Medikament, das, -e 126
- Meer, das, -e 135
  Mehl, das (*nur Sg.*) 63
- mehr 111
- mein, meine 46
  Meinung, die, -en 81
  Meinungsumfrage, die, -n 122
- meiste/r/s 68
  meistens 167
  melden 104
- Mensch, der, -en 82
  Mexiko 15
- Miete, die, -n 103
- mieten AB96
  Mieterhöhung, die, -en 103
  Mietkosten, die (*nur Pl.*) 108
  Migrant, der, -en 172
- Milch, die (*nur Sg.*) 60
  Mineralwasser, das (*nur Sg.*) 60
- Minute, die, -n 52
  miserabel 117
- mit 39
  Mitbewohner, der, - 104
  mithelfen, hilft mit 109
- mitkommen, kommt mit 53
- mitnehmen, nimmt mit 167
- Mittag, der, -e 28
  Mittagessen, das, - 41
  mittags 39
- Mittagspause, die, -n 44
  Mittelmeer, das 173
  mitten 168
- Mittwoch, der, -e 34
- Möbel, die (*nur Pl.*) 149
  Mobilität, die (*nur Sg.*) 149
  möbliert 104
- möchte 54
  Modell, das, -e 156
  modern 79
  Modernisierung, die, -en 103
- mögen, mag 66
- Moment, der, -e 65
- Monat, der, -e 81
  monatlich 149
- Montag, der, -e 34
- morgen 55
- Morgen, der, - 28

morgens 39
Motorrad, das, ⸚er 76
MP3-Player, der, - 157
• müde 40
mühelos 173
Müll, der (*nur Sg.*) 109
• Mund, der, ⸚er 126
Musik, die (*nur Sg.*) 56
Musiker, der, - 35
• muss 30 → müssen
• Mutter, die, ⸚ 47
Mütze, die, -n AB94

N na ja 31
• nach (*Ort*) 84
• nach (*Zeit*) 52
• nach Hause 88
Nachbarin, die, -nen 14
nachfragen, fragt nach 135
Nachhilfe, die, -n 149
Nachmieter, der, - 104
• Nachmittag, der, -e 28
nachmittags 39
Nachricht, die, -en 69
nachsehen, sieht nach 135
• nächste/r/s 101
• Nacht, die, ⸚e 28
Nachtarbeiter, der, - 37
Nachtdienst, der, -e 34
nachts 35
nah 20
Nähe, die (*nur Sg.*) 98
nähen 82
• Name, der, -n 15
nämlich 139
Nase, die, -n AB114
Natur, die (*nur Sg.*) 98
natürlich 85
Nebenkosten, die (*nur Pl.*) 103
Neffe, der, -n 49
• nehmen, nimmt 84
• nein 15
nerven 140
nervös 85
nett 14
netto 153
• neu 10
• Neujahr, das (*nur Sg.*) 132
• nicht 24
Nichte, die, -n 49
Nichtraucherin, die, -nen 104
• nichts 142
• nie 37
Nigeria 15
• noch 60
• noch einmal 20
Norden, der (*nur Sg.*) AB166
• normal 150
normalerweise 68

Notebook, das, -s 157
Notizzettel, der, - 134
Notruf, der, -e 169
• November, der 132
• nur 71
O • oben 71
Oberkörper, der, - AB118
• Obst, das (*nur Sg.*) 68
• oder 28
offiziell 33
• oft 37
• ohne 66
Ohr, das, -en AB114
okay/ok 20
• Oktober, der 132
• Öl, das (*nur Sg.*) 63
Olivenöl, das (*nur Sg.*) 72
• Oma, die, -s 123
Omelett, das, -s 63
Onkel, der, - 48
• Opa, der, -s 79
ordentlich 104
organisieren 82
Orientierung, die (*nur Sg.*) 32
• Ort, der, -e 23
Osten, der (*nur Sg.*) AB166
Österreich 8
P Päckchen, das, - 73
Packung, die, -en 72
paniert 141
Panne, die, -n 101
• Papier, das, -e 158
Parfüm, das, -e 146
Park, der, -s 87
• Party, die, -s 56
Pass, der, ⸚e AB78
Passagier, der, -e 170
passen 79
passieren 101
Patient, der, -en 125
Patientin, die, -nen 125
• Pause, die, -n 52
Person, die, -en 24
persönlich 23
Peru 15
Pfeffer, der (*nur Sg.*) 63
Pfund, das, -e 68
Piercing, das, -s 78
Pils, das (*nur Sg.*) 141
Pizza, die, -s/-en 65
Pizzeria, die, -s/...rien AB57
• Plan, der, ⸚e 34
Planung, die, -en 165
Platz nehmen 124
• Platz, der, ⸚e 20
• Platz, der, ⸚e (*Sitzplatz*) 85
Player, der, - 157
plötzlich 101

Polen 15
Politiker, der, - 76
• Polizei, die (*nur Sg.*) 87
Polizist, der, -en 32
Polizistin, die, -nen 32
Polnisch, das (*Sprache, nur Sg.*) 81
• Pommes, die (*nur Pl., Kurzwort für Pommes frites*) 141
Portion, die, -en 141
Portmonee, das, -s 150
Porträt, das, -s 68
Portugal 15
• Post, die (*Gebäude, nur Sg.*) 76
• Post, die (*nur Sg.*) 41
Postkarte, die, -n 163
• Postleitzahl, die, -en 23
praktisch 73
Präsentation, die, -en 101
Praxis, die, Praxen 125
Praxisgebühr, die, -en 124
• Preis, der, -e 71
Pressetermin, der, -e 76
prima 47
privat 35
pro 149
• Problem, das, -e 65
Profil, das, -e 82
Programm (*Computer-*), das, -e 82
Programm, das, -e 56
• Prospekt, der, -e 156
Psychologe, der, -n 32
Psychologin, die, -nen 29
• pünktlich 57
Putenschnitzel, das, - 141
putzen 39
Putzfrau, die, -en 111
Putzplan, der, ⸚e 109
Q • Quadratmeter, der, - 106
Quartal, das, -e 124
Quatsch, der (*nur Sg.*) 117
Quiz, das, - 150
R Rad, das, ⸚er 101
Radio, das, -s 116
raten 119
Ratespiel, das, -e 79
Rathaus, das, ⸚er 21
• rauchen 80
Raucher, der, - 110
• Raum, der, ⸚e 84
Raumpfleger, der, - 32
Raumpflegerin, die, -nen 32
rausbringen, bringt raus 110
reagieren 34
rechnen 82
• Rechnung, die, -en 142
Recht haben 71
Recht, das, -e 123
• rechts 70

Regal, das, -e 70
- Regen, der (*nur Sg.*) 140
Regenjacke, die, -n 101
Regionalzug, der, ⸚e 168
- regnen 101
reinkommen, kommt rein 106
- Reis, der (*nur Sg.*) 60
- Reise, die, -n AB163
Reiseleiterin, die, -nen 76
- reisen 167
Reisende, der/die, -n 168
renovieren 106
Renovierung, die, -en 103
- Reparatur, die, -en 149
- reparieren 82
reservieren 166
- Restaurant, das, -s 30
Rezept, das, -e 124
- Rezeption, die, -en 170
Rhythmus, der, Rhythmen 102
- richtig 78
Rose, die, -n 134
rot 72
Rücken, der, - 115
Rückenschmerzen, die (*nur Pl.*) 115
Rucksack, der, ⸚e 134
Ruhe, die (*nur Sg.*) 40
Ruhestörung, die, -en 41
Ruhezeit, die, -en 41
- ruhig 36
rund um die Uhr 28
runterbringen, bringt runter 109
Russland 15
S Sache, die, -n 109
- Saft, der, ⸚e 141
sagen LZ
- Sahne, die (*nur Sg.*) 141
- Salat, der, -e 60
Salsa, der (*nur Sg.*) 65
Salsa tanzen 63
Salsakurs, der, -e 40
- Salz, das (*nur Sg.*) 63
salzig 141
- Samstag, der, -e 34
sauber machen 110
Saxofon, der, -e 40
- S-Bahn, die, -en 88
Schach, der (*nur Sg.*) 55
schade 87
Schafskäse, der (*nur Sg.*) 72
- Schalter, der, - 168
Schauspielerin, die, -nen 76
- scheinen (Sonne) 174
schenken 156
Schicht, die, -en 138
schick 155
schicken 173
Schiff, das, -e 88

- Schinken, der, - 60
- schlafen, schläft 39
Schlafzimmer, das, - 107
- schlecht 13
- Schluss, der (*nur Sg.*) 52
zum Schluss 127
- Schlüssel, der, - 164
schmal 155
- schmecken 140
Schmerz, der, -en 114
Schmuck, der (*nur Sg.*) 146
schmutzig 111
Schnee, der (*nur Sg.*) 174
schneien 174
schnell 73
Schnitzel, das, - 141
Schnupfen, der, - 115
Schokolade, die (*nur Sg.*) 51
- schon 51
- schön 79
schon wieder 175
- Schrank, der, ⸚e 138
- schreiben LZ
Schreibtisch, der, -e 116
- Schuh, der, -e 146
- Schule, die, -n 36
Schultasche, die, -n 116
Schulung, die, -en 130
schütten 101
Schwager, der, - 48
Schwägerin, die, -nen 48
schwarz 78
Schwarzbrot, das, -e 68
Schwarze Brett, das, -er 104
Schweden AB11
Schweiz, die 8
- schwer 138
- Schwester, die, -n 48
Schwiegereltern, die (*nur Pl.*) 47
Schwiegermutter, die, ⸚ 47
Schwiegersohn, der, ⸚e 47
Schwiegertochter, die, ⸚ 47
Schwiegervater, der, ⸚ 47
- Schwimmbad, das, ⸚er 86
- Schwimmen, das (*nur Sg.*) 80
- sehen, sieht AB74
- Sehenswürdigkeit, die, -en 173
- sehr 24
- seid 19 → sein
- sein 25
sein, seine 48
seit 68
Sekretär, der, -e 32
Sekretärin, die, -nen 32
Sekretariat, das, -e 84
Sekt, der (*nur Sg.*) 66
- selbstständig 82
selbstverständlich 139

selten 172
seltsam 163
Senior, der, -en 108
- September, der 132
Servus! (*österr.*) 10
sicher AB11
- Sie (*höfliche Anrede*) 14
- sie (*Pl.*) 25
- sie (*Sg.*) 25
siezen 143
- Silvester, (der), - 132
- sind 12 → sein
Situation, die, -en 23
- sitzen 100
Skateboard, das, -s AB35
SMS, die, - 57
- so 31
So ein Mist! 64
- Sofa, das, -s 146
- sofort 80
sogar 107
- Sohn, der, ⸚e 18
- Sommer, der, - 174
- Sonne, die (*nur Sg.*) 140
Sonnenbrille, die, -n 140
sonnig 174
- Sonntag, der, -e 34
sonst 60
Sonstiges 56
Sorge, die, -n
sich Sorgen machen 121
Spanien 15
Spanier, der, - 49
Spanierin, die, -nen 49
Spanisch, das (*Sprache, nur Sg.*) 49
spannend 51
sparen 150
Spaß, der (*nur Sg.*)
Spaß haben 108
- spät 28
Spätdienst, der, -e 34
spazieren gehen 45
Speise, die, -n 141
- Speisekarte, die, -n 141
Speisewagen, der, - 167
Spiegel, der, - 116
Spiegelei, das, -er 65
Spiel, das, -e 111
- spielen LZ
mit jmdm. spielen 39
Saxofon spielen 40
Schach spielen 55
Fußball spielen AB50
- Sport, der (*nur Sg.*) 55
Sportkurs, der, -e 18
Sportlehrer, der, - 18
sportlich 76
Sportschuh, der, -e 146

- Sprache, die, -n 9
Sprachunterricht, der, (-e) 172
- sprechen, spricht LZ
Sprechstunde, die, -n 125
Sprechstundenhilfe, die, -n 124
Sprechzeit, die, -en 125
spülen 109
Spülmaschine, die, -n 110
- Stadt, die, ⁼e 9
Stadtrand, der, ⁼er 98
Stadtzentrum, das, -zentren 98
Stand, der, ⁼e 68
Star, der, -s 171
stark 101
Station, die, -en 33
Stationsarzt, der, ⁼e 33
Stationsschwester, die, -n 33
stattfinden, findet statt 137
- stehen 82
stehen bleiben, bleibt stehen 170
Stellenanzeige, die, -n 152
stimmen 71
- Stock, der, Stockwerke 98
Stöckelschuh, der, -e 169
stören 138
Strand, der, ⁼e 173
- Straße, die, -n 20
- Straßenbahn, die, -en 88
Streit, der, -e 169
Stress, der (nur Sg.) 36
stressig 35
Stück, das, -e 72
Student, der, -en 29
Studentin, die, -nen 29
Studentenwohnheim, das, -e 104
- studieren 40
Stuhl, der, ⁼e LZ
- Stunde, die, -n 52
Stundenlohn, der, ⁼e 152
stürzen 169
- suchen 71
Süden, der (nur Sg.) AB166
super 20
Supermarkt, der, ⁼e 36
Suppe, die, -n 63
süß 49
sympathisch 50

T Tabakwaren, die (nur Pl.) 149
Tablette, die, -n 126
Tafel, die, -n LZ
Tag, der, -e 10
Tagesordnung, die, -en 137
täglich 126
Tai-Chi, das (nur Sg.) 18
Tank, der, -s 170
tanken 110
Tankstelle, die, -n 64
Tante, die, -n 48

Tanz, der (hier nur Sg.) 56
- tanzen 55
- Tasche, die, -n AB32
Taschenkalender, der, - 134
Tasse, die, -n 141
Tastatur, die, -en 101
Taste, die, -n 151
tauschen 138
- Taxi, das, -s 88
- Taxifahrer, der, - 29
- Team, das, -s 82
technisch 82
- Tee, der (nur Sg.) 60
teilen 108
teilnehmen, nimmt teil 137
- Telefon, das, -e 104
Telefongespräch, das, -e 46
- telefonieren 39
telefonisch 121
Telefonnummer, die, -n 24
Teller, der, - 141
- Termin, der, -e 69
Terminabsage, die, -n 121
Terminkalender, der, - 130
Terminkonflikt, der, -e 138
- teuer 98
Text, der, -e 82
Theater, das (nur Sg.) 56
Theaterstück, das, -e 56
Theke, die, -n 70
- Ticket, das, -s 166
tief 126
Tiefkühltruhe, die, -n 71
Tier, das, -e 80
- Tisch, der, -e LZ
- Tochter, die, ⁼ 47
- Toilette, die, -n 84
Toilettenpapier, das (nur Sg.) 60
- Tomate, die, -n 60
Ton, der, ⁼e 159
total 140
Touchscreen, der, -s 157
tragen, trägt 77
Training, das, -s 20
Transporter, der, - 68
träumen AB78
traurig 18
- treffen (jmdn.), trifft 45
  - Freunde treffen
Treffen, das, - 121
- Treppe, die, -n 138
- trinken 68
trotzdem 175
- Tschüss! 10
T-Shirt, das, -s 101
- tun 111
Tür, die, -en 12
Türkei, die 15

Turnier, das, -e 56
Tüte, die, -n 71
typisch 108

U U-Bahn, die, -en 88
üben 50
- über 149
überlegen, sich 156
übermorgen 164
übernehmen, übernimmt 121
überraschend 150
Überraschung, die, -en 154
Überweisung, die, -en 124
Überweisungsschein, der, -e 125
- Uhr, die (Zeitangabe, nur Sg.) 34
- Uhr, die, -en AB46
Ukraine, die 15
- um (Ort) 84
- um (Zeit) 51
umsteigen, steigt um 86
umstellen, stellt um 165
unbequem 167
- und 11
undeutlich 134
unfreundlich 33
uninteressant AB74
Universität, die, -en (Kurzwort: Uni) 100
unsympathisch 14
- unten 65
unter 149
Unterkörper, der, - AB118
unterschreiben 175
unterwegs 86
unwichtig 81
unzufrieden AB74
Urlaub, der, -e AB78
Urlaubsziel, das, -e 172
USA, die (nur Pl.) 15
V Vanille, die (nur Sg.) 141
- Vater, der, ⁼ 46
Vegetarier, der, - 66
Vegetarierin, die, -nen 66
Verabredung, die, -en 53
verabschieden, sich 34
- verboten 118
verbringen 172
- verdienen 153
- Verein, der, -e 149
Vereinbarung, die, -en 152
Vereinsbeitrag, der, ⁼e 149
Verflixt! 101
vergessen, vergisst 150
vergleichen LZ
- verheiratet 47
- verkaufen 68
- Verkäufer, der, - AB63
- Verkäuferin, die, -nen AB63
verkehrsgünstig 104

Verkehrsmittel, das, - (*meist Pl.*) AB82
- vermieten AB96
- Vermieter, der, - AB96
verrückt spielen 174
verschieben 136
verschieden 83
verschreiben 127
Versichertenkarte, die, -n 125
Versicherung, die, -en 149
Verspätung, die, -en 168
- verstehen LZ
versuchen 121
vertraut 163
vertreten, vertritt 139
Vertretung, die, -en 164
- Verwandte, der/die, -n 163
- viel 30
vielleicht 32
- Viertel (vor/nach + *Uhrzeit*) 52
Vogel, der, ¨ 13
- Volkshochschule, die, -n (VHS) 84
voll 101
- von (+ *Name*) 18
- von … bis 28
von … nach … 100
- vor (*Zeit*) 52
vorbeibringen, bringt vorbei 125
vorbeifahren, fährt vorbei 101
Vorgesetzte, der/die, -n 143
vorhaben, hat vor 171
Vormieter, der, - 107
- Vormittag, der, -e 28
vormittags 39
vorn 71
- Vorname, der, -n 23
Vorschlag, der, ¨e 54
- vorstellen (jmdn.), stellt vor 34
- vorstellen, sich, stellt sich vor 34
Vorwahl, die, -en 23

W wählen 25
Wand, die, ¨e 134
- wandern 173
Wandkalender, der, - 134
- wann 34
- war 70 → sein
Ware, die, -n 60
warm 53
Warmmiete, die, -n 104
- warten 57
Wartezimmer, das, - 124
warum AB21
- was 36
waschen, wäscht 110
Wäschetrocknen, das (*nur Sg.*) 107
Waschmaschine, die, -n 146
- Wasser, das (*nur Sg.*) 66
WC, das, -s 32

Wecker, der, - 116
- weg sein 171
Weg, der, -e 102
wegfahren, fährt weg 69
weggehen, geht weg 102
weglaufen, läuft weg 102
wegräumen, räumt weg 109
wehtun, tut weh 117
- weiblich 80
- Weihnachten, das, -
Frohe Weihnachten! 162
weil 167
- Wein, der, -e 60
- weiß 72
- weit 86
- weiter 87
weiterfahren, fährt weiter 170
Weizenbier, das, -e 141
- welche/r/s 81
wenden, sich an jmdn. 165
Wendung, die, -en 71
- wenig 30
- wer 14
Werbung, die, -en 72
Werkstatt, die, ¨en 130
Werkzeug, das, -e 82
Westen, der (*nur Sg.*) AB166
- Wetter, das, (*nur Sg.*) 140
WG, die, -s (*Kurzwort für* Wohn-gemeinschaft) 104
- wichtig 81
wickeln 81
- wie (*Fragewort*) 15
- Wie bitte? 15
- Wie geht's? 30
  - Wie geht es dir? 31
  - Wie geht es euch? 31
  - Wie geht es Ihnen? 31
- wie lang 52
- wie lange 68
- wie oft 66
- wie viel 51
wieder 126
- wiederholen 85
wiederkommen, kommt wieder 121
wieso 79
- Willkommen! 14
windig 174
- Winter, der, - 174
- wir 12
wirklich 107
- wissen, weiß 30
- wo 13
- Woche, die, -n 68
- Wochenende, das, -n 36
Wochenplan, der, ¨e 41
wofür 149
- woher 14

- wohin 88
- wohnen (in) 20
Wohngemeinschaft, die, -en 108
Wohnort, der, -e 25
- Wohnung, die, -en 12
Wohnungssuche, die, -n 103
Wohnzimmer, das, - 107
Wolke, die, -n 174
- wollen, will 108
- Wort, das, ¨er 13
Wörterbuch, das, ¨er LZ
- wunderbar 117
Wunsch, der, ¨e 137
wünschen 70
wünschen, sich 147
wunschlos 146
Wursttheke, die, -n 70
wütend 54
Y Yoga, das (*nur Sg.*) 18
Z Zahl, die, -en 22
- zahlen 149
Zahnpasta, die (*nur Sg.*) 60
zeichnen 82
Zeichnen, das (*nur Sg.*) 80
Zeichnung, die, -en 82
zeigen 88
- Zeit, die (*nur Sg.*) 30
- Zeitung, die, -en 60
zentral 104
Zentrum, das, Zentren 88
Zettel, der, - AB64
Ziel, das, -e 172
ziemlich 140
- Zigarette, die, -n 60
- Zimmer, das, - 104
Zitrone, die, -n 60
Zoo, der, -s 76
zu (+ *Adjektiv*) 41
- zu (*Ort*) 54
zu haben 64
- zu Hause 35
Zucker, der (*nur Sg.*) 64
zuerst 127
- zufrieden 68
- Zug, der, ¨e 88
zumachen, macht zu 102
Zunge, die, -n AB116
- zurück 70
zurückfahren, fährt zurück 68
zurückgeben, gibt zurück AB144
zurückkommen, kommt zurück 69
- zurzeit 29
- zusammen 49
zweimal 68
Zwiebel, die, -n 63
- zwischen 52

Bildquellennachweis

Avenue Images GmbH RF (Brand X Pictures), Hamburg, **29.1**; Avenue Images GmbH RF (Digital Vision), Hamburg, **105.2**; Avenue Images GmbH RF (Getty RF), Hamburg, **Cover**; Avenue Images GmbH RF (Ingram Publishing), Hamburg, **60.1**; Corbis (Walter Lockwood), Düsseldorf, **170.1**; creativ collection Verlag GmbH (JonES), Freiburg, **147.4**; Deutsche Bahn AG (Lautenschläger), Berlin, **168.1**; Deutsche Bahn AG, Berlin, **168.2**, **168.3**; DigitalVision, Maintal-Dörnigheim, **131**; Dreamstime LLC (Foodmaniac), Brentwood, TN, **63.5**; Dreamstime LLC (Monika Adamczyk), Brentwood, TN, **60.9**; Ernst Klett Verlag GmbH, Stuttgart, **15**; EZB, Frankfurt, **124.1**; Fotolia LLC (=Soft=), New York, **74.1**; Fotolia LLC (Aleksandr Ugorenkov), New York, **61.11**; Fotolia LLC (Alexander Maksimenko), New York, **134.6**; Fotolia LLC (Alexey), New York, **155.4**; Fotolia LLC (amridesign), New York, **105.1**, **146.10**; Fotolia LLC (Andreas Klingebiel, Naumburg), New York, **98.1**; Fotolia LLC (bilderbox), New York, **114.4**; Fotolia LLC (corepics), New York, **134.2**; Fotolia LLC (D.Vasques), New York, **146.5**; Fotolia LLC (Denver Künzer), New York, **61.1**; Fotolia LLC (dzain), New York, **177.2**; Fotolia LLC (Eric Limon), New York, **174.2**; Fotolia LLC (Falzbeil), New York, **61.3**; Fotolia LLC (foto.fritz), New York, **32.6**; Fotolia LLC (Fotolia X), New York, **10.1**; Fotolia LLC (Fotoskat), New York, **147.8**; Fotolia LLC (fred goldstein), New York, **114.1**; Fotolia LLC (Galina Barskaya), New York, **134.3**; Fotolia LLC (Helmut Niklas), New York, **163.3**; Fotolia LLC (Howard Sandler), New York, **134.1**; Fotolia LLC (Joanna Zielinska), New York, **115.1**; Fotolia LLC (Josef Kirchmaier-Gilg), New York, **124.4**; Fotolia LLC (Julijah), New York, **174.1**; Fotolia LLC (Maria.P.), New York, **163.1**; Fotolia LLC (Martinan), New York, **117.2**; Fotolia LLC (Nerlich Images), New York, **146.8**; Fotolia LLC (Onidji), New York, **155.2**; Fotolia LLC (Peter Lederle), New York, **99.2**; Fotolia LLC (PinkShot), New York, **161**; Fotolia LLC (Ralf Siemieniec), New York, **160**; Fotolia LLC (Reinhold Föger), New York, **147.1**; Fotolia LLC (Renaud Pacouil), New York, **37.4**; Fotolia LLC (schweitzer-degen), New York, **99.1**; Fotolia LLC (Susanne Güttler), New York, **114.2**; Fotolia LLC (Thomas Brugger), New York, **32.4**; Fotolia LLC (Ulrike Steinbrenner), New York, **174.4**; Fotolia LLC (vanhorden), New York, **162**; Fotolia LLC (Vasina Nazarenko), New York, **147.6**; Fotolia LLC (wiedzma), New York, **61.8**; Fotolia LLC (Windowseat), New York, **176.2**; Fotolia LLC (Yvonne Bogdanski), New York, **63.1**; Fotolia LLC (ZTS), New York, **146.4**; Fotosearch Stock Photography (Digital Wisdom), Waukesha, WI, **8**; Fotosearch Stock Photography (PhotoDisc), Waukesha, WI, **81.1**, **147.5**; Fotosearch Stock Photography, Waukesha, WI, **130.3**; Gärtner, Mario (Mario Gärtner), Stuttgart, **72.3**; Getty Images RF (Eyewire), München, **29.3**; Getty Images RF (PhotoDisc), München, **28.1**, **37.2**; Getty Images RF (Plush Studios), München, **71.1**; Getty Images RF (Tim Hall / Digital Vision), München, **76.4**; Google Inc, Mountain View, CA 94043, **166**; Imago, Berlin, **22.1**, **32.1**, **32.5**, **32.7**, **37.1**, **37.3**, **37.8**, **43.2**, **71.2**, **73**; Ingram Publishing, Tattenhall Chester, **58.2**, **60.5**, **90.2**; iStockphoto (216Photo), Calgary, Alberta, **146.6**; iStockphoto (Achim Prill), Calgary, Alberta, **60.12**; iStockphoto (Alexey Dudoladov), Calgary, Alberta, **146.7**; iStockphoto (Andriy Doriy), Calgary, Alberta, **74.5**; iStockphoto (Benjamin Brandt/RF), Calgary, Alberta, **61.9**; iStockphoto (Brad Killer), Calgary, Alberta, **29.4**; iStockphoto (Carolina Garcia), Calgary, Alberta, **74.4**; iStockphoto (daniel rodriguez), Calgary, Alberta, **98.2**, **108.2**; iStockphoto (Daniel Skrodzki), Calgary, Alberta, **61.7**; iStockphoto (Danny Hooks), Calgary, Alberta, **60.10**; iStockphoto (Dorit Jordan Dotan), Calgary, Alberta, **91**; iStockphoto (Eduard Kim), Calgary, Alberta, **163.2**; iStockphoto (Edward Bock), Calgary, Alberta, **130.2**; iStockphoto (Eric Hood), Calgary, Alberta, **32.2**; iStockphoto (Florea Marius Catalin), Calgary, Alberta, **146.1**; iStockphoto (Gary Martin), Calgary, Alberta, **22.2**; iStockphoto (GaryAlvis |), Calgary, Alberta, **146.3**; iStockphoto (Godfried Edelman), Calgary, Alberta, **105.3**; iStockphoto (Huchen Lu), Calgary, Alberta, **81.2**; iStockphoto (igor terekhov), Calgary, Alberta, **147.3**; iStockphoto (JackJelly), Calgary, Alberta, **63.4**; iStockphoto (Jakub Semeniuk), Calgary, Alberta, **155.3**; iStockphoto (Jaroslaw Wojcik), Calgary, Alberta, **146.9**; iStockphoto (Jasmin Awad), Calgary, Alberta, **76.1**; iStockphoto (Jeffrey Heyden-Kaye), Calgary, Alberta, **77.2**; iStockphoto (jozef sedmak), Calgary, Alberta, **77.1**; iStockphoto (Kelly Cline), Calgary, Alberta, **72.6**; iStockphoto (Kim Gunkel), Calgary, Alberta, **122.2**; iStockphoto (Klaudia Steiner), Calgary, Alberta, **60.2**, **129.3**; iStockphoto (Lesia Sherstiuchenko), Calgary, Alberta, **72.1**; iStockphoto (Maksym Bondarchuk), Calgary, Alberta, **147.7**; iStockphoto (Matjaz Boncina), Calgary, Alberta, **155.5**; iStockphoto (Reuben Schulz), Calgary, Alberta, **174.3**; iStockphoto (RF/ Zolnerovichs), Calgary, Alberta, **72.5**; iStockphoto (RF/Olga Shelego), Calgary, Alberta, **60.11**, **72.4**; iStockphoto (Sandra Caldwell), Calgary, Alberta, **74.2**; iStockphoto (SERDAR YAGCI), Calgary, Alberta, **61.13**; iStockphoto (Thomas Bercic), Calgary, Alberta, **115.3**; iStockphoto (Timur Kulgarin), Calgary, Alberta, **146.2**; iStockphoto (Tina Rencelj), Calgary, Alberta, **155.1**; iStockphoto (Yulia Saponova), Calgary, Alberta, **58.1**; Keystone (digitalma, Rudolf), Hamburg, **37.5**; Klett-Archiv (Bernd Gallandi), Stuttgart, **101.1**, **101.2**, **101.3**, **101.4**, **101.5**, **101.6**, **108.1**, **114.3**, **117.1**, **139.1**, **139.2**, **139.3**, **142**, **144**, **145.1**, **145.2**, **145.3**, **156**, **158.1**, **158.2**, **158.3**, **170.2**; Klett-Archiv (Claudia Stumpfe), Stuttgart, **11.4**, **129.1**, **129.2**; Klett-Archiv (EKS-EB), Stuttgart, **98.4**; Klett-Archiv (Gabriela Holzmann), Stuttgart, **88.4**; Klett-Archiv (normal design), Stuttgart, **61.6**; Klett-Archiv (Patrick Dembski), Stuttgart, **19.1**; Klett-Archiv (Renate Weber), Stuttgart, **22.3**, **23.1**, **23.2**, **23.5**, **63.2**, **63.3**, **98.3**, **124.2**, **134.5**, **134.7**; Klett-Archiv (Steinle), Stuttgart, **147.2**; Klett-Archiv (Stephan Klonk), Stuttgart, **10.3**, **11.1**, **11.2**, **11.3**, **17**, **19.2**, **19.3**, **31.1**, **31.2**, **31.3**, **42**, **43.1**, **43.3**, **44.1**, **44.2**, **44.3**, **44.4**, **44.5**, **44.6**, **45.1**, **45.2**, **50.1**, **50.2**, **53**, **62**, **63.6**; Klett-Archiv (Suresh), Stuttgart, **133.1**, **133.2**, **133.3**, **133.4**; Klett-Archiv (Weccard), Stuttgart, **134.4**; Klett-Archiv (Zachris), Stuttgart, **28.5**; Klett-Archiv, Stuttgart, **24.1**, **26.1**, **124.3**, **125.2**, **125.3**; Klinikum Heidenheim, Heidenheim, **32.8**; laif (Christian Kaiser), Köln, **37.7**; Lourdes Ros-El Hosni, München, **48.1**, **48.2**, **48.3**, **49.1**, **49.2**, **49.3**; Malte E. Kollenberg, Bamberg, **68.1**, **68.2**; Matthias Luedecke, Berlin, **21**; Mauritius Images (André Pöhlmann), Mittenwald, **122.1**; Mauritius Images, Mittenwald, **23.3**, **115.2**; MEV Verlag GmbH, Augsburg, **24.2**, **28.2**, **60.3**, **60.4**, **60.6**, **60.7**, **60.8**, **61.12**, **72.2**, **76.3**, **90.1**, **130.1**, **155.6**; Mio Technology Europe, Brussegem, **88.1**; Picture-Alliance (Globus Infografik), Frankfurt, **112**; shutterstock (Alena Brozova), New York, NY, **95**; shutterstock (Alexey Goosev), New York, NY, **176.1**; shutterstock (Baevskiy Dmitry), New York, NY, **70.1**; shutterstock (Bruno Passigatti), New York, NY, **28.4**; shutterstock (Irina Fischer), New York, NY, **177.1**; shutterstock (Jan Gottwald), New York, NY, **75**; shutterstock (jkitan), New York, NY, **61.10**; shutterstock (Julián Rovagnati), New York, NY, **74.3**; shutterstock (olly), New York, NY, **76.2**; shutterstock (Pichugin Dmitry), New York, NY, **61.4**; shutterstock (Regien Paassen), New York, NY, **10.2**, **128**; shutterstock (STILLFX), New York, NY, **61.5**; shutterstock (Telnov Oleg), New York, NY, **118**; shutterstock (Teze), New York, NY, **28.6**; shutterstock (Tomasz Trojanowski), New York, NY, **61.2**; shutterstock (WizData, inc.), New York, NY, **26.2**; Ullstein Bild GmbH (Becker & Bredel), Berlin, **125.1**; Ullstein Bild GmbH (Breuel-Bild), Berlin, **28.3**; Ullstein Bild GmbH (Brockdorff), Berlin, **108.3**; Ullstein Bild GmbH (CARO/Hoffmann), Berlin, **70.2**; Ullstein Bild GmbH (Imagebroker.net), Berlin, **59**; Ullstein Bild GmbH (JOKER/Gloger), Berlin, **29.2**, **37.6**; URW, Hamburg, **88.2**, **88.3**, **88.5**, **88.6**, **88.7**; VISUM Foto GmbH (Andy Ridder), Hamburg, **23.4**; VISUM Foto GmbH (C&M Fragasso), Hamburg, **22.4**; VISUM Foto GmbH (Rainer Hackenberg), Hamburg, **71.3**; VISUM Foto GmbH (Wolfram Steinberg), Hamburg, **32.3**; Yahoo! Deutschland GmbH (flickr/David Sifry), München, **70.3**

Ein herzliches Dankeschön an Frau Lourdes Ros-El Hosni und Herrn Kiran Badnet für die Zurverfügungstellung der Privatfotos auf den Seiten 48/49 und 133. Das Restaurant von Herrn Badnet heißt Kashmir und befindet sich in der Leonberger Str. 97 in 71229 Leonberg, www.kashmir-restaurant.de.

Textquellen

KB 3/Ausklang, S. 59: Oh, wann kommst du? Frances, Miriam, Westminster Music Ltd., Essen Musikvertrieb GmbH, Hamburg; KB 4/10, S. 68: Zufrieden bin ich immer, nach: Ottfried: Die Bamberger Studentenzeitung „Zufriedn bin i imma" C. Malte, E. Kollenberg, Kollenbecker Video – Foto – Print; KB 5/Ausklang, S. 90: Entschuldigung, aus: „Die Brücke vom Goldenen Horn" von Emine Sevgi Özdamar, © 1998 by Verlag Kiepenheuer & Witsch GmbH & Co. KG, Köln; KB 5/Ausklang, S. 91: Wasser aus der Spree, Trikot: Wasser aus der Spree (Robot Koch Mix) nach „Agua de Beber", Musik: Carlos Antonio Jobim, Text: Vinicius de Moraes © by Campodiglio Ed. Mus. Srl. Mit freundlicher Genehmigung der Rolf Budde Musikverlag GmbH, Berlin; KB 6/Ausklang, S. 113: „Haussspruch" von Gina Ruck-Pauquèt © Gina Ruck-Pauquèt, Bad Tölz; KB 7/Ausklang, S. 128: „Bahnhof" von Gino Chiellino, aus: Gino Chiellino / Mein fremder Alltag /, Kiel, 1984, S. 14–15; KB 8/Ausklang, S. 144: Verdrehte Welt, aus: „Flugasche" von Monika Maron, Frankfurt: Fischer Verlag 1981; KB 8/Ausklang, S. 145: „Umgangsformen" von Kurt Marti, aus: R. O. Wiemer: Bundesdeutsch. Lyrik zur Sache Grammatik. Peter Hammer Verlag Wuppertal, 1974; KB 9/4, S. 149: Wofür gibt man in Deutschland Geld aus? aus: „Quiz - Ausgaben in Deutschland", aus: eltern.de © Picture Press, Hamburg; KB 9/8, S. 153: „Wie viel verdienen Sie?" von Joachim Reuter, aus: Stern © Picture Press, Hamburg; KB 9/Ausklang, S. 161: „Ich wünsch dir was" von Silbermond, Kloss, Stefanie / Novak, Andreas / Stolle, Johannes / Stolle, Thomas, 10 vor 10 Edition, Arabella Musikverlag GmbH, Berlin; KB 10/14, S. 172: Urlaub mal anders, aus: http://kurier.at/nachrichten/1932828.php

Audio-CD Impressum

Sprecherinnen und Sprecher: Ignacio Alvarez, Christian Büsen, Heike Denkinger, Lea Marie Denkinger, Irene Fechau, Muriel Hahn, Lukas Holtmann, Astrid Infantas, Stephen Ireland, Odine Johne, Stela Katic, Barbara Kysela, Regina Lebherz, Viktoria Leongardt, Stephan Moos, Darius Paul-Knecht, Francesca Pisu, Mario Pitz, Lena Reinheimer, Felix Rick, Fridolin Sandmeyer, Alexander Schuster, Kais Setti, Helge Sidow, Barbara Stoll, Benjamin Wesener, Kilian Zaune

Regie: Hede Beck
Tontechnik: Michael Vermathen
Produktion: Bauer Studios GmbH, Ludwigsburg
Presswerk: optimal media production GmbH, Röbel / Müritz

© Ernst Klett Sprachen GmbH, Stuttgart 2010

Trackliste Audio-CD 1

Track	Lektion / Aufgabe	Titel	Track	Lektion / Aufgabe	Titel
1	Einstieg/1	Herzlich willkommen!	21	2/6	Ein Krankenhausteam
2	Einstieg/2	Städte	22	2/7	Die neuen Kolleginnen und Kollegen
3	1/1	Hallo! Guten Tag!	23	2/9	Der Dienstplan
4	1/2a	Wir sind da.	24	2/10a	Offiziell oder privat?
5	1/2b		25	2/10c	
6	1/3	Neue Wörter	26	2/15	Ruhe bitte!
7	1/4	Die neue Nachbarin	27	2/18	Wochenplan
8	1/5	Ich bin … und wer sind Sie?	28	3/2	Ein Telefongespräch
9	1/6a	Hallo, hallo – das klingt so!	29	3/5	Eine internationale Familie
10	1/6b		30	3/7a	Ö und Ü? Schön üben!
11	1/8	Im Sportkurs	31	3/7b	
12	1/10	Ganz nah	32	3/7c	
13	1/12a	Wie bitte? Buchstabieren Sie bitte.	33	3/10	Wie viel Uhr ist es?
14	1/12b	Das Alphabet	34	3/12	Mittagspause mit den Kollegen
15	1/13	Zahlen 1–100	35	3/14	Ein Vorschlag
16	1/15	Auf dem Amt	36	3/Ausklang	Ein Lied: Oh, wann kommst du?
17	1/17	Fragen zur Person	37	4/4b	So ein Mist!
18	1/Ausklang	Aha! Hmmm!	38	4/4e	
19	2/2	Alles Gute!	39	4/5	Wir brauchen vier!
20	2/3	Gut oder schlecht?	40	4/6	Entschuldigung, ich habe ein Problem.

Track	Lektion / Aufgabe	Titel
41	4/8a	Vera, Sven und Käthe essen gern …
42	4/8b	
43	4/8d	
44	4/11	Was machen Sie jetzt?
45	4/14	Im Supermarkt
46	4/15	Werbung im Supermarkt: billig, günstig, ganz frisch!
47	4/17	1, 2, 3 … Sch …
48	5/2	Annas Opa?!
49	5/4	Wie sehe ich denn aus?

Track	Lektion / Aufgabe	Titel
50	5/11	Orientierung
51	5/12	Entschuldigung, wo ist bitte …?
52	5/13	Ist hier noch frei?
53	5/16	Steig doch bitte ein!
54	5/18a	Wie komme ich zum …?
55	5/18b	
56	5/19	Nehmen Sie den Bus!
57	5/20	Ist es noch weit?
58	5/Ausklang	Ein Lied: Wasser aus der Spree
59	Strategietraining 1–5	Hören

Gesamtlänge: 71:05 Min.

Trackliste Audio-CD 2

Track	Lektion / Aufgabe	Titel
1	6/2	Fünf nach neun
2	6/6	Gehen und kommen im Rhythmus
3	6/7	Ein Brief mit Folgen
4	6/9	So habe ich meine Wohnung gefunden.
5	6/11	Kommt rein!
6	6/12	Das gefällt mir!
7	6/17a	Ich auch? Nein, ich nicht!
8	6/17c	
9	6/18	Wer spült?
10	6/Ausklang	Ein Gedicht: Hausspruch
11	7/2b	Ich kann nicht!
12	7/2e	
13	7/3	Wie fühlen Sie sich?
14	7/4	Mein Sohn, dein Sohn
15	7/7	Nicht können, wollen, müssen, dürfen!
16	7/8a	Im Schulsekretariat
17	7/8b	
18	7/9	Ihre Nachricht auf dem Anrufbeantworter
19	7/13	Ärzte-Deutsch
20	7/14	Gute Besserung!
21	7/16	Z – gar nicht kompliziert!
22	7/Ausklang	Ein Gedicht: Bahnhof
23	7/Ausklang	Streit
24	8/2	Von Monat zu Monat
25	8/5	Wann war denn das?
26	8/7a	R-Laute im Kalender
27	8/7c	
28	8/8	Einen Termin machen oder einen Termin absagen

Track	Lektion / Aufgabe	Titel
29	8/9	Immer ich!
30	8/12	Stör ich?
31	8/16	Speisen und Getränke
32	8/17	Bestellen und bezahlen
33	8/18	Gute Idee!
34	8/Ausklang	Ein Gedicht: Umgangsformen
35	9/2	Alle neune!
36	9/3	Das wünsche ich mir!
37	9/5	Vergessen!
38	9/6	Am Geldautomaten
39	9/9	Einfach googeln
40	9/11	Im Kaufhaus
41	9/13a	Bonuscard mit Summerfun-Preisrätsel – Englisches im Deutschen
42	9/13b	
43	9/14	Können Sie mir bitte helfen?
44	9/15	Der Ton macht die Musik
45	9/Ausklang	Ein Lied: Ich wünsch dir was
46	10/2	Ich hab's eilig!
47	10/4	Nicht erreichbar
48	10/7	Umfrage: Wie reisen Sie?
49	10/8	Durchsagen
50	10/9	Auf Stöckelschuhen
51	10/11	Pannen im Urlaub
52	10/13a	Alle machen Urlaub in Halle – Wörter mit und ohne H
53	10/13b	
54	10/20	Urlaub mit Gips
55	10/Ausklang	Hallo, hier ist …
56	Strategietraining 6–10, 2d	Sprechen
57	Strategietraining 6–10, 2e	
58	Anhang	Laute und Buchstaben

Gesamtlänge: 76:53 Min.